Nicolas Jounin

Le caché de La Poste

Enquête sur l'organisation du travail des facteurs

La Découverte

Composé par Facompo à Lisieux
Création graphique de couverture : Valérie Gautier
Dépôt légal : février 2021

ISBN 978-2-348-05994-0

Avertissement

L'enquête qui suit porte sur une entreprise impossible à anonymiser, La Poste. En revanche, tous les noms de lieux et de personnes ont été changés afin de préserver leur anonymat.

On trouvera en fin d'ouvrage un lexique répertoriant et expliquant des termes relatifs aux sites, objets ou processus postaux.

Le texte est accompagné d'un appareil de notes (reporté en fin d'ouvrage afin de ne pas alourdir la lecture) donnant des précisions ou des approfondissements, signalant des références qui sont détaillées dans une bibliographie à part.

1

Veille de réorganisation

Nanteuil, centre de distribution du courrier. Un samedi de novembre, à 7 heures du matin.

« Alors, je vous explique : vous êtes plus ou moins au courant que mardi, il y aura une nouvelle réorg'. Lundi, il faudrait que dans vos casiers il n'y ait aucun reste.

— Aucun quoi ?

— Aucun reste. Rien, aucun courrier. »

C'est Rachid, le chef d'équipe, qui énonce la consigne en début de service. En face, il n'y a pas tous les facteurs du centre. Nous sommes sept, tous en contrat à durée déterminée ou intérimaires. Nous devrions plutôt être dix, à peu près un quart de l'effectif du bureau, mais il y a des absents et des retardataires.

Je ne saurais dire si le collègue qui demande « aucun quoi ? » n'a pas bien entendu ou ne comprend pas le sens du mot « reste ». À part Bagui et Gabriel, facteurs intérimaires depuis plus d'une année, les autres n'ont que quelques semaines d'ancienneté. Avec six jours au compteur, je suis le plus récent.

Ce n'est pas parce que La Poste a récemment décidé d'étoffer son personnel précaire. Nous avons eu maints prédécesseurs, remerciés ou partis d'eux-mêmes, et nous nous contentons de leur succéder. Bagui et Gabriel sont moins les pionniers d'une colonie de précaires en croissance que les rescapés d'un *turn-over* incessant.

Sans formation théorique, sans apprentissage des règles ni du vocabulaire, sans vision globale de la circulation du courrier, on est formé sur le tas, accompagnant en « doublure » un « titulaire » pendant au maximum une semaine. Alors, quand on est nouveau et précaire, on ne sait pas forcément que les quelques courriers non distribués en fin de tournée s'appellent des « restes ».

Rachid poursuit, et explique : « Aujourd'hui et lundi, faites le nécessaire pour essayer de tout passer. Lundi, à votre retour de tournée, il faut que votre casier soit vide. Ne ramenez pas des restes. OK ? »

Les « restes » peuvent être beaucoup de choses : du courrier non distribué faute d'en avoir eu le temps, des destinataires dont on n'a pas trouvé le nom sur les boîtes aux lettres, ou qui n'habitent pas, ou plus, à l'adresse indiquée… Si l'on estime que le destinataire peut exister bien qu'on ne l'ait pas trouvé, on remet le courrier dans la case correspondant à son adresse, pour tenter de le distribuer le jour suivant. Si l'on pense qu'il n'existe pas, le pli est un « rebut » que l'on « tue » (ou « bute »), c'est-à-dire qu'on le renvoie à l'expéditeur. Parfois, faute de temps ou d'envie, on ne « tue » qu'un jour sur deux, les « rebuts » attendant dans le casier qu'on s'occupe d'eux. Aujourd'hui, la consigne est donc : rendre un casier vierge, c'est-à-dire, comprenons-nous, que tout devra être distribué ou « tué ».

« Je compte sur vous, ajoute Rachid.

— De toute façon, après c'est des rebuts, c'est ça que tu veux dire ?

— Voilà, ça reste du rebut.

— Voilà, on les jette.

— Mais ne ramenez pas du courrier de rues que vous n'avez pas réussi à faire, que vous n'avez pas eu le temps de faire. Essayez de vous en débarrasser. »

La consigne est claire, mais il y a un silence pudique sur les moyens. Se « débarrasser » du courrier, c'est plus ambigu que le « distribuer ». Mais il faudrait être plus expérimenté que nous ne le sommes pour saisir la variété des manières de se « débarrasser » du courrier et pour distinguer celles qui sont tolérables, quoique formellement interdites, de celles qui sont à proscrire absolument. Rachid ne peut se permettre de décrire à voix haute les moyens de faire, alors nous improviserons.

Pourquoi cette consigne ? « Il faut pas qu'on entame la nouvelle réorganisation avec du courrier dans les casiers », explique Rachid. « D'accord ? C'est merdique. Parce qu'après on va les modifier dans l'après-midi, les casiers. Suite à la nouvelle réorg', il y aura des rues en plus, donc on va tout modifier. »

L'instruction a dû passer aux embauchés, agents en CDI ou fonctionnaires, par d'autres voies. À moins que l'habitude des « réorganisations » fasse qu'il n'est pas besoin de leur dire quoi que ce soit. Car c'est chaque fois le même scénario : des tournées seront supprimées, les rues et les usagers laissés en friche seront redistribués aux tournées restantes. Les casiers de tri – un par tournée – seront réagencés avec de nouvelles étiquettes recensant les portions de voie à distribuer, conformément aux nouvelles tournées issues du « découpage ».

La consigne ne s'arrête pas là, et c'est avec un air contrit que Rachid ajoute une condition : « Par contre, la contrainte, là je vais pas vous arranger, c'est que normalement à deux heures et demie tout le monde est rentré. » *A priori*, rien que de très normal, puisque d'après nos contrats nous commençons à 7 heures et finissons à 13 h 21, du lundi au samedi. Mais, dans la pratique, nous rentrons souvent plus tard, jusqu'à 15 ou 16 heures, pour réussir à écouler notre courrier. Cela ne nous empêche pourtant pas de rapporter des « restes », ou d'abandonner au lendemain des « rebuts » à « buter », ou encore des plis à faire suivre quand les usagers ont des contrats de réexpédition. Et là, en deux jours, ce samedi et lundi prochain, veille de la réorganisation, il faudrait tout écluser, et en même temps finir plus tôt ? La double injonction semble intenable. Rachid en a malgré tout conscience.

« Deux heures et demie maximum, insiste-t-il. Ça pose problème à quelqu'un ? »

Quand on a un contrat d'un ou quelques mois, comme nous qui sommes en CDD, ou un contrat renouvelé chaque semaine, comme les intérimaires, quand on vise un CDI, comme c'est le cas de certains, il faut être courageux pour répondre que oui, je ne crois pas que j'y arriverai. L'un d'entre nous affirme : « Moi, ça va, la [tournée] 19 je la gère », sans que je puisse déterminer si c'est un simple constat ou de la forfanterie.

Puis un premier courageux se lance. « Moi, ça va être problématique, le lundi j'ai la sécable. » La sécable : un bout de tournée, toujours le même, qui se rajoute chaque début de semaine, parfois plus souvent si les chefs d'équipe l'estiment nécessaire. Ce sont des rues, des destinataires, des courriers supplémentaires, pour décharger une tournée qui disparaît ponctuellement, ce qui permet de faire des économies en effectifs. C'est du travail en plus, ce sont aussi des repères en moins, car on est moins familier de ce bout de tournée additionnel. Fut un temps, c'était réparti entre volontaires, sous le doux nom de « marguerite », chaque facteur prenant un pétale de tournée. Depuis une dizaine d'années, le nom est moins bucolique, et la pratique de la « sécabilité » obligatoire.

« Le lundi j'ai du monde en plus, je peux te mettre quelqu'un avec toi », répond Rachid au courageux. J'ose me lancer aussi : « Moi, c'est pareil, je démarre sur la 21 lundi tout seul, et avec la sécable... » Même réponse : « Je te mettrai quelqu'un. Le but du jeu, c'est de revenir avec zéro courrier, OK ? On y va. »

*

Lundi matin, veille de la réorganisation, 7 heures pile. Rachid, le chef d'équipe, bat le rappel. « C'est l'heure du thé... » Il laisse brièvement sa phrase en suspens : « ... G ! » Derrière le jeu de mots, il faut entendre l'invite à se rassembler dans la travée du tri général, *alias* le « TG ». Là, les facteurs se trouvent devant des casiers identiques : chacune de leurs vingt-deux cases représente une tournée du centre. Les facteurs se saisissent du courrier arrivé « en vrac », celui que la « plate-forme industrielle du courrier » (PIC), en amont du centre, n'a trié que par code postal, et ils le classent par tournée. Il faut connaître par cœur toutes les rues de la ville, et leur répartition entre les vingt-deux tournées. À défaut, on peut toujours consulter le tableau récapitulatif qui surplombe le casier, mais alors on ne tient plus la cadence. C'est pourtant à ce tableau qu'il faudra se rapporter demain, et les jours d'après : toutes les rues auront été réaffectées à de nouvelles tournées, moins nombreuses. En un seul tour de cadran, le savoir des facteurs et factrices sur l'appariement des rues et des tournées sera périmé.

En tant que CDD, je suis exonéré du tri général. Trop peu familier de la répartition des rues, trop lent pour être utile, je ne ferais qu'y perdre quarante minutes, que je consacre à « mon » propre tri. Je reste devant « mon » casier, ou plutôt le casier de la tournée 21, à trier le courrier qui lui est destiné entre les adresses qui jalonnent l'itinéraire. Rachid passe me voir. Il est accompagné de Sébastien, l'un des trois facteurs les plus gradés du centre, et qui semble surclasser les deux autres en faisant à l'occasion fonction de chef d'équipe.

« Comment ça se passe sur la tournée ? Tu la sens comment ? », me demande Rachid. « La difficulté, c'est surtout d'avoir à faire la sécable. J'y suis passé que deux fois, s'il faut rentrer à 14 h 30 c'est peut-être compliqué de… » Sébastien m'interrompt : « Si on te met quelqu'un avec toi ? […] Ahmed est libre. »

Ahmed travaille dans le centre en CDD depuis deux mois. Il vient de passer quelques semaines sur une même tournée, en remplacement d'un absent. Mais l'absent vient de rentrer, Ahmed est donc disponible pour d'autres tournées.

Sébastien me demande : « Tu connais le parcours ? » Oui. Sébastien renchérit sur mon « oui » pour convaincre Rachid : « Il connaît par cœur ! Enfin il connaît tout le parcours. Donc Ahmed peut l'accompagner. » Rachid et Sébastien conviennent qu'il m'accompagnera sur la tournée 21. Nous serons deux en remplacement d'un seul facteur. Romuald, le « titulaire » de la tournée, est aujourd'hui en congé. Il m'a accueilli et formé tout au long de la semaine dernière. C'est cette « doublure » de six jours qui autorise Sébastien à dire que je connais la tournée « par cœur », enfin, que je connais « tout le parcours ». Soit une cinquantaine de points d'arrêt, d'adresses à desservir – c'est relativement peu –, mais un gros millier de boîtes aux lettres – c'est plutôt beaucoup. C'est que, dans la cité des Sauterelles, grand ensemble de HLM avec peu de commerces, l'essentiel des destinataires est constitué de particuliers habitant principalement des tours qui abritent chacune une quarantaine de logements.

Mais Rachid conserve une réticence, comme un poids dont il aimerait être délivré. Sébastien ne lui fait pas cette fleur.

« Rachid : Ce qui est délicat, c'est de mettre deux CDD ensemble.

— Sébastien : Ah… Ah bah non, alors.

— Tu vois. C'est ça qui est délicat.

— On peut pas ?

— Ben non.

— Ah d'accord. Et ben OK.

— C'est surtout ça.

— Ben je sais pas. Si c'est pas bon… »

C'est que La Poste a été maintes fois condamnée pour recours abusif aux contrats précaires. Les syndicats ont obtenu depuis les années 2000 de multiples requalifications en CDI. Ces différentes batailles n'ont pas asséché l'effectif des précaires, loin s'en faut, mais elles ont incité les directions de La Poste à édicter quelques règles[1]. Sciemment ou non, Sébastien laisse Rachid se débattre seul avec l'une d'entre elles : un précaire ne peut pas être formé par un autre précaire. C'est donc Rachid qui, avec les subtilités d'un théologien jésuite, prend l'initiative d'écarter la règle pour le cas présent.

« Rachid : Mais il est pas là pour lui apprendre, il est là pour le renforcer, c'est pas pareil.

— Sébastien : Ah oui, non, c'est pas pour le former.

— Voilà. Donc c'est pas un CDD qui est là pour former un autre CDD, il est juste là en appui. Donc ouais, il peut…

— C'est toi le chef, hein.

— Si, si, il est en appui, il va en appui, il va pas prendre la tournée. »

La messe est dite, je pars avec Ahmed.

Lequel d'entre nous aurait pu former l'autre ? Ahmed ne connaît pas la tournée, mais je serais bien en peine de lui enseigner quoi que ce soit, puisqu'il a dix fois plus d'expérience que moi – c'est-à-dire deux mois d'ancienneté. Un drôle d'attelage, pour une drôle de question : est-ce que deux demi-facteurs font un facteur entier ?

*

Ce n'est pas qu'une affaire d'addition. Il faudrait aussi s'ajuster l'un à l'autre, et nous n'y parvenons pas.

Au moment de partir du centre, pour me signifier ma lenteur lorsque j'emplis les sacoches de mon vélo avec les liasses de lettres, Ahmed fait mine de démarrer par trois fois. Tout concourt à transformer la journée en grosse bouffée de stress. La double consigne de Rachid, bien sûr : rentrer tôt mais évacuer tout le courrier. La météo, aussi : jusqu'à midi, il tombe une pluie froide et drue de novembre. Déjà le week-end était maussade, si bien que les routes sont détrempées, obligeant nos vélos à traverser des flaques larges et profondes. Ahmed dit et redit détester la pluie. C'est un mobile encore plus puissant que l'ultimatum de Rachid. La fuir l'incite à accélérer et à me faire accélérer autant que possible.

Et puis, il y a notre inconfortable association. Ahmed connaît mieux le métier, je connais mieux la tournée. Je suis moins habile, j'ai moins de réflexes, il me sauve de plusieurs erreurs. Mais il est dépendant de moi pour savoir où il faut se rendre et dans quel ordre prendre le labyrinthe des tours de la cité des Sauterelles. Ahmed se trouvait les semaines précédentes sur une tournée aux petites rues traditionnelles, abritant un ensemble hétéroclite d'immeubles anciens et neufs, mais qui du moins se succédaient sur un même trottoir. Dans la cité, en revanche, des allées tortueuses et entremêlées succèdent aux parkings et traversent des pelouses ; l'agencement des tours ne dessine aucune rue repérable. Il faut connaître au préalable le tracé imaginaire qui relie telle tour à telle autre, plutôt qu'à une troisième qui n'est pas plus loin, pour comprendre la logique de l'adressage. Bref, Ahmed n'a d'autre choix que de s'en remettre à moi. Le métier de facteur veut qu'une partie des compétences résident dans la connaissance que l'on a acquise d'un quartier, et restent prisonnières de ce dernier ; elles sont partout ailleurs sans utilité.

Pour finir, nous n'avons pas été formés de la même manière. Sur le tas tous les deux, certes, mais au contact de pratiques différentes. J'ai passé une semaine avec Romuald, qui travaille ici depuis vingt ans, dont dix-sept dans la cité des Sauterelles où il a sa tournée. Âgé d'à peine quarante ans, il a grandi dans le département ; son père était facteur dans une commune limitrophe de Nanteuil. Romuald connaît personnellement une bonne partie de « ses clients », ce dont il tire l'exigence morale de bien les traiter. Il ne se résout à les quitter que parce que la direction lui a promis qu'il prendrait du grade à la faveur de la réorganisation. Intéressé à se montrer bon mentor, mais aussi à préparer une relève de qualité pour « ses clients », doté d'un goût pour la pédagogie postale, Romuald m'enseigne la rigueur et la méticulosité, sans regarder au temps.

Quant à Ahmed, il a appris le métier avec Bagui, un intérimaire – la règle selon laquelle « un précaire ne doit pas former un autre précaire » semble difficilement résister à la transgression. Je ne connais pas tous les détails de cet enseignement, mais chaque fois qu'Ahmed y fait référence c'est pour défendre des raccourcis suspects, du moins selon le point de vue que Romuald m'a légué.

Par exemple, après chaque distribution de lettre recommandée, je recherche le numéro correspondant sur le bordereau qui m'a été imprimé le matin et j'y consigne le destin de la lettre : « remise en mains propres », « avisée » (c'est-à-dire que j'ai laissé un avis de passage dans la boîte aux lettres), ou bien le destinataire « n'habite pas à l'adresse indiquée » et il faut donc la renvoyer à l'expéditeur. C'est fastidieux, car sur le bordereau les lettres ne sont pas enregistrées dans l'ordre de distribution et il faut donc balayer l'ensemble des feuilles agrafées pour retrouver le bon numéro – et il faut le faire debout, dans un ascenseur, un hall d'immeuble ou, pire, dehors sous la pluie. Pour Ahmed, c'est une perte de temps, il vaut mieux pointer l'ensemble de ses recommandés une fois de retour au centre. J'objecte que si l'on a commis une erreur, il est alors trop tard pour rectifier le tir. Chacun a donc ses arguments, mais il faut admettre que ceux d'Ahmed sont mieux adaptés aux exigences du jour.

Quoiqu'il me presse d'aller au plus vite, Ahmed décide de se réserver la distribution des lettres et paquets ordinaires et de me laisser m'occuper de l'intégralité des recommandés. « Comme c'est pas moi qui ai signé », se justifie-t-il. À la « cabine », le bureau où l'on récupère les recommandés, une feuille récapitule pour chaque tournée le volume du jour. Après avoir vérifié manuellement le nombre de ses recommandés, le facteur affecté à la tournée signe, ce qui le rend désormais responsable des pertes, oublis ou mécomptes éventuels. Puisqu'en cas de réclamation les traces remonteront plutôt jusqu'à moi, il vaut mieux que je puisse assumer, ou du moins que je ne puisse pas me défausser sur Ahmed.

Ni lui ni moi n'avons de badge électronique personnel pour accéder aux immeubles. Nous n'obtenons rien de mieux que le badge de la tournée 21, conservé dans une pochette, sans réussir à en négocier un second. Les agents de la « cabine » tout comme les chefs d'équipe affirment ne plus en avoir et se renvoient la balle. La pénurie de badges s'alimente d'elle-même, car certains facteurs, pour éviter d'en être privés, les conservent dans leurs affaires personnelles plutôt que de les remettre dans la pochette de tournée, ou se servent dans les pochettes des autres tournées.

Il faut donc que l'on pénètre ensemble dans les halls d'immeubles, ou que celui qui n'a pas le badge sonne aux interphones pour se faire ouvrir, en tentant de faire admettre que si, si, il est un vrai facteur. Cela nous ralentit, et nous empêche de travailler séparément en se partageant des tours, ce qui aurait été le moyen à la fois d'être un peu plus efficaces et d'abaisser la tension entre nous deux.

Toutefois, nous parvenons à rentrer au bureau à 13 h 20, c'est-à-dire l'heure théorique de fin de service, et bien avant la limite fixée par Rachid. Soulagement, voire jubilation.

Mais de courte durée.

Pour partir vite, nous avions laissé de côté, dans le casier de la tournée, les « rebuts » et les « réex ». Nous n'avions pas compris que, dès notre départ, une brigade hétéroclite constituée de cadres venus d'un peu partout dans le département se saisirait des casiers pour les vider et les agencer conformément à la réorganisation du lendemain. Nous pensions qu'ils attendraient l'après-midi, c'est-à-dire notre retour. Dans le casier, il y avait des rebuts datant de la semaine dernière, des courriers à renvoyer à l'expéditeur. Mais également nos « réex » du matin, c'est-à-dire des lettres que nous avions sorties des liasses avant de partir en tournée, parce que les destinataires ont payé pour une réexpédition vers une autre adresse. Qu'en a-t-il été fait ? Personne ne nous le dit, et nous ne demandons pas de peur d'attirer l'attention sur notre gaffe.

Seconde douche froide : nous avons ramené des « restes ». Moi un peu, Ahmed beaucoup. Des dizaines et des dizaines. C'est trop. Il n'y a pas autant de personnes qui « n'habitent pas à l'adresse indiquée » ou qui, profitant de ce que Romuald les connaissait, pouvaient recevoir leur courrier sans inscrire leur nom sur la boîte.

C'était inévitable : deux débutants, dont un ignorant de la tournée, peinent à repérer tous les noms. On peut passer trois fois sur une même batterie de cinquante boîtes sans voir, parmi la centaine de noms affichés, celui que l'on cherche. Et puis, s'il faut se dépêcher, on passe moins de trois fois. Je soupçonne un peu de désinvolture de la part d'Ahmed. En temps normal, nous aurions remis l'essentiel des restes dans le casier, nous les aurions à nouveau triés par adresse, pour tenter le lendemain de retrouver les destinataires passés sous notre radar. Mais nous sommes aujourd'hui dans un trou noir postal : il n'y a plus de tournée, plus de casier.

Nous nous apprêtons alors à convertir nos restes en rebuts, c'est-à-dire à coller une étiquette « PND » (« produit non distribué ») sur chacune des enveloppes, avant de les verser dans le bac dédié. On colle les étiquettes, mécaniquement, pli après pli, je ne prête pas attention aux noms de famille. Mais soudain l'un d'entre eux m'apparaît et me rappelle brutalement que nous faisons du mauvais boulot. Cette famille, je suis prêt à parier qu'elle habite là, quoi qu'en dise l'étiquette que je m'apprête à coller. Le courrier serait une publicité, « grande promo sur tout le magasin » ou « vous avez été sélectionné à notre grand jeu concours », je le « buterais » malgré tout et sans état d'âme. Mais là, il est écrit en gras « à propos de votre demande de logement social ». Je demande à Ahmed ce qu'on peut faire. Il répond qu'il n'en sait rien, et ajoute : « Moi, c'est pas ma tournée... »

Je me souviens alors de la suggestion de Romuald samedi dernier, quand je lui ai rapporté la consigne de Rachid. « Dans ces cas-là, ce que tu peux faire, c'est que tu mets le courrier en fausse direction. » C'est qu'il n'y a pas que les bacs des rebuts, mais aussi les cases dédiées aux courriers qui n'auraient pas dû atterrir dans notre centre, en raison d'erreurs d'adressage (par l'expéditeur) ou de tri (par La Poste). Le destin des « fausses directions » est d'être renvoyées vers les centres de tri puis acheminées dans les bons tuyaux. La suggestion de Romuald, c'est d'injecter nos restes dans ce circuit, en quelque sorte de fabriquer des fausses « fausses directions ». Ingénieux : les lettres referaient un tour de manège postal, nous reviendraient d'ici un ou deux jours, et nous pourrions alors les distribuer. Est-ce qu'il y a un risque que ce soit repéré, sanctionné ? Ou est-ce que c'est une échappatoire courante, admise, dès lors que c'est suffisamment rare ? Est-ce cela que préconisait implicitement Rachid lorsqu'il invitait à « faire le nécessaire pour essayer de tout passer » ?

Je fais la proposition à Ahmed. Il n'a jamais entendu parler de ce stratagème. Décidément, le petit discours de Rachid était paradoxal : il nous prenait à part parce que novices et marginaux dans l'organisation du travail ; mais l'invite à la transgression étant implicite, il prenait le risque de demeurer incompris puisque nous ne sommes pas suffisamment familiers des tours et détours du métier. Quant à moi, j'ai entendu parler *in extremis* de cet expédient, mais je ne sais pas si cela fait partie des solutions acceptables selon Rachid.

Ahmed s'en fiche. Pour lui, il a fini sa tournée, il s'en va. Que celui qui goûte les heures supplémentaires non payées lui jette la première pierre. Il n'y a pas de pointeuse, et Rachid ne note rien de nos heures d'arrivée et de départ. C'est peut-être aussi pour cela qu'Ahmed était pressé. Il est déjà familier du piège : huit à dix heures de sa journée accaparées par La Poste, pour un salaire inchangé d'environ 1 200 € mensuels.

C'est donc seul que je vais demander à Ludivine, une factrice titulaire, où je peux mettre les fausses directions. « Normalement c'était dans le casier là-bas, mais maintenant il n'y en a plus. » Ces casiers ont eux aussi été embarqués dans le grand chambardement préparatoire à la réorganisation. L'astuce était belle, mais je m'en suis rappelé trop tard : c'est dès ce matin que nous aurions dû jeter la moitié de notre courrier dans le tuyau des fausses directions.

Je songe un instant à prendre le risque de garder nos restes dans mon vestiaire, pour les reprendre et les remettre dans le casier demain. Mais se faire accuser de voler du courrier une semaine après avoir commencé, ce serait moche. Alors, la mort dans l'âme, je colle mes étiquettes et jette les dizaines de courriers au rebut. Ils repartiront à l'expéditeur, qui risque de croire ses correspondants volatilisés.

Toutes mes excuses aux destinataires.

*

Parce qu'Ahmed et moi sommes rentrés tout juste avant l'heure de fin de service, fixée à 13 h 21, j'ai eu l'impression que nous avions réalisé un exploit. Puis j'ai vu les tablettes de l'« organisateur ». Nous avons mis en tout près de 6 h 30 pour accomplir la tournée, soit 13 h de travail rémunéré quand on additionne nos deux journées. Seul, selon l'« organisateur », il faudrait 3 heures, 43 minutes et 59 secondes. Entre trois et quatre fois moins que ce qui nous a été nécessaire. L'« organisateur » assaisonne la vexation d'une précision à la seconde près.

L'« organisateur » ? Qui est-ce, et comment ose-t-il ?

Ce n'est pas un surnom dérivé d'un méchant de film de super-héros. C'est bien son titre, supposé refléter sa fonction. On dit parfois « responsable organisation », mais pour tout le monde c'est l'« organisateur ». Dont acte, à partir de maintenant j'enlèverai les guillemets. Ensuite, c'est un être de chair et d'os, Dominique de son prénom, la cinquantaine, ancien facteur, qui a ses homologues (parfois plus jeunes, parfois logisticiens ou techniciens d'origine plutôt que facteurs) dans tous les établissements de distribution du courrier.

La durée que Dominique, *alias* l'organisateur, attribue à la tournée est décisive. Dire qu'elle dure 3 heures, 43 minutes et 59 secondes, c'est avancer qu'elle est trop courte, qu'elle ne suffit pas à occuper un facteur à plein temps. Alors qu'il est payé pour 35 heures par semaine, le facteur assurant la tournée 21 ne travaillerait que 24 heures[2]. D'où la nécessité d'une « réorganisation » pour « recharger » la tournée, et toutes celles qui comme cette dernière sont « déficitaires ». Selon les termes utilisés dans les « centres courrier », les facteurs « doivent » du temps à La Poste.

D'où Dominique l'organisateur tient-il que la tournée 21 dure 3 heures, 43 minutes et 59 secondes ? Est-ce le reflet du rythme de Romuald, le « titulaire » de la tournée, que nous peinons à remplacer ? Dominique a-t-il chronométré Romuald et mesuré une telle durée ? Si oui, combien de fois ? Ces 3 heures, 43 minutes et 59 secondes sont-elles la moyenne ou le record de Romuald ?

Rien de tout ça. Dominique n'a suivi personne, encore moins chronométré. Il ne connaît pas les tours de la cité des Sauterelles, que dessert la tournée 21, en tout cas pas davantage que les automobilistes distraits qui passent occasionnellement près d'elles. D'ailleurs, si Romuald admet réaliser sa tournée dans les temps, voire finir un peu avant l'heure, il met toujours une à deux heures de plus, d'après ses propres estimations, que ce que préconise Dominique l'organisateur. Bien que Romuald accomplisse cette tournée depuis près de vingt ans, il est certes plus rapide qu'Ahmed et moi, mais il n'est pas au standard attendu par La Poste. Alors, comment l'organisateur s'y prend-il pour établir une durée qui défie aussi frontalement l'expérience des premiers intéressés ?

Si Dominique est un être de chair et d'os, il est inséparable d'un être fait de circuits électroniques et d'algorithmes, qu'il appelle de manière répétitive l'« outil ». Comme dans les religions à clergé, il faut un intermédiaire entre la parole de l'« outil » et les profanes qui la reçoivent : c'est le rôle de Dominique. « L'outil calcule », comme dit Dominique, et ce dernier traduit. À moins que ce ne soit l'inverse ? L'« outil » et ses calculs apparemment savants pourraient bien n'être que le truchement de la volonté de Dominique, et, derrière Dominique, de sa direction.

Alors, qui est le ventriloque de qui ? Pourquoi des « réorganisations », que La Poste entend imposer aux facteurs et factrices tous les deux ans ? Qu'est-ce que cet « outil » qui en est le principe sacré et impénétrable, artisan du monologue social ? Et surtout, quelles en sont les implications ? C'est l'objet de ce livre.

2

« La force de travail baisse aussi, forcément »

> « Pour travailler comme préposé
> Faut pas avoir de cors aux pieds
> Car nous plions sous le poids des musettes
> On n'a pas même pas le temps de boire une canette. »
>
> Chanson de grévistes
> du département du Rhône en 1974
> (« préposé » signifie ici facteur)[1]

« Pourquoi vous voulez faire facteur ? »

La question m'est posée deux semaines avant qu'Ahmed et moi « butions » le courrier de destinataires pourtant existants. Si on voulait gonfler le moment, on appellerait ça un entretien de recrutement. Je suis candidat, Christophe est responsable des ressources humaines de l'établissement.

Il y a bien eu une sorte de test, quand il est venu me chercher à l'accueil, m'a demandé de le suivre et a monté les escaliers deux à deux. Du moins l'ai-je interprété comme un moyen de vérifier que j'ai un peu d'énergie. Ce sera la seule épreuve, si c'en est une. Je n'affronte aucun examen de lecture ou d'écriture ; Christophe ne me fait pas trier sur un casier pour apprécier ma vitesse ; il ne me fait pas lire une carte géographique, ne m'abandonne pas dans un quartier de la ville pour évaluer mon sens de l'orientation ; il ne sait rien de ma conduite à vélo ou en voiture sinon que je suis détenteur d'un permis B.

Je ne le comprends qu'après coup : il n'y a aucun suspense. Christophe est pressé, pour ne pas dire sur les dents. J'ai envoyé une candidature par courriel hier matin, un lundi, et il m'a téléphoné une heure plus tard. Déçu d'apprendre que je ne suis disponible qu'à partir de la semaine prochaine, il me fixe rendez-vous pour aujourd'hui.

Qu'aurait-il fallu que je fasse pour ne pas être recruté ? Ne pas me présenter, ou bien très en retard, ou encore ostensiblement alcoolisé ou drogué ? À part ça, je ne vois pas bien ce qui aurait pu me disqualifier.

Si, peut-être : dire toute la vérité. Que je cherche à me faire embaucher pour enquêter, en immersion.

Pour répondre à la question du « pourquoi vous voulez faire facteur ? », je sers des banalités sur mon envie de travailler en extérieur, d'avoir des collègues mais aussi d'être autonome, de servir un objectif d'écoulement du courrier tout en entretenant un contact humain. J'évite de qualifier les humains avec lesquels je serais en contact, de peur de prononcer le terme d'« usagers », qui sentirait trop le vocabulaire de service public, et répugnant à dire « clients », comme il conviendrait en une telle occasion[2].

Puis c'est surtout Christophe qui parle. Pour un entretien de recrutement, il tient un propos déroutant, semblant tout faire pour me dégoûter de l'activité de facteur. « C'est un beau métier », dit-il, mais il est « victime de son image d'Épinal ». Quand on pense à un facteur, on voit quelqu'un qui a la chance de se promener au grand air sur son vélo, un jour de beau temps. Mais c'est un « métier physique », on n'a pas ses week-ends entiers puisque le samedi est travaillé, et quelle que soit la météo, il faut travailler dehors. Comme aujourd'hui, ajoute Christophe en jetant un coup d'œil vers la fenêtre : novembre s'est installé, il pleut et il fait froid. « C'est encore pire que dans le bâtiment, parce que même quand il gèle on travaille. »

Ce sont aussi des dizaines de kilos de courrier que l'on manipule chaque jour, poursuit Christophe. Bien sûr, c'est le vélo qui permet de les transporter, mais lui-même pèse déjà ses vingt kilos. Or « il faut le pousser », avec ses sacoches lestées d'une dizaine de liasses de plis. Car « on roule pour partir d'ici et aller jusqu'à la tournée, mais après on le pousse en marchant sur le trottoir, puisque c'est le code de la route ». Sur cet aspect du moins des conditions de travail, il est naïf ou il ment. Je verrai bien vite que le code de la route est au facteur ce que le code pénal est au tueur à gages : un arrière-plan parfois embarrassant, mais certainement pas un guide.

Sur les horaires, il mélange la vérité et le mensonge, les cartes sur table et l'idéal de la loi : « Les horaires, c'est jusqu'à 13 h 20 normalement. Mais bien souvent les débutants rentrent à 14 heures, 15 heures. » Ça, d'accord, j'en ferai l'expérience, allant même au-delà. « C'est compensé, bien sûr. On paie les heures supplémentaires. » Ça, en pratique, c'est plus embrouillé. « Mais si au bout d'un mois ils ne rentrent toujours pas à l'heure, c'est qu'il y a un problème. » Comment est traité le problème ? Pas forcément en se débarrassant du mauvais élément – Christophe sait ce qu'il y perd, pas ce qu'il gagne – mais en revenant sur la règle précédente selon laquelle les heures supplémentaires sont compensées. Christophe ne va pas jusqu'à l'expliciter, je le découvrirai à l'usage.

Il conclut sa sombre description du métier par une statistique : « 60 % des gens qu'on recrute partent au bout d'une semaine. » Il décrit l'enjeu, pour ne pas dire le défi, de son propre poste : « On a besoin de quelqu'un de fiable, la tête sur les épaules. Normal, quoi. » C'est sa mission de trouver ce quelqu'un.

Dominique, l'organisateur, peut s'abandonner aux certitudes des algorithmes de son « outil » qui détermine que la tournée 21 doit être triée et distribuée en 3 heures, 43 minutes et 59 secondes. Christophe, le responsable ressources humaines, est face à des candidats qui lui promettent leur travail, mais il n'est jamais sûr que ces derniers parviendront à se mouler dans les durées de Dominique, ou accepteront d'en déborder. Le pire serait qu'ils sabotent les tournées, en donnant apparemment satisfaction, en rentrant à l'heure et sans trop de « restes », mais en faisant à terme proliférer les réclamations des destinataires. La presse locale rapporte de temps à autre, sous l'angle du fait divers, des histoires de facteurs précaires, désinvoltes ou désespérés, qui brûlent ou abandonnent le courrier qu'ils ne parviennent pas à distribuer.

À l'échelle nationale, le nombre de réclamations a doublé en dix ans, frôlant aujourd'hui le million[3]. Pourtant, dans le même temps – les directions ne cessent de le seriner –, le nombre de plis à acheminer a fortement baissé. Comment a-t-on pu faire se croiser les courbes, d'un côté une baisse de la production et de l'autre une augmentation des réclamations que cette production engendre ?

Ce contexte contradictoire enveloppe la question que me pose Christophe, presque une prière :

« Est-ce que je peux avoir confiance en vous ?

— Je ne vais pas vous dire que non. »

Il admet. Tente de se raccrocher aux indices ténus dont il dispose pour soutenir sa décision. Note par exemple que, d'après mon CV, je suis resté plusieurs années dans mes emplois précédents, c'est un gage de fiabilité.

« Je vous prends ? »

Il me prend, et c'est ainsi que démarre mon enquête au centre de distribution du courrier de Nanteuil, une ville moyenne en périphérie d'une grande agglomération française. Pendant cinq semaines, peu avant Noël, je suis facteur[4]. Cette observation participante me permet d'expérimenter, voir, entendre, et parfois mesurer[5]. Je la complète dans les mois qui suivent par des entretiens avec trois facteurs du centre, une cheffe d'équipe et Dominique l'organisateur. Avant et après cette expérience localisée à Nanteuil, j'ai pu m'entretenir, dans d'autres régions de France, avec une centaine d'agents rattachés à une dizaine d'établissements différents[6] (des facteurs mais aussi des chefs d'équipe, des organisateurs, des directeurs d'établissement), et une demi-douzaine de cadres du siège national chargés des questions d'organisation et de statistique. J'ai également accompagné et observé une vingtaine de facteurs et factrices en tournée, en les suivant à vélo, ou en voiture en encombrant la place du mort – qui est plutôt celle de la caissette de courrier. S'y ajoute enfin la collecte et l'analyse d'archives issues de l'entreprise ou des procès qui lui sont intentés.

L'objectif : tenter de saisir comment La Poste considère que la tournée 21 ne vaut que 3 heures, 43 minutes et 59 secondes (et qu'il convient donc de rajouter quelques heures de boulot au facteur qui en a la charge). Entrer, avec Dominique l'organisateur, mais aussi avec les facteurs qui se prennent au jeu sans qu'on leur en donne les règles, dans cette extravagance d'un *Tetris* organisant le travail. Comprendre aussi d'où vient une telle conception de l'activité, et comment les facteurs qui en sont dépossédés peuvent s'en débrouiller. Sonder enfin la fatigue, qui dérive de la faculté de La Poste à obtenir davantage de travail des facteurs, tant en intensité qu'en durée.

Si le récit s'ancre à Nanteuil, il a l'ambition de porter au-delà. Ce n'est pas moi qui produis la montée en généralité, en supposant que ce qui se passe à Nanteuil peut être extrapolé ailleurs, c'est La Poste elle-même qui partout applique le même modèle de « réorganisation », c'est elle qui tente d'assujettir de la même manière tous les facteurs[7]. Nanteuil, c'est un parmi plus de 2 000 centres de distribution du courrier en France. Selon leurs histoires, notamment des batailles et des compromis entre les agents et leur hiérarchie, selon les profils des facteurs, selon la configuration géographique et sociale de leur environnement, le modèle postal d'organisation et de prescription du travail se déploie avec plus ou moins de heurts et d'accommodements. Mais partout la direction tente de l'imposer.

*

Il y a un peu plus de dix ans, une image d'Épinal est sortie sur les écrans et a été vue plus de 20 millions de fois au cinéma. Dans *Bienvenue chez les ch'tis*, Antoine Bailleul, interprété par Dany Boon, est un facteur d'une petite ville du Nord. Il apparaît consciencieux mais pas pressé, sociable plutôt qu'efficace. Le seul tribut qu'il paie à son métier est un alcoolisme involontaire découlant des sollicitations des usagers de sa tournée, que la civilité l'empêche de refuser.

Soixante ans avant Dany Boon, le facteur rural de Jacques Tati dans *Jour de fête* était caricatural mais davantage taraudé par des préoccupations de rythme. Impressionné par un documentaire sur la modernisation de la poste américaine, il recherche les moyens les plus burlesques d'accélérer sa distribution du courrier, accrochant par exemple son vélo à un camion sur le hayon duquel il trie et oblitère les plis pendant qu'il est tracté jusqu'au prochain hameau. Il s'autotaylorise, pourrait-on dire, si le taylorisme n'était pas une initiative et une prescription extérieures au travailleur lui-même.

Dans l'imaginaire culturel commun, on dirait que les facteurs sont voués à être des personnages parfois ridicules mais toujours sympathiques. Jusqu'à peu petits fonctionnaires, ils sont rarement assimilés à la classe ouvrière souffrante ou vaillante : il n'y a pas de *Germinal* des facteurs. Pourtant, et quoique les autorités étatiques en aient fait des agents décisifs de la construction d'un État-nation, par les réseaux qu'ils tissent et les échanges qu'ils permettent, les facteurs ne sont pas non plus représentés comme les héros de l'intérêt général, comme peuvent l'être des policiers ou des enseignants[8].

Alors, quelle réalité derrière l'« image d'Épinal » ? Ou plutôt, quelles réalités ? Car il y a peu de métiers qui soient si anciens, si semblables dans leur principe[9], mais qui aient en même temps connu tant de disparités des conditions d'exercice (entre ville et campagne, montagne et plaine, nord et sud…) et tant de bouleversements. Il n'y a pas d'étude des conditions de travail des facteurs qui ait embrassé la longue période ou l'ensemble du territoire. On trouve plutôt des coups de sonde, des instantanés qui dépassent rarement le demi-siècle et l'échelle régionale, alors qu'il existe un service postal national, centralisé et à l'usage de toute la population, depuis près de deux siècles.

« J'ai derrière moi une armée de 28 000 hommes », affirme le directeur général des postes en 1867[10]. Au XIXe siècle, la parenté du facteur avec le militaire est multiple. D'une part, le caractère stratégique de l'acheminement de l'information conduit l'État à reproduire des éléments de la hiérarchie et de la discipline militaires – les supérieurs directs des facteurs sont des « brigadiers ». D'autre part, les facteurs sont souvent d'anciens soldats, à qui l'on trouve ainsi une place, et dont on peut exploiter l'endurance que laissent supposer leurs états de service.

À l'époque, l'activité de facteur constitue un labeur à la dureté sans rapport avec son efficacité. Avec la création de la poste rurale en 1830, on fixe aux facteurs l'objectif d'atteindre tout point du territoire national, alors que le trafic est encore modeste. Chaque facteur doit parcourir à pied, quotidiennement et sans repos hebdomadaire, une vingtaine de kilomètres, pour quelques dizaines de plis. Ce n'est qu'à partir des années 1860 que le nombre de plis augmente, mais la longueur des circuits aussi, si bien que l'on promène jusqu'à dix kilos sur trente kilomètres[11]. Comme bien d'autres ouvriers de l'époque, jusqu'à la fin du XIXe siècle les facteurs sont payés à la tâche, c'est-à-dire au kilomètre[12]. Au début du XXe siècle, administrativement catégorisés comme « sous-agents », les facteurs bénéficient d'une indemnité de chaussures mais, pour ceux qui voudraient s'aider d'un vélo, il leur faut bien souvent le financer : le surcroît de confort se paie de la maigre épargne du facteur lui-même[13].

Après la Seconde Guerre mondiale, les effectifs stagnent ou augmentent moins vite que le trafic de courrier. La nature des plis commence à changer : les correspondances particulières marquent le pas derrière les envois de masse (courriers standardisés des administrations et entreprises, publicités…). L'urbanisation accélérée de la France accroît les disparités entre les tournées. Celles des centres-villes restent prisées car elles changent relativement peu, tandis que les facteurs des périphéries des agglomérations, ou *a fortiori* des « grands ensembles », comme à Nanteuil, voient leurs tournées s'alourdir de nouvelles constructions abritant de nouvelles boîtes aux lettres et de nouveaux destinataires[14]. Ajoutées à la faiblesse des salaires (inférieurs à ceux de nombreux ouvriers), aux difficultés des facteurs pour se loger dans les grandes agglomérations (et notamment en région parisienne), au maintien d'une fraction importante d'« auxiliaires » au statut plus précaire et aux tâches moins valorisées que les fonctionnaires[15], ces transformations génèrent un important *turn-over*[16]. Quant aux tournées rurales, le dépeuplement des campagnes tend à les alléger, mais elles sont rallongées à mesure que, à partir des années 1950 et surtout 1960, l'automobile remplace la bicyclette[17].

Entre l'automne 1974, marqué par une grève nationale de six semaines à La Poste, et décembre 1995, qui voit la dernière participation massive de postiers à un conflit social interprofessionnel, certaines conditions matérielles de travail s'améliorent. Les locaux où s'effectue le tri sont mieux aménagés, la motorisation des tournées se déploie et, pour les tournées qui demeurent effectuées à pied ou à vélo, la technique des dépôts-relais (des coffres disséminés dans le tissu urbain, où des facteurs en voiture laissent des sacs de courrier à destination de leurs collègues) permet de ne pas trop charger la sacoche. Jusqu'au début des années 1980, les effectifs sont en croissance. Certes, la productivité ne cesse parallèlement d'augmenter, mais est-ce le signe d'une intensification du travail ou, plutôt, la traduction de ces améliorations et des changements d'environnement, avec notamment des boîtes aux lettres plus accessibles et normalisées ? En l'absence d'indicateurs, c'est difficile à dire. Autre motif de satisfaction : pendant les années 1990, la rémunération des facteurs est rehaussée.

Cependant, dès les années 2000, ce rattrapage est perdu par une nouvelle stagnation des salaires[18]. Aujourd'hui, les facteurs font à nouveau partie des salariés les moins bien payés, l'ancienneté n'apportant que de petites augmentations. Confrontés à la faiblesse chronique de leurs rémunérations, les facteurs sont parmi les seuls agents d'un service public à bénéficier de pourboires, ou d'étrennes à l'occasion de la vente annuelle des calendriers, de manière tolérée et sans que cela passe pour des pots-de-vin. À la différence du calendrier des pompiers, à travers lequel on gratifie une profession dans son ensemble, c'est le facteur de la tournée qui fait le tour de « ses » usagers ou clients. C'est donc une interconnaissance personnelle qui se joue – presque une relation domestique, d'où le refus de certains facteurs de s'y prêter[19].

Le facteur peut compléter son salaire par des petits boulots, en profitant de ce que, commençant tôt, on a une bonne partie de l'après-midi à soi. Facteur le matin, chauffeur VTC le soir, c'est un cas de figure que l'on trouve par exemple à Nanteuil. La faiblesse des salaires peut aussi être compensée par un mode de vie plus autarcique : on pense bien souvent au facteur maraîcher qui cultive son potager l'après-midi, mais c'est oublier le cas, plus fréquent, du facteur et surtout de la factrice qui évite par son retour précoce du travail d'avoir à rémunérer une garde d'enfants après l'école. Ces arrangements expliquent, contre l'intuition des profanes, que nombre de facteurs se montrent aujourd'hui réticents à la conversion de leur journée de travail vers des horaires de bureau, ce que cherche à généraliser l'entreprise.

S'il ne faut pas oublier les factrices, c'est que le métier a connu sur ce plan une transformation majeure et exceptionnelle[20]. C'était un des derniers à être interdits aux femmes, jusqu'au début des années 1970. Certes, il y avait des femmes parmi les « auxiliaires », une main-d'œuvre d'appoint sans statut de fonctionnaire, ce qui témoigne que l'interdiction impliquait la relégation plutôt que l'exclusion pure et simple[21]. Mais les femmes représentent aujourd'hui presque la moitié des facteurs[22], témoignant d'une « désexuation » rapide et massive du métier, qui n'a peut-être d'équivalent que chez les médecins et les magistrats[23]. Au centre de Nanteuil où je travaille, nous faisons figure de bastion masculin insolite, puisqu'il y a, à l'encontre de cette évolution globale, trois quarts d'hommes.

Autre transformation d'envergure : la fin du recrutement de fonctionnaires à partir de 2002, qui clôt une période de dix années, pendant laquelle les concours nationaux d'agents publics étaient déjà concurrencés par le recrutement local de contractuels de droit privé[24]. Aujourd'hui, les plus jeunes des facteurs fonctionnaires ont environ quarante ans. Ils ont vu beaucoup de leurs homologues partir en retraite, et la plupart de leurs collègues sont des salariés, en CDI pour les permanents, en CDD ou en intérim pour les précaires. À Nanteuil, j'estime à un quart environ la proportion de fonctionnaires.

La fin des fonctionnaires engendre une dénationalisation du personnel, et ce dans deux sens. D'une part, les facteurs sont recrutés localement, à l'échelle d'un établissement ou, à la rigueur, d'une direction départementale[25], et non plus sur concours national. Alors que les centres courrier des grandes agglomérations se nourrissaient de facteurs venus d'un peu partout (ces derniers étant contraints d'y faire un temps avant de pouvoir repartir, comme les policiers ou les enseignants du secondaire), ils ont vu disparaître ce vivier de captifs tenus par une promesse de mutation dans le cadre d'un emploi à vie. D'autre part, le recrutement de la plupart des fonctionnaires est régi par une clause de nationalité (préférence nationale élargie depuis les années 1990 aux seuls ressortissants de l'Union européenne[26]), qui tombe dès lors qu'on recrute des contractuels de droit privé.

Sur ce point, les effectifs de Nanteuil reflètent ces évolutions, présentant un mélange composite d'histoires professionnelles, sociales et migratoires. Chez les anciens, on trouve des Français blancs et métropolitains, mais aussi des Antillais noirs, héritiers d'une politique étatique visant à faire occuper les emplois subalternes de la fonction publique par des Français d'outre-mer[27]. Chez les plus jeunes, ces profils existent encore, mais ils côtoient des jeunes Français descendants d'immigrations postcoloniales et, notamment parmi les précaires, des immigrés qui n'ont pas grandi en France.

Dernier bouleversement : la chute des effectifs. Les facteurs étaient 100 000 au début du XXIe siècle, ils sont aujourd'hui à peine plus de 70 000[28]. Cela a été obtenu sans plan social, sans licenciements, se gargarisent souvent des dirigeants de La Poste, mais par une saine gestion des « départs naturels » (principalement les départs à la retraite). Cela implique deux choses : la prolifération de la précarité, l'usage immodéré de contrats courts qui se terminent d'eux-mêmes (ce qui permet de dire qu'on n'a pas licencié) ; et l'accroissement de l'âge moyen des effectifs permanents, puisqu'ils ne sont que partiellement renouvelés. Là encore, Nanteuil fait figure de cas à part, car l'effectif est assez jeune, avec une moyenne d'âge que je situerais autour de trente-cinq ou quarante ans[29] – alors qu'à l'échelle nationale l'âge moyen est plutôt de quarante-cinq ans[30]. La situation géographique du centre explique ce décalage : en zone périphérique d'une agglomération, il attire peu et suscite au contraire des demandes de mobilité vers d'autres établissements.

*

Ainsi, depuis le début du siècle, chaque année La Poste est parvenue à se débarrasser d'environ 2 000 emplois de facteurs et factrices. En tout, presque un tiers de l'effectif, et ça continue. Quand Romuald a commencé son métier de facteur, il y a vingt ans, il y avait quatre tournées entièrement dédiées à l'acheminement du courrier de toute la cité des Sauterelles. Aujourd'hui, et alors que le quartier ne compte pas moins de destinataires, il n'y a plus que deux tournées, qui desservent en même temps d'autres zones de Nanteuil. Comment justifier une telle saignée ?

« Quand les volumes baissent, la force de travail baisse aussi, forcément », expliquait en 2015 le P-DG de La Poste, Philippe Wahl. Quels volumes ? « La numérisation de la société menace notre métier historique : en 2008, le nombre d'objets physiques distribués par la Poste était de 18 milliards, il n'était plus que de 13 milliards l'an dernier et il passera sous les 9 milliards à l'horizon 2020, soit moins de la moitié[31]. » Conclusion : il faut « faire de la productivité », selon l'expression des cadres de La Poste, qui signifie exclusivement supprimer des emplois.

Il y a du vrai et du faux dans ce que dit Philippe Wahl. Qui nierait que le courrier papier est en perte de vitesse ? Pendant le dernier tiers du XXe siècle, on avait coutume de dire que le trafic croît au même rythme que le PIB. Les années 1990 sont l'ultime décennie faste, une période discrètement bénie. « Les facteurs n'étaient pas touchés par le chômage technique, ce dont se réjouissait discrètement la direction, se souvient l'écrivain et ancien préposé Robert Cottard. Nous ne le saurions que plus tard quand le trafic connaîtrait un ralentissement "préjudiciable à la bonne marche de l'entreprise"[32]. » À la toute fin du siècle, le trafic continue d'augmenter, mais moins vite que le PIB[33]. C'est le signe annonciateur de la chute continue qui s'enclenche dans les années 2000. Tandis que la généralisation du téléphone à partir des années 1970 n'avait pas ralenti la croissance du courrier, en revanche le déploiement des usages de l'Internet dans les années 2000 grignote les fonctions de la lettre. En particulier, de grandes administrations et entreprises ont suivi, pour leurs échanges réguliers avec leurs usagers et clients, la voie de ce que l'on nomme improprement la « dématérialisation »[34].

Cependant, peut-on tracer un lien de causalité aussi évident entre le volume de courriers échangés et le besoin en « force de travail » ? Pour répondre à la question, jetons un coup d'œil dans le rétroviseur. Retour en 1983, précisément. L'augmentation des effectifs que les postiers ont gagnée au cours des années 1960 et 1970 est remise en cause. Le tournant gouvernemental de la « rigueur » conduit La Poste, toujours administration publique, à assumer sa part d'austérité en désindexant l'évolution des effectifs de la croissance du courrier[35]. Mais puisque, à cette époque, les volumes de courrier augmentent, ne faudrait-il pas plutôt davantage de facteurs ? Si l'on suit la logique de Philippe Wahl, P-DG trente ans plus tard, cela ne fait aucun doute.

Cependant, au début des années 1980, la direction de l'administration contredit un tel raisonnement, en y opposant des arguments en apparence rationnels. Tout d'abord, un facteur urbain distribue six fois plus de lettres qu'un facteur rural, et comme l'urbanisation se poursuit, les gains de productivité surgissent d'eux-mêmes, sans douleur et sans qu'il y ait besoin de davantage de « force de travail ». C'est un « effet de structure », comme disent les économistes[36].

Mais il n'y a pas que ça : même à l'échelle d'une tournée unique, qu'elle soit rurale ou urbaine, la durée de travail nécessaire ne dépendrait pas du volume de courrier, mais de la longueur du parcours, ainsi que du nombre d'adresses postales et de boîtes aux lettres à desservir – *et rien d'autre.* Remettre des lettres dans les boîtes des destinataires, ce n'est que l'ultime petit geste, négligeable ; la durée véritable gît dans le déplacement pour s'y rendre et la concentration pour s'y repérer, et cela dépend des distances, de la vitesse permise par la densité du bâti et le degré de regroupement des boîtes – et, insistons, rien d'autre.

C'est du moins la Direction générale des Postes qui l'affirme, en cette même année 1983, apparemment épaulée par la science puisqu'elle a passé les chronométrages d'un échantillon de 1 620 tournées à la moulinette de traitements statistiques sophistiqués. « La corrélation entre la durée de distribution et le nombre d'objets emportés n'existe pas[37] », conclut cette étude. C'est la science contre l'intuition simplette des facteurs qui estiment que, quand ils ont plus de lettres, ils ont plus de boulot. La science, aussi – et ce serait plus embarrassant, si cette étude n'avait pas été enfouie et oubliée dans un vieux carton d'archives –, contre l'affirmation de Philippe Wahl : que, « forcément », la baisse des volumes de courrier réduit le temps requis par leur écoulement, et donc les effectifs nécessaires. Au début des années 1980, ça n'avait rien à voir, mais ce serait aujourd'hui une causalité évidente et indiscutable.

Ce n'est pas tout. Dans les « volumes » d'« objets physiques » que met en scène Philippe Wahl, il y a une confusion, et un oubli. Commençons par la confusion, qui consiste classiquement à additionner des souris et des éléphants. Certes, on envoie moins de cartes postales, mais aussi moins d'avis d'imposition, moins de relevés de compte, pour ne prendre que ces exemples. On envoie tout de même dix milliards de lettres simples chaque année, mais c'est quelques milliards de moins qu'au début du siècle. Le pli ordinaire dans son enveloppe standard n'a clairement pas le vent en poupe. Cependant, quand on veut s'assurer que la lettre est parvenue à bon port, quand on veut prouver que le destinataire l'a bien reçue, quand on veut laisser une trace de ce qu'on s'envoie, les lettres suivies, recommandées, avec accusé de réception, constituent un moyen qui résiste aux formes concurrentes de traçabilité et d'authentification des échanges. Ces « objets spéciaux », comme dit La Poste par opposition avec les « objets ordinaires » que sont les simples lettres, constituent contrairement à ces dernières un flux qui se maintient.

Par ailleurs, si Internet grignote le courrier, il favorise aussi le commerce en ligne, qui engendre une livraison souvent postale : le marché des colis, des « objets » un peu plus « physiques » que les lettres, ne cesse de progresser. Dans quelles proportions ? C'est difficile à dire, car La Poste en recense officiellement 335 millions en 2018 (20 % de plus qu'en 2013[38]), mais ce ne sont que les plus gros, ou les mieux suivis parce que l'expéditeur en a fait le choix. Les « petits paquets internationaux », achetés quelques euros sur Internet, rebaptisés par les postiers « petits paquets chinois » du fait de leur provenance, ou parfois la « merde », sont noyés dans la catégorie des simples lettres.

Une addition de souris et d'éléphants, donc, du point de vue de la « force de travail ». Car cela prend plus de temps de remettre un pli recommandé à son destinataire, ou de remplir un avis de passage, cela nécessite davantage de gestes et d'efforts de manipuler un colis, d'ouvrir la boîte aux lettres (ou la batterie de boîtes aux lettres) pour l'introduire, que lorsqu'on glisse dans la fente, d'un geste prompt et machinal, une carte postale ou une quittance de loyer. Il faut donc regarder d'un peu plus près de quels « volumes » et de quels « objets physiques » on parle lorsqu'on entend en déduire le niveau de « force de travail » nécessaire.

Après la confusion, poursuivons avec l'oubli. Il manque un gros quelque chose aux « volumes » de Philippe Wahl : le nombre de boîtes aux lettres desservies. Or il augmente, sans arrêt : 33 millions en 2011, 41 millions à la fin de la décennie[39]. Avec ces nouvelles boîtes aux lettres, de nouveaux bâtiments, de nouvelles maisons, de nouvelles rues. Au fil des années, chaque facteur parcourt davantage de distance et dessert davantage de destinataires. On pourrait appeler ça « faire de la productivité », mais La Poste ne l'entend pas ainsi.

C'est que cette productivité est invisible aux yeux de la direction de La Poste, car pas monnayable. Comme titulaires d'abonnements téléphoniques ou Internet, nous payons pour être rattachés à un réseau et bénéficier des flux qu'il draine ; comme usagers du courrier, nous payons pour envoyer, mais pas pour recevoir[40]. La Poste bénéficierait de perspectives de croissance très alléchantes si, tel un abonnement à une *box* Internet, chaque nouvelle boîte aux lettres, chaque nouveau raccordement postal faisait augmenter le chiffre d'affaires ; et les postiers seraient les champions du gain de productivité. Si l'auteur de l'étude de la Direction générale des Postes de 1983 était toujours là, il régalerait les facteurs d'effectifs supplémentaires, puisque la prolifération des boîtes aux lettres provoque selon lui un allongement de la durée des tournées. Mais la construction historique du marché postal, de ce qui s'y paie et de qui paie, en a décidé autrement.

La Poste pourrait se glorifier de desservir toujours plus d'usagers avec moins de facteurs. Mais, après avoir été une administration, puis une entreprise publique, c'est depuis 2010 une société anonyme qui cherche à faire du profit[41]. Alors cette productivité-là, c'est bon éventuellement pour la publicité, mais pas pour le résultat d'exploitation, qui dépend de la productivité dite « en valeur », c'est-à-dire du montant des recettes en regard du nombre d'heures de travail à rémunérer. Or le montant des recettes découle du type d'objets envoyés – c'est pourquoi l'essor du colis est intéressant – et de leur volume – c'est pourquoi, en revanche, les quelques milliards de courriers en moins font dire à Philippe Wahl que « notre modèle économique n'est plus viable »[42].

Entre la direction de La Poste de 1983 et celle d'aujourd'hui, qui faut-il croire ? Les variations des volumes de courrier ont-elles, oui ou non, un impact sur la charge de travail ? Si la mesure précise de l'impact fait débat, un constat commun émerge des études d'économie postale réalisées au cours des vingt dernières années : il y a un effet, mais atténué[43]. Si le volume de courrier augmente de 1 %, le travail nécessaire pour l'écouler augmente, mais de moins de 1 %. Symétriquement, si le volume de courriers passe de 18 à 13 milliards à l'année, selon les chiffres cités par Philippe Wahl, soit une chute d'environ 30 %, le travail nécessaire pour l'écouler diminue, mais de 5 %, 10 % ou 20 % plutôt que 30 %.

La contradiction dans laquelle se débat La Poste est celle-ci : ses actionnaires et ses dirigeants ont fixé l'objectif de dégager davantage de profit au moment même où les raisons d'en faire moins s'accumulent. Face à l'inversion de la courbe du trafic courrier, « il fallait aller chercher la productivité », résume un cadre dirigeant. Mais c'est justement quand cette productivité se dérobe. Bien qu'il y ait moins de courrier à distribuer, il faut toujours parcourir l'intégralité des routes pour le remettre à un nombre de clients qui ne cesse de croître.

Mécaniquement, la productivité doit s'effriter.

Alors, où aller « la chercher » ?

Car La Poste a manifestement bien foré, et découvert des gisements de productivité. Quoique les directeurs d'établissement mettent souvent en avant la « survie » de l'entreprise, ni plus ni moins, lorsqu'ils « réorganisent », l'entreprise demeure constamment excédentaire. Depuis 2004, le résultat d'exploitation annuel oscille entre 700 millions et un milliard d'euros, soit une marge d'environ 4 %. Certes, les recettes du courrier baissent, si bien que cette activité représente désormais moins de la moitié du chiffre d'affaires. Mais, au point de vue de la rentabilité, elle ne démérite pas, avec un résultat d'exploitation compris entre 3 % et 6 % depuis 2009[44].

Alors, où la direction de La Poste a-t-elle non seulement cherché, mais trouvé cette productivité ? Dans des réorganisations, comme celle de Nanteuil. Dans les suppressions d'effectifs qui vont avec. Dans les logiciels, dans les « normes et cadences » qui les habillent et les justifient. Mais surtout, avant tout – ou après tout, puisque tout le reste converge vers cet objectif et ce résultat –, dans du travail supplémentaire soutiré aux facteurs et factrices : La Poste en a obtenu plus de mobilisation, plus de temps, plus d'intensité[45].

*

Une fois acté mon recrutement, Christophe, le responsable des ressources humaines, me prévient que je vais atterrir dans une situation particulière. Une « réorganisation ». Toutes les rues de Nanteuil seront réattribuées à de nouvelles tournées, de nouveaux itinéraires, moins nombreux. Partout en France, il y a chaque année des centaines de « réorganisations » de ce type. La Poste assigne à ses directions locales l'objectif de « réorganiser » chaque site une fois tous les deux ans.

Christophe ne me donne qu'une explication à cette « réorganisation » : « C'est parce que les agents ont choisi un nouveau scénario. » « Scénario » ? Il s'explique : à la place du régime horaire actuel, 6 h 21 de travail par jour, les facteurs employés de manière permanente basculeront sur des journées théoriques de 7 heures, avec un jour de repos « glissant » chaque semaine (lundi, puis mardi la semaine suivante, puis le mercredi, et ainsi de suite jusqu'au samedi).

Pour qui ne connaît pas le fond de l'affaire, la « réorganisation » pourrait se résumer au caprice de facteurs désirant modifier leurs horaires et l'ordonnancement de leurs repos. Certes, vingt d'entre eux ont voté pour ce changement, sur une trentaine d'agents, formant une majorité. Mais le vote n'était pas de leur initiative. C'est la direction de l'établissement qui leur a enjoint de se prononcer, à l'occasion d'une « réorganisation » décidée par elle seule. Et il n'y a que sur cet aspect qu'ils ont eu leur mot à dire.

Travailler chaque jour 6 h 21 ou 7 heures, disposer de plus de temps libre au quotidien mais de moins de journées de repos, ou bien l'inverse, est-ce là le plus important, dès lors que l'on doit en moyenne, de toute façon, 35 heures par semaine à La Poste ? Ce n'est pas négligeable, car cela détermine l'organisation d'une vie et d'une famille. Mais c'est une question de contenant, tandis que le contenu demeure indiscutable. Sur quelles bases remplit-on les 7 heures ? Avoir le choix de boire un litre chaque jour ou deux litres tous les deux jours, est-ce bien intéressant si l'on n'a aucun droit de regard sur le liquide ? Si cela peut être de l'eau aussi bien que du vinaigre ?

Combien de rues, combien de destinataires à desservir, combien de courriers et de recommandés à distribuer, peut-on faire rentrer dans 7 heures de travail ? C'est tout le débat.

Qui n'a jamais eu lieu.

3
« Ambiguïtés »

> « On n'a pas le droit de rouler sur les trottoirs. Sur les trottoirs normalement, tu peux rester sur le vélo, mais tu dois rouler à la vitesse d'un piéton. C'est pas le cas, on le sait, mais si jamais il arrive un problème, s'il t'arrive un accident sur le trottoir et que tu percutes un piéton avec le vélo, c'est pour ta gueule. »
>
> L'organisateur

« On respecte le code de la route. »

C'est Sébastien qui me chapitre, au moment de tester ma capacité à conduire un vélo électrique. Il est « facteur qualité », mais il aspire à devenir chef d'équipe. D'ailleurs, il remplace parfois Sandrine et Rachid, qui occupent déjà cette fonction dans le centre. C'est leur « bras gauche », dit Romuald avec un soupçon d'ironie. C'est pourquoi il arrive à Sébastien, lorsque le niveau d'absentéisme n'est pas trop élevé, lorsque toutes les tournées sont « couvertes », de ne pas trier, pas distribuer, pas sortir en tournée. Une respiration pour lui, un petit matelas pour l'organisation, puisqu'il assume de multiples tâches imprévues qui se découvrent au fil de la journée. M'accueillir fait partie de ces impondérables, car Christophe, le responsable des ressources humaines, semble avoir omis d'annoncer ma venue.

« Non, je déconne », poursuit Sébastien. « Le code de la route, on s'en fout. » Première règle. La seconde est plus subtile, elle fait appel au discernement plutôt qu'à l'obéissance : « On prend des risques, mais on fait attention. » Il m'introduit ainsi directement à ce qu'il y a d'irréductiblement humain dans l'activité de facteur, ce qui nous différencierait d'une hypothétique machine à distribuer : la transgression mesurée. Il donne des exemples : oui, pour gagner du temps, on peut prendre une rue en sens interdit, ou griller un feu rouge. Mais en cas d'accident à l'occasion d'une manœuvre interdite, on n'est pas couvert. Et il vaut mieux éviter de le faire devant des policiers, dont l'indulgence, bien que plus grande qu'à l'égard des autres quidams, n'est pas automatique. Des collègues du centre ont déjà écopé d'amendes : La Poste ferme les yeux sur l'infraction mais laisse le facteur s'acquitter de la somme, qui mange le gain d'au moins une journée de travail.

Puis Sébastien m'apprend ce qu'est un « haut-le-pied » : « C'est la distance entre le centre et le début de ta tournée, ou entre la fin de ta tournée et le centre. » Ce sont les quelques centaines de mètres, ou les quelques kilomètres qui séparent notre casier de tri de la première boîte à distribuer. Symétriquement, au retour, c'est la distance entre la dernière boîte et le centre. Et comment appelle-t-on ce qui se trouve entre ces hauts-le-pied ? « La tournée, tout simplement. » Sébastien précise qu'il existe aussi des « hauts-le-pied intermédiaires », qui rompent la continuité de « la tournée, tout simplement », lorsqu'il y a par exemple plus de cinquante mètres de distance entre deux points de distribution. « Points de distribution » ? Traduction : deux adresses différentes, deux endroits où l'on est susceptible de s'arrêter pour remettre du courrier.

Pourquoi Sébastien m'informe-t-il de ces distinctions techniques ? Pourquoi juste après avoir évoqué les transgressions du code de la route ? Il ne déroule pas les implications de son propos. Je soupçonne que c'est en lien avec une prescription qu'il n'a pas osé énoncer : on distribue à pied, on ne doit pas rouler sur les trottoirs. En « haut-le-pied », oui, on pédalerait, on s'approcherait des 25 km/h permis par l'assistance électrique, mais sur « la tournée, tout simplement », on marcherait en poussant son vélo, à la vitesse d'un piéton encombré. Sébastien ne peut pas énoncer cette règle, car il sait qu'aucun facteur ne pourra m'en donner l'exemple, il sait même qu'elle est incompatible avec la quantité de courrier à distribuer. En raccommodant les morceaux de ses avertissements et de ses silences, je comprends que si j'ai un accident en pédalant pendant un haut-le-pied, je serai couvert. Mais s'il survient lorsque je roule à la vitesse d'un cycliste sur une portion de l'itinéraire faisant partie de « la tournée, tout simplement », La Poste me chargera.

*

Dès mon premier jour, une semaine avant la réorganisation, je sais que le code de la route n'est pas pour nous. C'est beaucoup, mais c'est encore peu. On me place avec Romuald, pour que je l'observe, l'accompagne, l'écoute, et l'assiste. Pour qu'il m'apprenne le reste.

La synthèse de son enseignement tient dans un terme qu'il affectionne : « ambiguïté ». Accompagner Romuald tout au long de sa tournée, depuis l'espace confiné devant le casier de tri jusque sur les routes ou au pied des immeubles, c'est en effet l'entendre établir un recensement hétéroclite, toujours inachevé, d'« ambiguïtés ».

« Ambigu », le courrier destiné à une adresse qui n'existe pas sur le casier de tri. C'est peut-être un « rebut », un mauvais adressage. Mais l'adresse existe peut-être bel et bien, sauf que son titulaire a conclu un contrat pour une boîte postale ou une remise à heure fixe, et ce n'est donc pas à nous de remettre le pli, mais à un autre facteur du centre dédié aux « cedex ». On risque donc de « tuer » là où il faut seulement céder les courriers au collègue.

« Ambigus », les ordres de réexpédition, qui peuvent concerner l'intégralité des habitants du logement, ou seulement une partie d'entre eux. Vacances, déménagement commun, séparation conjugale... La réexpédition abrite des motifs divers, qui requièrent de la vigilance et du doigté.

« Ambiguës », les distinctions entre les différents types de recommandés. Il y a ceux qui ont déjà un avis de passage et un accusé de réception collés à l'enveloppe, et ceux auxquels il faut joindre, par collage ou par « élastiquage », des feuillets imprimés par les collègues de la « cabine », qui reçoivent, trient et flashent les recommandés. Il y a ceux qui nécessitent de faire remplir et rapporter un accusé de réception, qui sera envoyé à l'expéditeur, et ceux qui ne requièrent que le stockage au centre d'une « preuve de distribution ».

« Ambigu », le paysage de la cité, avec sa forêt de tours dont il faut déduire des rues et des allées. « Ambiguës », ses nouvelles constructions qui sont l'occasion de nouveaux baptêmes de rues, parfois inconnus des expéditeurs, si bien qu'un même destinataire peut être désigné par deux adresses différentes.

« Ambiguës », ces batteries de dizaines de boîtes aux lettres qui comptent au moins deux « Camara », deux « Martin », sans que l'étiquette sur la boîte ne donne l'indice d'un prénom. « Ambiguë », la situation des hébergés, dont Romuald distribue le courrier même quand le nom n'apparaît pas sur la boîte du locataire en titre (sauf lorsqu'il sait que la personne a délibérément retiré son nom pour se rendre invisible aux institutions qui lui écrivent). « Ambigu », le courrier qui précise un numéro de boîte, permettant de localiser directement son emplacement dans la batterie, mais dont le nom du destinataire n'est pas affiché sur la boîte : on distribue, ou pas ? « Ambigus », les logements dont les habitants sont d'origine chinoise, parce qu'il y a souvent beaucoup d'individus répertoriés sur la boîte, parce que nous sommes peu familiers de la manière dont se construisent leurs noms, et parce que les expéditeurs mélangent en tous sens les termes qui les composent.

« Ambiguë », enfin, la conduite à tenir sur les trottoirs : Romuald roule, pédale, et même sonne les piétons, tout en soulignant que c'est interdit. « Tu as vu le jeune tout à l'heure ? C'est lui qui s'est excusé », s'amuse-t-il, car les piétons s'écartent, dressés à respecter notre transgression.

Didactique et prévenant, Romuald s'escrime à mettre en relief les situations, à sous-titrer ses routines, à expliciter un savoir tellement incorporé qu'il se passe habituellement de verbalisation. Il y consacre beaucoup de temps. Chaque jour, nous rentrons une à deux heures après l'heure théorique. C'est le tribut que Romuald paie à ma formation, et il le paie de sa poche, les heures supplémentaires étant rarement enregistrées et rémunérées.

À la fin du premier jour de « doublure », je me sens accablé d'informations, convaincu de multiplier les erreurs dès que je serai lâché sur la tournée sans Romuald pour m'épauler. Au deuxième jour, je le pense toujours, mais je découvre que je ne serai pas le seul à commettre des écarts.

Sandrine, la cheffe d'équipe, nous réunit pour un *« brief »*. La direction nationale de La Poste voudrait que ce soit un temps quotidien, dédié à la « communication descendante » mais aussi « montante », au « partage » des résultats, positifs et négatifs, pour « donner du sens » aux équipes. Aujourd'hui, Sandrine se concentre sur du négatif. « Je vais déjà commencer par vous donner les résultats des réclamations réex pour le mois d'octobre. » Les contrats de réexpédition sont particulièrement sensibles, parce qu'ils rapportent de l'argent, et parce qu'ils pénalisent fortement les usagers en cas d'exécution défectueuse, puisque ces derniers risquent de ne plus recevoir leur courrier. « Pour vous dire que c'est pas bon du tout, on est à 14,43 %. Je vous rappelle que l'objectif c'est 6 %. » Je ne sais pas bien à quoi renvoie le pourcentage : un nombre de réclamations ramené au nombre de contrats ? Il reste que les erreurs possibles sont multiples : oublier de faire la réexpédition et ne pas cesser d'approvisionner une boîte aux lettres inutilisée ; au contraire, continuer de réexpédier le courrier alors que l'ordre de réexpédition était provisoire et que l'usager est rentré chez lui ; confondre, parmi les habitants du logement, ceux qui doivent bénéficier de la réexpédition et les autres. « Donc plus ça va, plus ça se dégrade », conclut Sandrine.

« Ça va s'arranger avec la réorg' ! », persifle Nathalie, une factrice syndicaliste. « Carrément », ajoute une collègue, suivie par d'autres. Sandrine tente de répondre : « Après, même s'il y a réorg', les ordres de réexpédition il faut toujours les vérifier, donc je vois pas trop ce que ça pourrait changer, mais bon. » « Il faut juste avoir le temps pour pouvoir bien s'organiser », rétorque Nathalie.

Sandrine préfère ne pas s'engager dans un débat sur le temps, la charge de travail, et la réorganisation. Elle se concentre sur ce qui est dans son pouvoir de cheffe d'équipe : contrôler et enjoindre. Hier, lorsque les facteurs sont partis en tournée, elle a fait le tour des casiers. « Je vous le rappelle, parce que, dans trois casiers, j'ai retrouvé des contrats [de réexpédition] du 30 octobre qui sont encore dans les cases. Donc ceux qui n'auraient pas encore vérifié leurs contrats périmés, essayez de le faire, on est quand même le 6 novembre, ça fait une semaine que le mois est terminé. Je vous appelle à le faire. »

Au troisième jour, Guillaume, facteur titulaire qui n'a pas trente ans, me sollicite pour un foot : chaque semaine, il tente d'agréger suffisamment de collègues pour faire un cinq contre cinq. Manière de construire un collectif de travail, explique Guillaume, manière de rendre hommage mais aussi de faire un pied de nez aux « anciens » qui regrettent à voix haute qu'il n'y ait pas la même « ambiance », pas la même « solidarité » qu'avant. Mais le foot, c'est au retour de tournée, vers 13 h 30, 14 heures au plus tard, avant que chacun retourne chez soi, dans des directions différentes, parfois à plus d'une heure de route. Avec Romuald, que je ralentis, nous rentrerons trop tard. Je dois décliner, mais promets ma disponibilité pour la prochaine fois. Il n'y aura pas de prochaine fois, me corrige Guillaume : la réorganisation instituera quatre horaires différents pour la trentaine de facteurs présents, alourdira le travail de chacun, et rendra incertaine l'heure de retour de tournée. C'était déjà difficile d'organiser ces parties de football, cela deviendra impossible.

Ma socialisation au travail de facteur ne passera donc pas par le sport ; elle est confinée au face-à-face avec Romuald. Heureusement, je suis tombé sur quelqu'un qui est heureux de transmettre, au moyen de la pédagogie par l'exemple des « ambiguïtés ». Huit à neuf heures par jour, il en débusque toujours de nouvelles. On pourrait bien sûr ordonner et spécifier un peu plus les situations, et choisir d'autres termes plus précis. Il y a des cas d'espèce *compliqués*, c'est-à-dire que les situations possibles sont nombreuses et variées, tout autant que les comportements qu'elles appellent ; mais, pour peu qu'on connaisse l'intégralité du catalogue des procédures, l'attitude à adopter ne fait pas de doute. C'est le cas par exemple de la variété croissante des recommandés et des opérations qu'ils impliquent. Il y a aussi des *dilemmes*, des situations où différentes exigences ou procédures s'affrontent. Par exemple, faut-il respecter la règle et refuser de distribuer un recommandé parce que c'est le conjoint qui ouvre la porte, au risque de provoquer la colère et l'incompréhension du destinataire, ou bien le remettre et contribuer à faire baisser le taux d'instance (c'est-à-dire la part de recommandés qui attendent en bureau de poste et accroissent les charges de l'entreprise) ? Il y a enfin des *incertitudes*, des cas où la solution n'est pas accessible, où, même lorsqu'on est aussi aguerri que Romuald, il faut trancher dans le brouillard, comme dans le cas de certains hébergés ou homonymes.

En entendant parler Romuald de toutes ces « ambiguïtés », j'hésite. Parfois je trouve qu'il écrase la diversité du réel sous un terme unique, superficiel. Parfois, au contraire, il me semble que c'est la formulation très exacte, justement parce qu'elle est générique, des problèmes que rencontre le facteur sur une tournée, en particulier le jeune remplaçant qui, comme moi, ne sait pas encore reconnaître s'il a affaire à une complication, un dilemme ou une incertitude.

Quoi qu'il en soit, Romuald me permet de saisir que son travail quotidien c'est, certes, trier des lettres, prendre des plis et déplacer son bras jusqu'à la case entre 500 et 1 000 fois par jour, dont un quart de mouvements au-dessus des épaules ; c'est, dans les halls d'immeubles, refaire un mouvement similaire, autant de fois, à destination des boîtes aux lettres ; c'est manutentionner à plusieurs reprises une dizaine de liasses de plusieurs kilos chacune ;

c'est s'astreindre à des dizaines de montées et descentes de vélo ; c'est parcourir en tout une vingtaine de kilomètres ; c'est affronter tour à tour le froid, la canicule, la pluie, le vent ; c'est, pour accomplir tout cela, presser ses muscles, accélérer la fréquence des battements de son cœur, en particulier pendant la distribution, en extérieur ; mais c'est aussi penser, agréger de l'information, l'ordonner, et c'est trancher au milieu de l'« ambiguïté ». Et si je pressens que, par rapport à Romuald, le rythme de mon bras sera inférieur, ma manipulation du vélo plus maladroite, mes muscles moins habitués, je devine aussi que mon jugement sera plus hésitant et moins sûr.

Travailler, c'est faire des choix. Pour faire des choix à la fois raisonnés et qui ne soient pas paralysants – on ne remet pas l'équation à plat chaque jour, on ne se demande pas à chaque occasion s'il faut distribuer ce pli ou le rapporter au rebut –, il faut une habitude, une routine. Plus encore, pour solidifier ces choix, pour ne pas s'enfermer dans une pratique solitaire aberrante, il faut les collectiviser, pas seulement par la coordination hiérarchique (lorsque les chefs d'équipe tiennent leur *« brief »*) mais aussi par l'échange et la coopération entre pairs (lors de pauses, ou de parties de foot)[1].

Ce sont ces routines, ce sont ces moments collectifs que la réorganisation, mise en œuvre une semaine après mon arrivée, viendra perturber. Le nez dans le guidon, ou la tête dans son casier pour se rendre au plus vite sur les routes de sa tournée, c'est ce qui attend les facteurs et factrices. À l'encontre des consignes qui leur sont données, les chefs d'équipe eux-mêmes n'oseront plus déranger ces équipées individuelles par des réunions autour d'un *« brief »*.

4
Un « diagnostic » à distance

> « L'outil calcule réellement le temps réel qu'il faut au facteur pour aller distribuer. »
> L'organisateur

Trois heures, 43 minutes et 59 secondes. Je n'en reviens toujours pas. C'est la durée que l'« outil » de Dominique, l'organisateur, affiche pour la tournée 21 à la cité des Sauterelles. Une durée dont La Poste déduit qu'il y a de la marge pour le facteur, du gras à éliminer dans son emploi du temps, du boulot à rajouter dans sa journée. Une durée si éloignée de mes performances, et même des horaires dont Romuald a l'habitude, alors qu'il est le titulaire de la tournée. Une durée, pourtant, que Dominique qualifie de « réelle », sans craindre la redondance.

Bien sûr, je suis tenté de disqualifier d'emblée les durées de Dominique, puisque j'en déborde de partout, aussi bien quand je trie que quand je distribue. Mais, après tout, petit débutant, puis-je avoir la prétention de me considérer comme un bon représentant de la « réalité » ? Et Romuald lui-même pourrait-il prétendre à ce titre, ne pourrait-on pas trouver un facteur plus rapide que lui ? Dans ce cas, lequel des deux serait le plus « réel » ?

Selon Dominique, si « ses » durées sont réelles, davantage que notre expérience, c'est justement parce qu'elles ne sont pas polluées par les particularités de tel ou tel facteur. C'est un réel sous-jacent, qui résiste et s'impose à la variété de nos corps et de nos rythmes. Dominique et son outil seraient les pythies de ce réel intangible et transcendant. « L'outil ne fait pas de différence. Il dit : quelle que soit la personne, il faut tant de temps pour distribuer. » Mais comment fait l'outil ? Il « diagnostique ».

« Un an avant la date butoir [de la réorganisation], tu fais l'étude. Tu fais ce qu'on appelle le diag'. » Dominique est un organisateur en série. Son métier consiste à enchaîner les « diagnostics » : Nanteuil, puis Souly, puis Arpenay, et ainsi de suite sur tous les bureaux de l'établissement, avant de revenir à Nanteuil, au bout d'un cycle de deux ans, pour une nouvelle réorganisation.

Dominique est à la barre, mais pas à l'initiative : il reçoit une « feuille de route » de sa direction qui, après un premier calcul sommaire, lui indique combien de « positions de travail » son « diagnostic » doit supprimer. Cela veut-il dire que tout est écrit d'avance ? Dominique ne serait-il qu'un tueur d'emplois déguisé en technicien ? Il sait bien la réputation que traîne sa corporation, et tente de s'en défaire : « Il ne faut pas penser qu'on est là pour casser… » Mais il veut faire entendre ses contraintes, et avec quels moyens, propres à sa fonction, il chercherait à préserver la survie de tournées face aux consignes d'élagage : « Moi, si on me dit : "Voilà, la feuille de route a été faite, tu dois faire – 4." Moins quatre positions de travail. Avec la baisse de trafic, avec ceci, avec cela, ça fait à peu près – 4. D'accord ? Si tu fais ton diag' et que tu arrives à prouver que tu ne peux pas faire – 4, tu ne les feras pas.

Par contre, si tu n'arrives pas à prouver, si implicitement tu sais que – 4 ça va être difficile, mais si tu ne peux pas le prouver, tu les prends. »

Alors où sont-elles, ces preuves ? Dans le « diagnostic ». Aussi appelé « pesage », parce qu'il s'agit d'évaluer ce que La Poste appelle une « charge de travail ».

Questionné sur sa « charge de travail », un facteur pourrait évoquer les dizaines de kilos d'objets transportés, la répétitivité des gestes, la concentration et la vigilance requises, le maniement des compartiments de sa mémoire dédiés aux différents usagers. Mais ce que sa hiérarchie appelle « charge », ce qu'elle « pèse » sous ce nom, ce sont uniquement des durées. Trois heures, 43 minutes et 59 secondes, c'est la « charge » de la tournée 21, et mes 6 h 21 de travail réglementaires en sont le véhicule – un transporteur incomplètement rempli, selon La Poste, qui y voit un gâchis.

En entendant « diagnostic » ou « pesage », on pourrait se méprendre. On imagine une mesure empirique, la mise en rapport d'une observation et d'un étalon, la rencontre rugueuse entre un poids et une balance. La méprise est d'autant plus probable que les termes demeurent au fil des années, mais que l'opération qu'ils désignent a changé de nature.

Jusqu'à l'aube du XXIe siècle, La Poste disposait de centaines d'agents dont la mission était de chronométrer les facteurs tout au long d'une journée de travail. Les vérificateurs de la distribution et de l'acheminement, les « vérif' » comme on les surnommait, étaient les arbitres des durées. Comme tout arbitre, ils subissaient les foudres des deux camps. Les facteurs dénonçaient la partialité du « vérif' », rattaché à la direction et donc supposé soumis à ses intérêts. Ils contestaient ses décisions : par exemple, les moments qu'il choisissait pour déclencher et arrêter le chronomètre, ou les opérations qu'il éliminait, comme la discussion avec la vieille dame au coin de la rue que le « vérif' » jugeait improductive, tandis que le facteur y voyait l'obtention d'une information utile à la distribution du courrier. Au contraire, la direction nationale du courrier soupçonnait que les « vérif' », anciens facteurs, étaient trop complaisants avec leurs ex-collègues. Surtout, elle reprochait à ce système d'être coûteux puisque, à la différence du chronométreur d'usine, le vérificateur ne pouvait se contenter de mesurer une tâche, ou même une tournée, puis de généraliser le résultat obtenu à tous les autres opérateurs. Il fallait à La Poste suivre chaque facteur, ou du moins chronométrer chaque tournée, avec ses reliefs et ses ralentisseurs, ses maisons perchées ou ses immeubles, sa répartition entre particuliers et professionnels, son bitume et ses chemins de terre… et enregistrer l'impact de ces infinies spécificités sur le temps qui s'écoule[1].

Au milieu des années 2000, l'entreprise a discrètement transformé sa manière de faire. Pour comprendre ce changement de méthode, faisons une comparaison. Imaginons, puisqu'on parle de « pesage », qu'un parent doive faire évaluer le poids de son enfant par le pédiatre. Première solution : le parent amène l'enfant chez le pédiatre, qui le pose sur sa balance et enregistre directement le poids mesuré. La balance est un instrument de mesurage, dont l'équivalent est pour les facteurs le chronomètre du « vérif' », qui « accompagne » les tournées. Bien sûr, il y a des biais possibles : la balance est mal réglée, ou bien l'enfant n'a pas exactement son poids habituel, car il sort d'un repas qui l'a alourdi ou d'une gastro-entérite qui l'a amaigri, ou bien encore il se débat trop pour qu'on obtienne davantage qu'une mesure approximative. Le pesage du jour n'est pas forcément représentatif.

Seconde solution : le parent se rend chez le pédiatre sans son enfant. Il explique au médecin ce que son enfant a mangé, le contenu et la taille des petits pots, mais aussi ses activités quotidiennes, la fréquence, la nature et l'ampleur de ses selles, etc. Le pédiatre note consciencieusement toutes ces informations et, au moyen de formules préétablies (ce qu'on appelle un modèle), en déduit le poids de l'enfant qu'il n'a pas vu. C'est ce que fait aujourd'hui La Poste.

La première solution, celle du chronométrage, n'existe plus. Seule subsiste la seconde, c'est-à-dire le calcul de la durée de la tournée au moyen de formules inscrites dans un logiciel.

Arrivé là, est-on beaucoup plus avancé ? On a atteint le niveau de certains encadrants locaux de La Poste lorsque, face à des questions pressantes de facteurs, ils répondent : « C'est l'outil qui l'a dit. » Ou bien : le « logiciel ». Ou encore, apparemment plus sophistiqué : l'« algorithme ». Une suite de commandes informatiques aurait conduit à la détermination des durées des tournées. Mais, en disant cela, on ne fait que renvoyer à une boîte noire, où l'on espère peut-être endormir les facteurs curieux. Si l'on s'équipait d'une lampe torche, que trouverait-on dans la boîte noire ?

Lorsque j'ai posé cette question à un cadre situé un peu plus haut dans la ligne hiérarchique de Dominique, une sorte de « super-organisateur », il a saisi la boîte noire et l'a jetée dans une autre boîte noire encore plus grosse, en lâchant : « C'est du taylorisme. »

5

« *Scientific Management.* » Taylor, première rencontre presque vraie

— D'après un organisateur, ce qui se pratique à La Poste avec les facteurs, c'est, je cite, du taylorisme.

— C'est facile de tout me mettre sur le dos. Ça fait plus d'un siècle que je suis mort, il faudrait se trouver d'autres références[1].

— Mais dans sa bouche ce n'était pas péjoratif.

— Je n'ai jamais appelé le système que j'ai conçu « taylorisme » ou « système Taylor », comme on disait à l'époque. *Je pense que le terme correct, qui représente mon système mieux que n'importe quel autre terme, c'est «* scientific management *»*[2].

— Scientifique, carrément ?

— Oui. Je crois que vous, les Français, avez traduit ça par « organisation scientifique du travail ».

— Et chez les facteurs ?

— Moi, ma spécialité, c'est comment couper le métal. Les gerbes d'étincelles. Inventer des aciers qui tiennent, même à haute température, et permettent d'accélérer la vitesse de coupe[3]. Ça me passionne. Et le tennis aussi. Vous savez, les gens retiennent souvent la partie de mon œuvre relative à la gestion du personnel, parce que j'ai dit qu'*un manutentionnaire doit être tellement stupide et flegmatique qu'il ressemblerait mentalement à un bœuf plutôt qu'autre chose*[4]. Mais je suis d'abord un inventeur. J'ai créé une raquette de tennis en forme de cuillère[5], je vous montre ?

— Je ne crois pas que ce soit la partie de votre œuvre qui ait le plus de postérité.

— Attendez, il n'y a pas que le tennis, je fais du golf aussi. J'ai conduit toute une batterie de tests pour faire pousser un gazon excellent, une vraie caresse pour la balle[6]. Vous voulez voir ?

— Vous aviez beaucoup de loisirs de riche, comme ça ?

— Faut pas croire, j'aimais beaucoup raconter que j'ai suivi un apprentissage d'ouvrier. Mais je viens de l'une des familles les plus riches de Philadelphie. J'aurais pu ne jamais travailler[7].

— Alors pourquoi ?

— Pourquoi quoi ?

— Pourquoi vous avez travaillé ?

— Elle est bizarre votre question.

— Vous n'avez pas théorisé que les ouvriers sont motivés uniquement par la perspective du gain ?

— Et alors ?

— Si, quant à vous, vous n'aviez pas besoin de gagner votre vie, pourquoi vous travailliez ?

— Bon, je vous la montre, ma raquette en forme de cuillère ?

— J'étais plutôt venu pour comprendre ce qu'était le taylorisme.

— C'est vieux, tout ça.

— Oui, mais pour les facteurs ça a l'air d'être encore d'actualité.

— Bon, je vous résume. Comme je vous disais, ma spécialité, c'est la coupe de métal. Le problème, c'est que les ouvriers métallurgistes sont des gens intéressants, mais irritables.

Résistants au changement, comme vous dites aujourd'hui. Pendant un moment, j'ai dû m'extraire de leur atelier[8].

— C'est là que vous avez commencé à écrire ?

— Non ! Je suis un scientifique et un homme d'action. J'expérimente, je trouve, je mets en œuvre. Je n'ai décidé de rendre compte de mes expériences que progressivement, parce que j'étais désolé de la faiblesse des directions et du gaspillage de travail dans les entreprises. Dans l'usine où je travaillais, nous avions d'immenses stocks de gueuses de fonte brute[9], environ 80 000 tonnes. Quand on a commencé à les vendre, il fallait trouver le moyen de les manutentionner et de les charger dans les véhicules, le plus vite et surtout le moins cher possible. La manutention de gueuses de fonte, comme je dis toujours, *c'est le genre de boulot qu'un gorille intelligent un peu entraîné pourrait faire mieux que n'importe qui*[10].

— Je croyais que vous disiez plutôt qu'il fallait avoir la mentalité d'un bœuf ?

— Les deux, j'ai écrit les deux. Vous savez, avoir le sens de la métaphore, c'est ce qui permet de capter votre auditoire. Les manutentionnaires, des Hongrois je crois, étaient payés à la journée. Vous voyez le gâchis ? Qu'ils chargent 5 ou 50 tonnes de fonte, ils étaient payés pareil. Alors, bien sûr, c'était la porte ouverte à toutes les flemmardises. Leur travail, c'était une parodie, avec une moyenne quotidienne à 13 tonnes par individu. J'ai demandé à mon équipe de les chronométrer afin de déterminer ce qu'il était juste de leur demander pendant une journée de travail. On est tombé sur 45 tonnes. On a donné le choix aux manutentionnaires : est-ce que vous voulez travailler à la pièce, c'est-à-dire à la tonne chargée ? Ceux qui ont dit non, on les a virés. On a remplacé les Hongrois par des Allemands et des Irlandais. Avec le tarif à la pièce que j'ai scientifiquement fixé, ceux qui atteignaient les 45 tonnes voyaient leur salaire augmenter de 46 %. Par contre, ceux qui restaient à 13 tonnes... Même ceux qui ne faisaient que doubler leur rendement, leur rémunération baissait de 20 % par rapport au salaire à la journée[11]. Et ça, je peux vous dire que c'est incitatif.

— C'est ça, le taylorisme ? Du travail à la pièce ? Ça ne cadre pas du tout avec les facteurs. Ils ne sont pas payés à la lettre, ils ne sont plus payés au kilomètre, et ils n'ont pas de moyen d'augmenter leur salaire.

— Non, non, ce que j'ai créé, ce n'est pas le travail à la pièce. Ça existait bien avant moi, et je l'ai même critiqué, parce que ça ne reposait habituellement sur aucun fondement. C'était un simple marchandage : « je veux tant », dit le travailleur, « non, je te donne tant », dit l'employeur, et qui peut dire qui a raison ? D'autant que le tarif fixé n'était pas fixe, justement : souvent l'employeur finissait par le réduire, et les travailleurs se mettaient à ralentir, à diminuer leur rendement, pour éviter une nouvelle réduction du tarif[12]. Moi j'ai mis de la science dans tout ça. J'ai déterminé ce qu'est une juste journée de travail de manutentionnaire. *Il faut que le contremaître, le supérieur hiérarchique immédiat puisse savoir par avance, de manière certaine, la quantité de travail que son subordonné devrait abattre en une journée*[13].

— 45 tonnes ?

— 45 tonnes. Dans la production, l'important, ce n'est pas d'avoir un gorille intelligent, ou un bœuf, ou ce que vous voulez, pour charger la fonte. C'est de m'avoir, moi, un expert, un organisateur. Ce n'est pas parce qu'un gorille au mental de bœuf convient parfaitement que la manutention n'est pas une affaire compliquée. *La science de la manutention de la fonte est tellement grande qu'il est impossible, pour l'homme adapté à ce type de travail, de comprendre les principes de cette science, ou même de travailler selon ces principes sans l'aide d'un homme mieux éduqué. Le manutentionnaire est tellement stupide que même le mot « pourcentage » n'a aucun sens pour lui. Plus largement, la science qui sous-tend chaque acte de travail est tellement grande que le travailleur adapté à cette tâche est incapable de la comprendre*[14]. Il faut quelqu'un pour élaborer et inculquer les principes de cette science. Chacun à sa place, si vous voulez, et les cochons seront bien gardés.

— Ça aussi, vous l'avez écrit ?

— Le principe général. Pas les cochons, mon éditeur trouvait que le bœuf et le gorille, ça suffisait. Disons qu'il faut que *chaque homme remplisse la fonction pour laquelle il convient le mieux*[15].

— Donc il y a les gros malins qui conçoivent, et les bœufs-gorilles qui exécutent ?

— Vous caricaturez. Oui, ma philosophie, c'est que la solution réside dans les mains des *managers.* Mais il n'est même pas nécessaire d'imaginer que les travailleurs sont plus stupides. Toute la journée du travailleur est prise par la réalisation de son travail. *Même s'il avait l'éducation requise et une pensée apte à la généralisation, il n'aurait ni le temps ni l'argent pour faire les expériences nécessaires au développement des lois de son propre travail. Car l'étude d'une simple loi, qui nécessite des études de temps, exige la coopération de deux hommes : celui qui travaille, et celui qui le chronomètre. Imaginons malgré tout que ce travailleur parvienne à développer de véritables lois, à la place de la connaissance ordinaire, empirique. Eh bien, même là, son intérêt personnel le conduirait presque inévitablement à garder secrètes ses découvertes, afin de produire davantage que ses collègues et obtenir de plus gros salaires*[16].

— Mais s'il n'y a pas de salaire à la pièce, quel serait l'intérêt des travailleurs de se cacher leurs découvertes ?

— Vous n'allez pas me dire que vos collègues facteurs vous ont filé tous leurs tuyaux ? Non, vraiment, les ouvriers n'ont ni la condition ni le goût pour découvrir et mettre en œuvre systématiquement les lois scientifiques de leur activité. Tandis que *c'est le devoir et le plaisir du management de développer et inculquer ces lois*[17].

— Vous pensez que Dominique prend du plaisir à faire ses « diagnostics » ?

— Il devrait.

— Il m'a semblé plutôt sur la défensive. Soucieux de se justifier ou, disons, de justifier les durées qu'il attribuait aux tournées. Mais pas très à l'aise.

— Est-ce que c'est un ancien facteur ?

— Oui.

— C'est là que réside l'erreur. Un homme qui sort du rang subit la pression de ses anciens compagnons. Je vous parlais de ces ouvriers métallos qui m'ont causé quelques soucis. Ils ont tenté de me décrédibiliser aux yeux de la direction, en sabotant les machines et en prétendant que c'étaient mes consignes qui les mettaient en surrégime et les abîmaient. Heureusement, comme je vous disais, que je ne viens pas de ce milieu d'ouvriers. Ça enlevait à ces feignants qui croyaient tout savoir la possibilité de faire pression sur moi. Une bonne partie de la direction était constituée d'amis de mes parents, de partenaires de tennis. Alors c'est moi qu'ils croyaient[18].

— Mais je ne sais pas s'il y a assez de grands bourgeois de Philadelphie pour pourvoir tous les postes d'organisateurs de La Poste.

— Ne jouez donc pas au bœuf entraîné à faire le gorille. Vous avez bien compris ce que je voulais dire. Retenez en tout cas que la solution réside dans les mains des *managers*. Des organisateurs, comme semble dire votre Poste. *Il faut que tout ce qui nécessite un effort du cerveau soit éliminé de l'atelier*, ou du centre de distribution de courrier, *et soit concentré dans les mains de planificateurs*, d'organisateurs[19]. C'est quand même reposant de savoir qu'il y a des gens qui pensent votre activité à votre place, non[20] ?

6

Mauvais boulot…

Dans la tour, devant quarante boîtes aux lettres. J'ai distribué les plis ordinaires, j'ai récupéré les élastiques des liasses de courriers et les ai glissés dans ma poche, pour les réutiliser demain. J'ouvre la sacoche des recommandés, dont le poids, porté en bandoulière, tourmente mon dos.

C'est le destin des facteurs cyclistes. Nous avons le droit d'abandonner notre vélo et son chargement, des lettres ordinaires, des petits paquets sans suivi, le temps de nous rendre dans les immeubles. Le vol est exceptionnel, mais s'il survient, il ne saurait nous être reproché. En revanche, les objets suivis, recommandés, souvent des lettres, mais de plus en plus souvent des petits paquets, nous devons les conserver sur nous en permanence. Ces quelques kilos portés en bandoulière, c'est la traduction du tarif que l'expéditeur a bien voulu acquitter pour octroyer plus de sécurité à sa correspondance.

À chaque réorganisation, le dos souffre un peu plus. Les directions des établissements de La Poste érigent la baisse du volume de lettres ordinaires en justification de l'allongement des tournées. Mais le volume global de lettres suivies et recommandées, lui, ne baisse pas. Si la tournée comprend un nombre d'usagers plus élevé, il faut donc en emporter davantage. Et c'est ainsi que, inexorablement, la bandoulière creuse un peu plus les tissus des épaules des facteurs et factrices, pendant les quatre, cinq, parfois six heures de distribution. Quand j'entre dans une cage d'escalier, il arrive que je pose ma sacoche sur le sol ; je la vois mais ne la tiens plus. Je ne sais pas si c'est réglementaire. D'autres planquent carrément une partie de leurs recommandés dans le coffre de leur vélo, c'est-à-dire qu'ils les abandonnent à chaque point de distribution. Ou bien ils n'en emportent qu'une partie, le reste partant directement en instance, dans un bureau de poste, sans avoir même connu la possibilité d'être remis en mains propres. C'est la santé des facteurs contre la vigilance prescrite, leur dos contre la procédure. « Maintenant je ne me prends plus la tête, explique Ludivine. J'avais une grosse sacoche avant, j'avais super mal à l'épaule, j'avais toujours des nœuds. Je me suis dit : c'est bon, je ne veux pas m'esquinter pour La Poste, parce qu'ils n'en ont rien à foutre de nous. Alors maintenant j'ai pris ma petite sacoche, et si les recommandés ne rentrent pas, eh bien j'avise. Tout simplement. Si c'est au début de ma tournée, je le prends, je le mets dans mon vélo, mais ça on n'a pas le droit. »

Je me saisis donc de la sacoche, et prends le seul recommandé destiné à cette adresse. Ou plutôt, l'avis de passage que j'ai déjà rempli, pendant le tri, au bureau. « Bagayoko ». Je retrouve la boîte dans la batterie, glisse l'avis qui indique que le destinataire va pouvoir récupérer son recommandé au bureau de poste le plus proche, à partir de demain. Je n'ai pas coché la raison pour laquelle je glisse un avis de passage sans avoir sonné à l'interphone ou à la porte, car il n'y en a pas de valable.

« C'est pour Bagayoko ? » Une voix d'homme, derrière moi. La voix, je le devine déjà, de monsieur Bagayoko. Je suis pris la main dans le sac, ou plutôt l'avis dans la boîte. La honte. Piteusement, j'acquiesce, sors la lettre recommandée de ma sacoche, lui remets et lui fais signer les deux feuillets. J'accompagne chacun de mes gestes d'une nouvelle excuse. Indulgent, ou peu habitué à se plaindre, M. Bagayoko ne me fait aucun reproche.

Si je glisse des avis de passage sans sonner, cela pourrait être parce que j'estime ne pas avoir le temps. Ce sera le cas d'autres jours, c'est le cas aussi d'autres facteurs. Cette déviance est un secret de polichinelle, mais elle demeure officiellement réprouvée. Aujourd'hui cependant, c'est particulier : on a l'autorisation sinon la consigne officielle de Sandrine, la cheffe d'équipe, qui l'a reçue de Christine, la responsable de production. « Si vous avez beaucoup de recommandés, vous pouvez aviser d'office. » Je pense que c'est une litote. Sandrine ne peut pas ignorer que la règle qu'elle suggère constitue la pratique ordinaire. Si, de manière exceptionnelle, elle l'énonce, c'est pour laisser comprendre qu'on peut aller encore plus loin, voire qu'on doit aller plus loin.

Nul n'ignore que depuis huit jours, c'est-à-dire depuis la mise en œuvre de la nouvelle organisation, le courrier s'entasse faute d'être trié à temps avant le départ en tournée, ou faute d'être distribué au cours de la tournée. La cabine est pleine de bacs de recommandés en attente. Dans les travées, les cases s'encombrent de lettres et de paquets ordinaires. Des « restes » ramenés de tournée, ou qui parfois n'ont pas même été emportés. « Les cases sont adaptées à un jour et demi de courrier, note Sandrine. Mais dès que ça commence à arriver à deux jours, tu sens que là ça y est. Là ça explose. » L'engorgement devient lui-même une cause supplémentaire d'engorgement. Les cases sont déjà remplies du courrier des jours précédents, et il faut y faire entrer celui du jour, car le flux ne se tarit jamais. On écarte, on force, on coince, on surcharge, on perd du temps.

Dans ces conditions, la priorité, c'est « passer le trafic », vider le flux, désengorger, conjurer l'accumulation.

Le problème de la litote de Sandrine, c'est comme la consigne à moitié silencieuse de Rachid lorsqu'il voulait qu'on ne ramène aucun reste. On comprend qu'on a en partie carte blanche pour trouver des expédients, contourner des procédures, mais jusqu'à quel point ?

À l'entrée d'une impasse à peine goudronnée, boueuse, où les nids-de-poule stockent la pluie de novembre, un vieil homme sympathique se présente à moi comme un représentant de l'ensemble des habitants et professionnels du chemin. Propriétaire d'un atelier mécanique dans l'impasse, il aurait été désigné comme une espèce de facteur local bénévole, réceptacle de l'ensemble des correspondances des domiciliés de l'impasse, y compris des recommandés. Avec la factrice qui me précédait, ajoute-t-il, il faisait cela depuis des années. Il sait qu'elle a été mutée sur une autre tournée par la réorganisation, et propose de reprendre le même arrangement.

Clotilde, la factrice en question, ne m'en a pas parlé. Mais, dans le centre, personne n'a eu le temps de parler de son ancienne tournée à personne. Du jour au lendemain, chacun a atterri, seul, sur une nouvelle tournée, découvert un itinéraire, des nouveaux halls, des nouvelles boîtes, parfois des accommodements antérieurs.

Sur le moment, quand le vieil homme me fait cette proposition, je n'ai aucun moyen de savoir s'il est fiable. Au fond, la seule raison valable d'accepter, c'est la profondeur de l'impasse, la saleté manifeste des boîtes aux lettres, les noms mal manuscrits sur leurs étiquettes, la boue et les risques de chute, cette journée de travail qui est déjà très avancée et s'annonce interminable, et le gain de temps que j'estime à une dizaine de minutes si je peux éviter de m'engouffrer sur ce chemin. Je cède et remets les courriers, jusqu'aux recommandés.

En échange, il me remet un pourboire de deux euros, « pour le café ». J'essaie de refuser, il insiste. Quelques mois plus tard, j'apprendrai de Romuald qu'il ne fait pas que donner des pourboires, il les promet : « À chaque fois il me disait : “Si t'as un recommandé, tu me le donnes, je le signe, je te donnerai une pièce.” » La pièce ne vaut pas lourd, mais est-ce que la corruption se mesure au poids ?

Le lendemain, j'interroge Clotilde sur le statut du vieil homme. Sans cesser de trier du courrier dans son casier, elle me rassure :

« C'est monsieur Saadani, il n'y a pas de souci.

— Donc je peux lui confier…

— Lui, oui, il prend. Il est sympa, il a les procurations, il a tout.

— Oui il est sympa, mais après je me suis dit que je le connais pas…

— Non, non. Même moi, je lui donne tout. En principe il t'attend au bout de l'impasse. »

Pourtant, quand j'en discute un peu plus tard avec Dany et Estelle, deux facteurs qui, en tant que remplaçants, ont déjà effectué cette tournée plusieurs fois, ils sont plus prudents, sinon mitigés. Dany confiait à monsieur Saadani le courrier destiné aux boîtes du petit bâtiment qui introduit l'impasse, parce que le badge électronique ne permettait plus d'ouvrir la porte ; mais depuis la remise en état de marche du dispositif, il ne lui remet plus rien que son propre courrier. « Normalement, il ne faut pas lui donner, parce que le vigik remarche. » Estelle est plus coulante :

« Oui, mais arrête, tu lui donnes…

— Oui, tu lui donnes, veut bien concéder Dany, mais pas tout au fond, la société Dos Santos au fond ne veut pas qu'on lui donne. Lui [Dos Santos], tu lui donnes. Une fois ils m'ont chopé pour me dire qu'ils veulent pas [qu'on donne le courrier à monsieur Saadani].

— Oui, moi j'avoue je ne donnais que le premier bâtiment, après je distribuais les trucs. Je prenais mon vélo et j'allais au fond de la rue.

— Oui, mais parce que lui dit "donnez-moi tout, je vais y aller". Et tu sais qu'il y en a même de l'immeuble qui m'ont chopé et m'ont dit "non non, vous arrêtez de faire ça, on n'est pas d'accord".

— Mais moi, à l'époque, il y avait pas de vigik donc je ne pouvais pas rentrer.

— Mais il remarche maintenant. Mais bon, tu t'en fous. »

Pas facile d'interpréter cette chute. « Tu t'en fous », l'appel à la désinvolture après avoir cherché à définir rigoureusement la situation. Manière prévenante de ne pas me charger, de m'empêcher de me sentir coupable ? Formulation implicite de circonstances atténuantes – je suis nouveau, je suis précaire, je ne suis pas censé savoir ? Volonté d'épargner Clotilde, dont la pratique ne correspond pas aux conclusions de Dany ? À moins que Dany se contente de relativiser : une semaine après la réorganisation, en regard des stocks accumulés, des retards croissants, des erreurs multipliées, de la dégradation globale et brutale de la qualité du service que nous fournissons, du flot de réclamations générées dont beaucoup sont laissées en friche, cela reste une goutte d'eau dans l'océan de nos insuffisances.

Sur la tournée que j'occupe provisoirement, j'ai bien d'autres occasions de ne pas être fier. Je cherche à gagner du temps, c'est mon guide principal. Dans la précipitation, je protège mal le courrier de la pluie, faute de prendre le temps de bien fermer la sacoche. Pour éviter des détours, je fais souffrir le cadre du vélo en descendant, sans ralentir, des trottoirs de dix centimètres. Lorsque des résidents s'adressent à moi, je les écoute distraitement en continuant ma distribution, et je mets fin brutalement à la conversation lorsque j'ai épuisé la liasse, afin de quitter le hall d'immeuble au plus vite. Devant des boîtes aux lettres affichant le même nom, j'économise les petits raisonnements, la sollicitation réfléchie de ma mémoire qui me permettraient peut-être, par le souvenir d'un prénom ou du type de courrier reçu, de distinguer les homonymes entre eux, et je distribue au hasard.

Je redeviens un peu plus consciencieux quand, me retrouvant devant une batterie, des habitants attendent derrière moi que j'aie fini mon office. Certains accentuent leur pression implicite en se tenant derrière moi, jetant un œil par-dessus mon épaule sur les noms des courriers, guettant le leur, ou m'aidant parfois à trouver la boîte correspondante. Deux dames devisent sur l'absence dommageable de Romuald, qui « est gentil ». L'une ouvre sa boîte, tombe sur un avis de passage laissé la semaine dernière et commente, comme si je n'étais pas là, ou comme si je n'étais pas un facteur : « Ils ne montent pas, ils sont tellement feignants. »

Lorsque je ne trouve pas les destinataires, je « tue » le courrier de manière désordonnée, sans être capable de me tenir à une ligne de conduite. Parfois je trie le courrier que j'ai rapporté de tournée dans le casier, afin de pouvoir le remettre le lendemain et peut-être trouver la boîte aux lettres que je n'ai pas aperçue la veille. Mais lorsque je pense au temps qui défile, au courrier nouveau qui attend, aux cases congestionnées, je « bute » d'emblée et ça repart à l'expéditeur sans autre forme de procès, sans donner à la lettre une seconde chance. Parfois, quelque part entre les deux, je discrimine le courrier, je décide seul de ce qui est important, tuant les publicités après le premier passage, et tentant en revanche de présenter à nouveau les courriers institutionnels ou personnels.

Bref, je travaille mal. Certains font pire, comme Ange, jeune intérimaire dépassé, qui abandonne des centaines de courriers dans la loge du gardien, à l'insu de ce dernier, ou directement sur les batteries de boîtes aux lettres. Dans le premier cas, le gardien refuse de prendre en charge la distribution, et me rend le paquet lorsque je succède à Ange. Dans le second, les résidents se plaignent mais tentent d'organiser la distribution par eux-mêmes, craignant le vol de courrier.

D'autres font mieux, comme Félix, titulaire depuis des années qui, malgré les consignes de Sandrine, se refuse à laisser un avis de passage sans avoir tenté de joindre les destinataires des recommandés. « C'est ma tournée, je n'avise pas. Les clients, il ne faut surtout pas leur faire ça. Surtout quand tu sais que tous les jours tu es censé voir les mêmes personnes. Il faut faire attention, faire du bon boulot. » Parvient-il à compenser cette rigueur en gagnant du temps sur d'autres aspects ? Ou sa tournée est-elle moins chargée que la plupart des autres ? C'est ce que suggèrent certains collègues, mais il est difficile d'apprécier la consistance d'une tournée sans l'éprouver. Une réorganisation est propice aux rumeurs, aux regards approximatifs et soupçonneux sur la tournée du voisin.

*

Pour une même adresse, le 102 de l'avenue de la République, il y a neuf cages d'escalier, abritant des batteries de vingt boîtes pour la plus petite, cinquante pour la plus grande. Chaque jour, des centaines de courriers arrivent pour le 102. Pour la moitié d'entre eux environ, l'adresse indiquée se contente de mentionner ce chiffre, sans préciser le numéro de l'escalier. Sur la moitié restante, j'estime à environ un tiers la proportion de courriers dont l'escalier indiqué est faux. Mais c'est une estimation faite un peu tard. J'ai « tué » pas mal de lettres avant de comprendre, à force de voir passer les noms, que certains usagers ne sont pas inconnus à cette adresse, mais résident simplement dans l'escalier d'à côté. Personne, au bureau, ne m'avait parlé de cette éventualité, pas même Clotilde, la titulaire de l'ancienne tournée qui desservait cet immeuble interminable.

Il y a bien des listes, qui répertorient l'ensemble des résidents de la cité, leur cage d'escalier et même leur numéro de boîte. Je peux donc me lancer dans des « numérotations ». C'est une fastidieuse opération qui consiste, lors du tri, au bureau, à prendre les lettres, une à une, à rechercher le nom du destinataire dans la liste et reporter sur le pli le numéro de l'escalier et de boîte. Cela permet de le trier correctement puis, une fois face à la batterie, de retrouver rapidement la boîte où l'insérer. On reconnaît le remplaçant, *a fortiori* CDD ou intérimaire, au fait qu'il est contraint de se poser une à deux heures sur une table du bureau, le stylo en alerte devant une pile de courrier et un classeur de listes. Et l'on reconnaît le titulaire chevronné au fait qu'il n'en a plus besoin. C'était le cas de Clotilde. Si j'en avais le loisir, je passerais des heures à lui citer des noms choisis au hasard parmi le demi-millier que compte le 102 avenue de la République, juste pour l'émerveillement de la voir répondre du tac au tac et sans faillir le numéro d'escalier. Malheureusement, elle n'en a pas le temps, et je n'obtiens ça d'elle qu'une fois, pendant deux minutes, ce qui lui a permis tout de même de classer une cinquantaine de mes lettres.

Au fur et à mesure que les jours passent, les noms pénètrent doucement ma mémoire. Mais je suis loin de pouvoir prétendre aux prouesses de Clotilde. Je ne suis encore que dans un entre-deux. J'ai acquis quelque chose de plus basique, plus physique, difficilement explicable. Au bureau, devant mon casier, je ne saurais dire où est la boîte de madame Lévy. Mais devant la batterie, mon bras m'oriente plutôt vers le haut à droite, et il n'a pas tort. Ou bien, dès lors que je vois le nom Bouchara, je ressens une sorte de malaise, qui signale que j'ai probablement eu du mal à le trouver les fois précédentes, mais sans que cela s'accompagne d'un souvenir, d'une information – est-ce que je l'avais finalement trouvé quelque part dans la batterie, ou bien avais-je tué la lettre ? Ce malaise n'est donc pas explicite, il n'est encore d'aucune utilité, mais il manifeste tout de même que je m'imprègne progressivement de la tournée. Au bout d'une dizaine de jours, les noms qui ne m'évoquent rien sont minoritaires. Dans la plupart des tours, j'ai renoncé à la numérotation, faisant le pari que je perds moins de temps à balayer la batterie du regard pour trouver les quelques destinataires dont mon esprit n'a pas encore fixé la boîte aux lettres.

En revanche, au 102 avenue de la République, je suis toujours à la peine, je ne me fais pas à ses neuf escaliers. Les indications souvent erronées sur les lettres m'obligent à plusieurs passages, voire à des retours en arrière, brouillant mes souvenirs de l'ordre d'apparition des usagers. L'idéal serait de repérer les erreurs systématiques, comme ce monsieur Mimoun de l'escalier 9 dont *Le Monde* indique chaque jour qu'il habiterait l'escalier 2, et consacrer une à deux journées à solliciter les destinataires afin qu'ils fassent rectifier. Mais il n'y a pas de temps pour servir cet idéal. Désormais, lorsque je n'ai pas trouvé le destinataire dans la cage d'escalier indiquée, au lieu de tuer le courrier, je le ramène et le mets à part, pour le rechercher dans les listes le lendemain. Cela permet de ne pas numéroter inutilement les plis dont l'adresse, y compris la cage d'escalier, est juste. Cela retarde les lettres concernées, mais il vaut mieux un courrier en retard que tué. Le problème est surtout que je m'impose ainsi une superposition de règles de classement qui sont formellement rigoureuses, mais difficilement compatibles avec l'état de ma mémoire et les rangements de mon vélo. Ma solution me semble abstraitement la meilleure, la plus économe et efficace, mais dans la pratique je multiplie probablement les erreurs, dont la nature et l'ampleur me sont inconnues, faute de temps pour vérifier.

La preuve de mes erreurs, je la trouve ailleurs que dans les contrôles que je n'ai pas le temps d'opérer. Dans la colère d'une usagère, qui saisit l'occasion de me trouver devant l'escalier 4 pour s'en prendre à moi, affirmant que depuis une semaine « c'est l'horreur » : les facteurs ne mettent pas les lettres dans les bonnes boîtes et, comme « c'est la guerre entre voisins », le destinataire ne retrouve pas forcément le courrier qui a été mal distribué, ou bien il le retrouve déchiré. Certes, admet-elle, le travail n'est pas facile pour nous car dans la cité beaucoup de noms se ressemblent, mais « on attend des courriers importants » et ils n'arrivent pas, ou pas au bon endroit. Ça se passait plutôt bien avec Clotilde, et maintenant c'est n'importe quoi, conclut-elle. Pendant sa harangue, j'oscille entre l'acquiescement penaud et la froideur, car je trouve injuste que son agressivité me tombe dessus. J'essaie de dire deux mots sur la réorganisation, l'allongement des tournées, l'absence de doublure et d'information quand on est balancé sur une tournée. Mais pour elle je suis le représentant de La Poste, le seul auquel elle peut se plaindre et reprocher un manque de professionnalisme. Au bout de quinze jours comme facteur, une semaine après le big bang de la réorganisation, je n'ai pas honte de ne pas être un bon professionnel. Et pourtant, je sens la culpabilité remonter dans la gorge, car sa colère est le fruit de mes raccourcis et de mes distractions. J'ai beau me dire qu'on ne peut pas toujours être vigilant quand on travaille neuf à dix heures par jour sans s'arrêter, en première approche la faute est mienne, et il faut compliquer le raisonnement pour redistribuer la responsabilité.

L'usagère se calme et demande, puisqu'elle me trouve, que je lui remette son courrier du jour de la main à la main. Ce serait effectivement un geste d'apaisement de ma part. Bien que contrit, je refuse. Elle habite à l'escalier 9, je suis devant l'escalier 4, avec la liasse de courriers correspondante dans la main. Il faudrait que je recherche dans la sacoche de mon vélo la liasse de l'escalier 9, coincée sous celles des escaliers 5 à 8, et trier des dizaines de lettres juste pour trouver son nom, puis remettre l'élastique sur la liasse et l'enfouir à nouveau sous les autres pour ne pas perturber mon classement. La perte de temps est trop importante, le risque est trop grand de générer des erreurs nouvelles. J'accède à un compromis : j'abandonne l'escalier 4 et viens distribuer l'ensemble du courrier de l'escalier 9, ce qui permettra de lui donner les lettres qui lui reviennent.

7

… et longues journées

Tous les jours, je fais du mauvais boulot. Bien sûr, une grosse part du courrier qui passe entre mes mains arrive à ses destinataires, dans des délais qui demeurent raisonnables à défaut d'être toujours réglementaires. Mais l'infirmière se satisfait-elle d'avoir *grosso modo* bien recousu le patient, à part les quatre ou cinq derniers points de suture ? Le pompier se réjouit-il d'avoir su éteindre l'incendie, à part dans la pièce du fond ? L'électricien est-il content de lui après avoir refait l'installation d'un logement, à part cette chambre qui restera dans le noir ? C'est peut-être dramatiser que de faire ces comparaisons, exagérer l'importance du service apporté par le facteur. C'est peut-être faire un éloge désuet de la « surqualité », comme des cadres de La Poste aiment à qualifier le scrupule de certains agents. « Oh les collègues, c'est que du papier », a l'habitude de dire Alexis, un jeune facteur titulaire, quand les péripéties du centre de Nanteuil font monter le ton. « On ne sauve pas des vies. » Mais faut-il sauver des vies pour aimer bien faire son travail ? Et est-ce qu'on en est toujours si loin ? Certes, les usagers ne mourront pas de ne pas recevoir, ou de recevoir en retard, les pubs d'Auchan et Carrefour, ou même *Le Monde.* Mais les résultats du laboratoire d'analyses médicales ? Les facteurs les plus scrupuleux mentionnent souvent cet exemple pour justifier leur désir suspect de bien faire. Dans le quartier HLM que je dessers, où les revenus sont faibles et les connexions Internet plus rares qu'ailleurs, ce sont aussi des échanges avec les administrations dont la rupture ou le ralentissement risquent d'empêcher le versement de prestations sociales ou d'allocations.

Le plus déconcertant, c'est que même en travaillant mal, je ne tiens pas mes horaires. Depuis la réorganisation, je débute à 6 h 30, dix minutes environ avant ma prise de service officielle ; et je ne termine pas avant 15 heures, atteignant parfois 16 h 30, soit entre 1 h 30 et 3 heures après la fin de service théorique. Entre les deux bornes, aucune pause, ni pour un café ni pour déjeuner. J'ai théoriquement vingt minutes, mais je préfère les remplir d'activité pour ne pas aggraver mon retard. Pour éviter ce genre de pratique, avant la réorganisation les chefs d'équipe avaient coutume d'appeler à la pause à 8 h 50. Ils hésitaient déjà à insister auprès des récalcitrants. Depuis la réorganisation, plus personne ne prend la pause, et aucun chef d'équipe ne nous y invite, chacun sentant que ce serait perçu comme une provocation.

Aucune pause, donc. La journée de travail est un long tunnel ininterrompu. Les quelques collations que je m'offre, le plus souvent des biscuits secs, je les avale en deux bouchées une fois descendu de mon vélo, pendant les quelques mètres de marche jusqu'au portail de l'immeuble, avant de sortir le badge qui me permettra de le franchir. Lorsque je ne mange pas, j'enlève les élastiques de la liasse, commence à repérer les noms sur les premiers plis. Dès que c'est possible, j'essaie de faire plusieurs choses en même temps. Lorsqu'il y a des escaliers, je monte les marches deux à deux. La semaine dure entre 40 heures et 50 heures, et il n'y a pas d'activité buissonnière, à l'exception d'une prise de notes rapide sur mon carnet de temps à autre. Je suis tout entier tendu sur les lettres et leur destination. Trente-cinq heures hebdomadaires, c'est un contenant bien trop petit pour tout ce que j'ai à faire. Alors je comprime, je condense, je force, je « resserre les pores de ma journée », selon l'expression de Marx lorsqu'il évoque l'intensification du travail[1]. Même ainsi, je rame, je rentre après l'heure.

Lenteur de débutant ? Certes. Le responsable des ressources humaines m'avait prévenu. Les difficultés des novices sont connues, à défaut d'être adoucies. Dans ses calculs, l'organisateur n'a que des facteurs confirmés, comme si un effectif ne pouvait être constitué que de ça, comme si une usine mystérieuse fabriquait des facteurs tout prêts à servir, sans rodage.

Mais à y regarder de plus près, les confirmés tirent la langue eux aussi. Astrid dépasse « tous les jours ». « Tous les jours », répète-t-elle en détachant chaque mot. Maxime, hier, voulait « pleurer ». Clotilde veut « démissionner » : « Tous les jours je rentre chez moi à trois heures et demie », neuf heures après avoir pris son service. « Il est hors de question, au bout d'un moment, j'ai une vie de famille derrière. […] Samedi j'étais à deux doigts de démissionner. Pourtant j'adore mon métier. Je suis arrivée dans le bureau de Sandrine, j'ai dit "je vais démissionner". Elle dit "tu vas pas me faire ça", je dis "je te jure, j'en ai marre". Là franchement ils m'ont poussée à bout. La tournée, tout, tout. Et puis c'est blindé. C'est lourd, ça fait que monter, j'ai mal au dos, tu peux même pas savoir. C'est un truc de malade. »

Fabrice se montre dans un premier temps moins pessimiste. Pendant les quelques semaines qui suivent la mise en place de la nouvelle organisation, La Poste se montre prête à payer des heures supplémentaires, admettant que la transformation des tournées génère provisoirement des dépassements. « Ils chipotaient sur les heures supplémentaires, maintenant ils sont bien contents qu'on en fasse », commente-t-il. Fabrice compte bien en profiter pour gonfler son maigre salaire de facteur. Mais, au bout de quelques semaines, l'argent ne suffit plus à compenser la fatigue. Il se plaint d'avoir mal à l'épaule, de ne plus avoir de vie de famille, de s'endormir dès lors qu'il rentre chez lui, de devenir irascible. Sa tournée est trop longue, affirme Fabrice. Il voudrait un « accompagnement », c'est-à-dire qu'un cadre le suive tout au long de sa journée, pour le faire attester.

La direction temporise : c'est normal, au début c'est difficile, ça va se tasser. Clotilde imite Stéphane, le directeur d'établissement, d'un ton mi-doucereux, mi-chouinant : « "Ça va aller, c'est parce que vous connaissez pas, ça va aller mieux après..." J'ai envie de l'encastrer. Ce qu'ils attendent, c'est qu'on tombe malades. Moi j'ai eu des problèmes au dos, déjà, je me suis arrêtée deux fois à cause de ça. Là je recommence à avoir mal au dos, je prends des anti-inflammatoires depuis une semaine. » Teddy, pourtant adhérent d'un syndicat qui a approuvé la réorganisation, prend Stéphane à partie. Il oppose son expérience de vingt années à la posture experte et apaisante qu'affecte le directeur, et rajoute une particule ironique au nom de ce dernier : « Vous êtes trop fort. Franchement Stéphane de Valois, vous m'avez retourné le cerveau. Franchement c'est pour ça, moi je vous appelle Stéphane *de* Valois. »

Stéphane et ses collègues du comité directeur se veulent rassurants : à terme, si ça ne s'améliore pas, s'il faut vous accompagner sur votre tournée pour voir ce qui cloche, on le fera. Promesse ou menace ? Tous les facteurs ne perçoivent pas de la même manière la perspective d'un accompagnement, c'est-à-dire d'avoir un supérieur hiérarchique derrière soi pendant toute une journée.

Ludivine, en tout cas, ne cesse de le revendiquer, et la direction ne cesse de le lui promettre – pour plus tard. Les volumes de recommandés adressés sur sa tournée, jusqu'à cent par jour, font jaser tout le centre. Elle finit tous les après-midi entre 15 heures et 17 heures alors que, requise pour le tri général du matin, elle commence à 5 h 45, avec l'ouverture du centre et l'arrivée du « produit » par camion. Aucune pause ne vient interrompre ses journées qui durent de neuf à dix heures. Dans un raisonnement qui de l'extérieur peut sembler absurde, elle en vient à jalouser ses collègues exemptés de tri général, qui embauchent officiellement à 6 h 40, parce qu'ils viennent en réalité dès 6 heures pour s'avancer dans le tri de leurs tournées. Ce qu'ils ont de plus qu'elle, ce qu'elle leur envie, c'est seulement la possibilité d'étirer la journée depuis son début, plutôt que par sa fin.

Ludivine regrette davantage que son ancienne tournée : le temps où elle était consciencieuse. « Par exemple, j'ai eu un petit souci avec un client. Il me disait qu'il attendait des recommandés et qu'il trouvait des avis de passage » alors qu'il était à son domicile. Le client n'accuse pas Ludivine, laisse planer l'éventualité qu'il puisse s'agir d'un autre facteur. « J'ai dit la vérité, que c'était moi et que ce serait toujours comme ça, que je n'ai pas le temps, qu'on n'a plus le temps de monter chez les gens. Et qu'avec mes remplaçants ça sera pareil. » Avant ça, elle avait tenté un compromis entre sa surcharge et les attentes des clients : « Une fois j'ai été gentille, j'ai appelé à l'interphone, j'ai demandé à la dame si elle pouvait descendre pour prendre son recommandé. “Ah non, il faut monter.” C'est des grands bâtiments, il était je sais pas quelle heure, j'en avais encore pour je sais pas combien de temps de tournée, j'ai dit “non, Madame, c’est soit vous descendez, soit vous irez à La Poste”. Quand ils ne veulent pas descendre, j’avise d’office. » Parfois, afin de gagner du temps, Ludivine élude toute une rue : les résidents attendront le lendemain pour recevoir leur courrier.

Pendant le tri, côte à côte dans la travée, Fabrice et Astrid tournent en boucle : « On va craquer », « on va se mettre en arrêt ». On commence à chercher un coupable : « Dominique vient nous dire que ça va s’arranger, mais ça ne s’arrange pas. Dominique ne sait rien du métier, je ne sais même pas s’il sait faire du vélo. » « Vive la réorg’, j’ai perdu du poids », ironise Teddy. Avant d’ajouter, plus sérieux, dépité : « La Poste nous a butés. »

Certains sont moins indignés, plus résignés. Leur situation familiale les autorise à ne pas compter leurs heures ; travailler plus que la durée légale, en partie gratuitement, ne les émeut pas. Ce qu’ils perdent en loisir, en vie privée arrachée au travail, en rémunération même, ils estiment le gagner en tranquillité. Ils ont pris le parti qu’en travaillant à ce qu’ils considèrent être leur rythme, ils ne rentreront pas dans les durées calculées par Dominique, l’organisateur. C’est le cas de Frédéric, qui finit souvent après 15 heures, même des semaines après la réorganisation.

« Parce que je pars tard du bureau, explique-t-il. Si je partais plus tôt, vers 9 h 30-10 heures, je rentrerais dans les heures.

— Ouais mais tu pars tard parce que tu tries, pas parce que tu…

— Parce que je trie, et parce que je traîne aussi. Moi je cours pas, c’est bon. C’est bon. Maintenant il faut s’habituer à finir tard. Parce que ça va être ça maintenant dans l’avenir. »

Il y a aussi Laurent, qui a toujours fini plus tard que tout le monde. Depuis la réorganisation, il s’amuse de ne plus être seul à se retrouver encore au centre en milieu ou en fin d'après-midi. « Pour une fois, ça change. Je vois beaucoup de monde en ce moment, ça me fait plaisir. » Il commence à 5 h 45, avec les tout premiers qui sont affectés au tri général. Et finit souvent bon dernier, entre 16 heures et 17 heures Quand je lui demande comment ça va sur sa tournée, il me dit que tout va bien. « T'inquiète, tant que j'ai l'apéro et à bouffer... Le midi je becquette. » Il semble s'octroyer les pauses qu'aucun autre n'ose prendre. La majorité des facteurs et factrices s'y refusent, par respect pour le courrier à distribuer davantage que par peur de la hiérarchie, et parce qu'ils continuent de viser, ou d'espérer, des horaires effectifs qui ne dépasseraient pas trop les sept heures quotidiennes. Laurent est clairement du côté des dix heures, soit cinquante heures hebdomadaires, dans un temps étiré, avec des pauses. C'est un « bon vivant », euphémise Romuald ; l'alcoolisme de Laurent est parfois palpable dès le matin. C'est donnant-donnant : on ne l'embête pas sur ses horaires, il distribue le courrier et ne réclame rien. D'après sa fiche de paie, il fait toujours 35 heures par semaine. Ou, comme le dit Dominique, l'organisateur : « Le mec, qu'il y ait du boulot, qu'il y ait pas de boulot, il finit à telle heure [après la fin théorique de la journée]. Mais c'est pas ceux-là qui vont venir te prendre la tête. Eux ils le savent, ils disent : “Ouais voilà, je demande rien, mais me faites pas chier, moi je vous fais pas chier et puis c'est tout.” »

Un donnant-donnant qui reste cependant déséquilibré et éprouvant, ce que traduit cette discussion entre Laurent et Rachid, le chef d'équipe :

« — Rachid : Je vais traiter trois ou quatre réclamations et je rentre chez moi. Quelle heure il est, là ?

— Laurent : 16 h 05.

— Putain, toi et moi on est là depuis 5 h 45.

— Ouais. Ça fait une semaine et demie que je fais ça, du matin au soir. Je te jure. Et je tiens le coup, hein.

— Tu fais comment ?

— Tu fais comme moi : drogue, sexe, alcool. Impeccable.

— Je le fais, ça marche pas.

— Je dis ça, je rentre chez moi, une heure après [bruit de ronflement], direct, vas-y, roule.

— Bah bien sûr. »

Rachid poursuit en disant qu'il n'a « pas compris l'objectif de cette réorg' ». Je suggère que c'est pour supprimer des emplois de facteur. Il acquiesce, car c'est une évidence, la raison d'être des réorganisations, mais objecte : « Oui, mais s'ils gardent les agents ? Là, ils ont gardé tout le monde. » Effectivement, si l'on compare avec les réorganisations d'autres centres, ma présence est incongrue, de même que celle de tous les collègues en CDD ou en intérim.

Lorsqu'une tournée devient « vacante » parce que son titulaire la quitte (pour la retraite, une mutation…), ce dernier n'est pas remplacé par un autre titulaire : un salarié précaire y pourvoit, jusqu'à la prochaine réorganisation. Celle-ci ayant vocation à supprimer des tournées, la direction de l'établissement fait correspondre la fin des contrats à durée déterminée avec la mise en place de la nouvelle organisation. Une réorganisation implique donc ordinairement la disparition partielle ou totale des effectifs précaires, qui ont constitué un matelas amovible avant la réduction officielle des effectifs. La Poste avance qu'elle ne licencie pas parce que, entretenant la précarité, elle ne rompt aucun contrat – elle se contente de ne pas les renouveler.

À Nanteuil, en revanche, aucun facteur en CDD ou en intérim n'a été congédié au moment de la réorganisation, bien que le nombre de tournées ait été réduit. Certains jours, nous avons ainsi le luxe d'être deux précaires pour distribuer une même tournée – et même ainsi, pourtant, nous n'arrivons pas à rentrer dans les heures. Mon interprétation est que la direction de l'établissement a voulu s'assurer la présence d'une main-d'œuvre supplémentaire, apparemment superflue si l'on s'en tient aux calculs de Dominique, mais qui fournit un filet de sécurité temporaire pour les multiples difficultés qui tomberaient sur le centre après la mise en place de la nouvelle organisation. Alors que Rachid et moi nous étonnons que les précaires soient toujours là, Laurent propose quant à lui une autre théorie : « C'est vous [les précaires] qui allez rester, c'est ce qu'ils veulent d'ailleurs. » « Ils », la direction de La Poste.

Laurent n'est pas le seul à professer cette théorie. Plusieurs facteurs soutiennent que la surcharge des tournées a plus qu'une visée productive : ce serait une entreprise délibérée de démoralisation des embauchés, pour leur faire perdre pied, les inciter à s'auto-éliminer, par l'inaptitude médicalement reconnue, la démission, ou le licenciement disciplinaire dérivant d'un « pétage de plombs ». Le *turn-over* ne serait pas le prix que la direction de La Poste est prête à payer pour ses « réorg' » ; ce serait un de ses objectifs. Pour Félix par exemple, La Poste chercherait ainsi à remplacer les embauchés d'aujourd'hui en embauchant en CDI une sélection de précaires, qui « n'ont pas connu les anciennes manières de travailler ». Félix n'a pourtant qu'une quarantaine d'années. Mais les réorganisations successives ont vite fait de transformer un nouveau en ancien.

*

À l'entrée de l'impasse, je retrouve monsieur Saadani. C'est lui, curieusement, qui engage la discussion pour me dire qu'il est en litige avec des voisins, qu'on l'accuse de trafiquer du courrier, que c'est injuste et faux. J'en profite pour lui dire que ma hiérarchie exige que je donne le courrier directement aux gens ou dans les boîtes. Je préfère invoquer une hiérarchie, pourtant inexistante sur ce genre de dilemme, que la discussion avec Dany et Estelle.

Je suis d'autant plus ferme que j'ai récemment entendu Ibrahima raconter une mésaventure qui illustre les risques de la déviance consistant à faire confiance. Ibrahima était lesté d'un recommandé particulier, puisqu'il contenait une valeur de 400 € destinée à un pompier. Parvenu à la caserne, pénétré du mythe des pompiers formant un corps soudé et solidaire, il accepte de remettre le pli à un collègue du destinataire, alors absent. Mais, quelques jours plus tard, le destinataire émet une réclamation, affirmant n'avoir jamais reçu les 400 €. Ibrahima craint une sanction, car il n'a pas appliqué les règles de remise des recommandés. Il confie à Romuald qu'il espère que ça n'ira pas trop loin. Il sait qu'il y a trois coupables potentiels pour le vol : lui-même, le pompier qui a signé pour son collègue, ou le destinataire qui aurait pris les 400 € avant de prétendre n'en avoir jamais vu la couleur. « On voit souvent ça, commente Romuald. Par exemple des gens qui, le dernier jour du contrat de réexpédition, disent qu'ils n'ont jamais reçu leur courrier… »

Face à ma fermeté, monsieur Saadani répond qu'il comprend, mais que je pourrais au moins lui confier le courrier de sa cage d'escalier ? Je réponds là encore que ma hiérarchie ne le souhaite pas. Il se renfrogne mais n'insiste pas. Du coup je découvre l'impasse, les différents ateliers, des boîtes aux lettres sans nom, des adresses sans numéro, et les incertitudes associées.

Effectuant la même tournée quelques semaines après moi, à son retour de congés, Romuald se montre plus subtil, préférant l'évitement à la confrontation avec monsieur

Saadani. « Je m'arrangeais toujours pour aviser les recommandés [plutôt que de les lui remettre], et ensuite je lui disais : "Ah je ne t'ai pas vu ce jour là…" C'est un moyen de régler l'affaire vite. » Aller vite, rester poli tout en sachant esquiver ou interrompre les conversations, c'était un des enseignements de Romuald. « Ou, s'il était là, je m'arrangeais pour aviser le lendemain l'entreprise. » Se soustraire à l'emprise de l'envahissant monsieur Saadani, sans se l'aliéner. Ne pas se fâcher avec lui, c'est aussi le conserver dans le réservoir des alliés et, sur les chemins escarpés de sa tournée, le facteur en a bien besoin.

Le lendemain, je croise de nouveau monsieur Saadani. Il semble vexé par notre échange, et j'en fais les frais. J'ai deux courriers dont je ne trouve pas la boîte. Je sollicite son aide. « Comme vous ne voulez pas que je prenne le courrier… » Je rétorque que j'ai confiance en lui, mais que mes chefs ne veulent pas d'un tel arrangement. Bluff pour bluff, monsieur Saadani soutient que je ne devrais même pas entrer dans l'impasse, que ce n'est pas prévu dans ma tournée, que si j'y ai un accident cela se retournera contre moi.

Je n'y crois pas, mais tout de même, je veux savoir s'il est possible que cette affirmation soit autre chose que la volonté d'enfumer un débutant. Après examen des documents restituant le circuit de la tournée, je vérifie que l'impasse y est bien mentionnée, contrairement à ce que prétend monsieur Saadani. Cependant, arpenter ses nids-de-poule, aller retour, livrer le courrier, remettre les lettres recommandées – il y en a pratiquement tous les jours, car ce sont des entreprises qui peuplent l'impasse –, cela nécessiterait, d'après le document, 5 minutes et 59 secondes. Or, après l'avoir parcourue quelques fois, je sais déjà que, sans l'aide de monsieur Saadani, jamais je ne mettrais moins de dix minutes pour desservir l'intégralité de l'impasse. Enfumage pour enfumage…

8

« Il n'est plus nécessaire de réaliser aucun chronométrage. » Taylor, deuxième rencontre presque vraie

— Encore vous ?

— Je vous dérange au milieu d'une partie de tennis, monsieur Taylor ?

— Personne ne veut jouer avec moi.

— Votre raquette en forme de cuillère n'a pas été homologuée ?

— Non, ce n'est pas ça, ils disent que je triche.

— 45 tonnes de gueuses de fonte à manutentionner chaque jour, c'était de la triche ?

— Pas du tout ! Je vous l'ai déjà dit, c'était SCIEN-TIFIQUE.

— C'est-à-dire ?

— Vous ne savez pas ce que c'est, la science ?

— Je veux dire : comment vous avez procédé ?

— En chronométrant. Mais vous savez, je n'ai rien inventé.

— Ce n'est pas ce que vous prétendez dans vos écrits.

— Oh, ça... Quand on est jeune et fougueux, on croit avoir inventé le gazon parfait, sans un brin qui dépasse, où la balle de golf poursuit sans accroc sa trajectoire délicate. Ne me dites pas que vous n'avez jamais ressenti ça ?

— Peut-être, enfin, pas avec du gazon. Mais vous aviez quand même cinquante ans passés…

— Maintenant que j'en ai plus de cent soixante, j'ai davantage de recul. Qu'est-ce que j'ai fait au juste ? Chronométrer, mesurer, décomposer des mouvements pour ensuite les déposer délicatement, les uns à côté des autres, dans le lit du temps qui s'écoule. *I had a dream* : le grand registre de tous les gestes des hommes et des durées optimales nécessaires pour les exécuter.

— Mais ces hommes et ces femmes qui travaillent n'ont-ils pas déjà une idée assez précise des durées requises par leurs tâches ? Pourquoi faut-il que vous concentriez tout dans un registre ? Il serait pour qui, ce registre ?

— Ce rêve que j'ai fait, je le sais à présent, ce n'était pas le mien. Il était déjà dans l'inconscient des hommes depuis des siècles. Pour que j'aie l'idée d'un temps qui s'écoule, de manière linéaire, dans lequel on peut découper des tranches de temps, rendues comparables par l'équivalence des minutes et des secondes qui les composent, il fallait une grande invention. Une invention puissante, révolutionnaire, davantage encore que la raquette en forme de cuillère.

— Quoi donc ?

— L'horloge, voyons ! Et on peut me reprocher plein de choses, mais jamais on ne m'accusera d'avoir créé l'horloge, n'est-ce pas ? C'est au Moyen Âge que l'horloge a été inventée. Avant, bien sûr, on savait que le temps filait. Dans l'Antiquité, il y avait des cadrans solaires et des pendules à eau, avec lesquelles on mesurait le temps en divisant la journée en deux demi-journées de douze heures chacune.

— Quelle est la différence avec notre journée de vingt-quatre heures, dans ce cas ?

— C'est qu'on faisait démarrer chaque demi-journée de douze heures au lever puis au coucher du soleil. Les heures n'avaient donc pas la même durée entre le jour et la nuit, ou entre les saisons. Mettez-vous à la place d'un patron qui paie un salarié pour dix heures de travail de jour : en hiver, il n'obtient rien, il se fait avoir !

— Mais en été, ce sont ses salariés qui travaillent davantage.

— Je vous ai demandé de vous mettre à la place du patron, pas de ses salariés.

— Et qu'est-ce que ça peut vous faire d'avoir une mesure stable des durées ? Je croyais que vous étiez favorable au salaire aux pièces, et pas au temps ? D'après ce que vous m'avez dit, vous payiez vos manutentionnaires pour le nombre de tonnes qu'ils chargeaient, pas pour le nombre d'heures de travail qu'ils effectuaient.

— Vous me désespérez. Même un gorille intelligent comme un bœuf...

— ... aurait compris, je sais. Vous pouvez quand même me réexpliquer ?

— Les manutentionnaires, en principe, travaillaient dix heures par jour, avant comme après que je m'y intéresse. Mon objectif, c'était de savoir le maximum que l'on peut obtenir d'eux en dix heures, sans qu'ils craquent sous un lumbago au bout de deux heures. La réponse que j'ai scientifiquement établie, par le biais de chronométrages, c'était 4,5 tonnes par heure, c'est-à-dire trois fois plus que ce qu'ils effectuaient avec leurs méthodes défectueuses ou leur mauvaise volonté. Puisque la durée de la journée de travail était de dix heures, j'ai décidé qu'ils devaient assurer un rendement de 45 tonnes par jour. Et c'est en fonction de cela que j'ai fixé le tarif de la tonne chargée. Ça avait beau être de simples manutentionnaires, on a décidé que ceux qui atteindraient les 45 tonnes auraient droit au salaire moyen des ouvriers de l'usine, c'est-à-dire 1,68 $. Donc j'ai décidé que chaque tonne chargée rapporterait 3,75 cents, parce que quand vous le multipliez par 45, ça donne 1,68 $. Ne vous laissez pas abuser : le tarif appliqué à la tonne, c'est la traduction d'une production *dans un temps donné.* Donc bien sûr que j'ai besoin d'une horloge qui donne des heures d'égale durée ! Vous comprenez mieux ?

— Un peu.

— J'aurais dit que la tonne vaut 2 cents si j'avais mesuré qu'on peut en charger 84 tonnes dans la journée, ou bien 5 cents si j'avais pensé que c'était plutôt 35 tonnes. Dans tous les cas ça aurait donné 1,68 $ pour une journée de 10 heures au rythme que nous avions décidé, et c'est tout ce qui compte.

— Mais si un salarié va plus lentement, parce qu'il ne peut ou ne veut pas aller plus vite ? Le principe du travail aux pièces, c'est que chacun va à son rythme et perçoit une rémunération proportionnelle à son travail, non ?

— Vous voulez quoi ? Entretenir des lents qui se complaisent dans l'indigence ? Ce n'est pas mon idée. Derrière les 1,68 $, il y a la quantité de travail que j'attends, c'est cela l'important. *Chaque homme doit savoir que s'il n'atteint pas cette quantité, il sera viré – virer régulièrement des gens, c'est faire de la pédagogie pour les autres*[1]. Le tarif n'est pas un instrument de rémunération, mais d'incitation. Ça sert très concrètement à mesurer le travail que l'ouvrier dépense au nombre de tonnes qu'il a chargées.

— C'est de vous, cette formulation ?

— Plus ou moins. Quelqu'un, je ne sais plus qui, disait que dans le salaire au temps le travail se mesure d'après sa durée immédiate, tandis que dans le salaire aux pièces c'est d'après la quantité de produit où il se fixe quand il dure un certain temps. C'est pour ça que le salaire aux pièces n'est qu'une forme modifiée du salaire au temps.

— Ah mais je reconnais, c'est de Marx[2] !

— L'agitateur barbu dont parlent nos immigrés allemands ? Je ne pensais pas avoir lu le moindre de ses écrits, mais si vous le dites...

— Il a écrit ça des décennies avant vos expériences avec les gueuses de fonte. C'est donc vrai que vous n'avez rien inventé.

— Oui, enfin, bon. Je reprends sur l'horloge. Dès le XIVe siècle, il y a dans les villes d'Europe des pendules et des horloges, qui donnent des heures de même durée, qui sonnent de manière régulière, fournissant à tous un même repère et rappelant chacun à ses obligations. Quand vous avez un temps qui file droit, qui avance toujours à la même vitesse, vous pouvez mettre en équivalence des gestes et des durées. Vous pouvez arracher aux salariés le secret des rythmes de leur travail. Vous pouvez sermonner le travailleur trop lent, bannir la flânerie de vos ateliers[3]. Haro sur la dissimulation, le quant-à-soi mutique, la dissipation sournoise, la récalcitrance obtuse, la...

— Oui, oui, j'ai compris.

— Désormais, on mesure le temps, on s'en sert, on le compte, on le rationne. C'est la première machine de la technique moderne, parce qu'elle a permis de découper le temps en parcelles uniformes et d'en contrôler la succession, c'est-à-dire aussi la combinaison.

— Et ça, c'est de vous ?

— Un mélange de Lewis Mumford et Pierre Naville. Eux, ce n'étaient pas des communistes. Enfin, je crois. Mumford disait aussi que « l'horloge est une pièce de mécanique dont les minutes et les secondes sont le produit[4] ». Je n'en suis qu'un humble consommateur.

— Vous vous êtes cultivé, depuis que vous êtes mort.

— Et j'ai cultivé aussi un gazon encore plus fin, ça vous fait un *green* doux comme une peluche. Je vous montre ?

— En fait, je n'étais venu ni pour le gazon ni pour l'histoire de l'horloge. C'est que je n'en peux plus. Il y a l'organisateur qui me dit qu'il fait du taylorisme. Vous qui me dites que le taylorisme c'est de la science. Et moi je distribue le courrier sur une tournée découpée par de la science, et je ne m'en sors pas.

— La solution est simple : vous n'êtes pas fait pour le job. Vous n'êtes pas un *first-class man*[5].

— Un quoi ?

— Vous n'êtes pas un facteur de première catégorie, si vous voulez.

— Mais il n'y a pas que moi ! Il y a des collègues expérimentés, qui connaissent le métier sur le bout des doigts, et ils ne s'en sortent pas non plus !

— Ce ne sont pas des *first-class men.*

— Il y a aussi des factrices, et c'est pareil, elles s'enfoncent.

— Je n'avais jamais envisagé ce cas de figure, mais j'imagine qu'on peut dire que ce ne sont pas des *first-class women.*

— Mais enfin, pourquoi serions-nous toutes et tous incapables ?

— Ne vous dévalorisez pas outre mesure. Je dirais juste que vous êtes des *second-class men,* et *women* bien sûr.

— Mais pourquoi ?

— Il y a deux grandes explications. La première, *c'est que les travailleurs diffèrent entre eux par leurs capacités, tout autant que les chevaux. Par exemple, il y a de grands hommes costauds qui sont faits pour le travail de force, tout comme les chevaux de trait sont faits pour tracter des chariots de charbon dans les mines*[6]. Vous n'irez pas mettre un cheval de course pour ce travail, de même que vous ne parieriez pas sur le cheval de trait au tiercé.

— Vous êtes sûr de votre comparaison ?

— Je vois d'ici les bonnes âmes m'accuser de comparer vos collègues à des animaux, alors qu'il n'y a rien de dégradant. *Nous savons tous que les chevaux diffèrent, et pourtant très peu de gens semblent admettre qu'il y a d'encore plus grandes différences entre les membres des espèces humaines.*

— Si cela était vrai, pourquoi ne faudrait-il pas plutôt adapter le travail à ces êtres humains ?

— Non, car ce serait un crime contre la production de masse. Et qui en pâtirait ? Sûrement pas les riches, on a déjà tout ce qu'il faut, mais les pauvres, qui ont davantage besoin de biens et de services bon marché[7].

— Alors comment entendez-vous faire de la production de masse si vous n'avez pas que des chevaux de trait ?

— Il faut trouver à chacun la place qui lui convient. Chaque type d'être humain a le potentiel pour être *first-class* dans un certain type de tâche, il suffit de le trouver. *Je n'utiliserais pas un* first-class man *du travail de force pour des tâches légères et minutieuses pour lesquelles il deviendrait un* second-class man, *alors que pour cette tâche c'est plutôt un garçon qui serait un* first-class man. *Et* vice versa.

— Un garçon ? Vous voulez dire, un enfant ?

— *Mais si vous insistez pour dire, comme certains, qu'une tâche, par exemple le transport de charbon, devrait être allégée afin qu'un poney puisse s'en charger, vous commettriez une folie.*

— Vous parliez de deux grandes explications. Quelle est la seconde ?

— *Il y a un autre type de cheval de seconde classe. On le connaît tous. Parmi les grands chevaux de trait de première classe qui tractent les chariots de charbon, vous en aurez toujours quelques-uns qui se déroberont, quelques-uns qui peuvent tracter, mais qui ne le veulent pas*[8]. Ils tirent au flanc, plutôt que le charbon.

— Chez les humains, vous appelez ça comment ?

— La paresse naturelle. La flemmardise, le goût de lambiner, la nonchalance entretenue, la confortable et coupable mollesse, la…

— Oui, oui, j'ai compris.

— La différence avec les chevaux, c'est que ces dérobades finissent par être collectivement organisées. Si on laisse le poison s'instiller, si on laisse les hommes raisonner entre eux, si on laisse la complicité se développer, d'un vice individuel, on débouche sur une *flânerie systématique et organisée*[9]. Laissez-moi vous conter une anecdote : *au golf l'autre jour, j'entendais un caddy de douze ans, expérimenté, qui expliquait à un collègue quant à lui débutant et volontaire, qu'il devait y aller doucement et traîner derrière l'homme qu'il servait au moment de*[10]…

— L'enfant avait douze ans et travaillait ? C'était votre caddy ?

— Oui, enfin, peut-être douze ans et demi, je ne sais plus bien. Pourquoi, à quel âge travaille-t-on, de nos jours ? De toute façon, c'était une digression inutile, on parlait de vos facteurs.

— Donc je ne suis pas un facteur de première classe ?

— Ne vous culpabilisez pas. La faute en revient à celui qui vous a recruté.

— Il n'aurait pas dû ?

— Sans *sélection scientifique* des travailleurs, il ne sert à rien d'établir *scientifiquement* la quantité de travail que l'on peut abattre[11]. Il ne suffit pas d'avoir déterminé qu'on doit manutentionner 45 tonnes de fonte par journée de dix heures ; il faut encore choisir le travailleur qui sera capable de le faire. Et je peux vous dire que pas beaucoup, à part mon brave Schmidt, étaient capables de tenir la cadence. *Un sur huit, à peu près. Et ce un sur huit n'était pas un homme supérieur aux autres, bien au contraire, c'est le type même du bœuf, tellement stupide qu'il était en revanche inapte à la plupart des autres travaux, même de manœuvre*[12].

— Mais en quoi votre cadence serait scientifique, si la plupart des êtres humains n'arrivent pas à la tenir ? C'est pareil dans mon centre, Christophe disait que 60 % des facteurs qu'il recrute abandonnent avant la fin de leur première semaine.

— Christophe ?

— Le recruteur. On dit « responsable de ressources humaines », de nos jours.

— Joli. Mais ses 60 % ne m'impressionnent pas. *Une fois que j'avais tout chronométré pour les manutentionnaires, les tâches étaient tellement dures – je l'avais fait exprès – qu'il n'y avait pas un manutentionnaire sur cinq capable de tenir le coup*[13].

— Vous n'aviez pas dit un sur huit ?

— Vous pinaillez. Dites à votre Christophe de passer me voir, je lui expliquerai comment j'ai recruté Schmidt.

— Schmidt ?

— Mon *first-class man* de la manutention de la gueuse de fonte. *Un petit descendant d'immigrés allemands, qui avait acheté un bout de terrain et construisait sa maison*[14]. C'est un bon point : devenir propriétaire de sa maison, c'est un objectif qui discipline le travailleur. Quand j'ai annoncé à Schmidt qu'il devait passer de 13 à 45 tonnes par jour, croyez-moi bien que je ne lui ai pas, comme votre Christophe, donné le pourcentage de ceux qui avaient abandonné avant lui.

— Pour ne pas l'effrayer ?

— Mais vous ne retenez rien, ma parole ! Schmidt est parfait pour la manutention de la gueuse de fonte, c'est-à-dire que c'est un attardé, tellement stupide que même le mot « pourcentage » n'a aucun sens pour lui. *Avec un homme mentalement lent comme lui, il faut parler de manière brutale, pas pour être désobligeant, mais ça fixe son attention*[15].

— Je ne suis toujours pas plus avancé sur la manière dont vous avez procédé.

— J'ai chronométré le temps nécessaire à la manutention des gueuses de fonte. Premièrement, le temps pour prendre la fonte depuis le sol ou le tas. Deuxièmement, le temps de marche, alors que le manutentionnaire est lesté de la fonte, jusqu'au plan incliné qui mène au chariot. Il faut obtenir une durée moyenne par pas. Troisièmement, la marche encore, mais sur le plan incliné, jusqu'au chariot. Quatrièmement, le temps de jeter la fonte dans le chariot, ou de la déposer sur un tas. Et cinquièmement, pour finir, le temps de revenir au tas de fonte, à vide.

— Donc vous attribuez un nombre de secondes à chaque geste, chaque mouvement ?

— Non, non, pas des secondes, des *centièmes de minute*[16].

— Des centièmes de minute ? Ça, existe, ça ? Je ne connais que les secondes.

— Si vous voulez vous embêter en calcul mental avec des divisions par 60, continuez. Mais avouez que diviser par 100, manipuler des centiminutes, c'est plus pratique.

— Pas bête, je n'y avais pas pensé.

— C'est pourtant vous, les Français, qui avez tenté d'établir des heures de 100 minutes, et des minutes de 100 secondes.

— Ah bon ?

— Révisez donc votre fameuse Révolution[17].

— Mais ça coûte cher, tout de même, tous ces chronométrages, non ? D'autant que j'imagine que votre salaire n'est pas celui d'un manutentionnaire de gueuses de fonte.

— Oui, mais pensez à ce que ça rapporte. Pourquoi les ouvriers lambinent-ils ? Il n'y a pas que la paresse naturelle, comme je vous le disais. *Les ouvriers cherchent à maintenir leurs patrons dans l'ignorance de la vitesse à laquelle le travail peut être fait*[18]. C'est pour ça que le patron a intérêt à investir dans des chronométrages, pour établir de manière scientifique le rythme qui doit être adopté.

— Mais La Poste chronométrait les facteurs, elle ne le fait plus. Cela fait au moins quinze ans !

— Qu'est-ce que mesuraient les chronométreurs ?

— Eh bien, je crois, le temps nécessaire pour trier les différents types de courriers, pour se rendre sur la zone de la tournée, puis pour desservir les rues, une à une.

— Mais ce sont des séquences, des plages de travail entières. Ce que je préconise, comme vous l'aurez peut-être compris, c'est de décomposer ces séquences en gestes élémentaires. Puis de retenir uniquement ceux qui sont absolument nécessaires au travail. En éliminant les répétitions, les redondances, les mouvements superfétatoires, les réitérations inutiles, les…

— Oui, oui, j'ai compris.

— Et vous obtenez le temps de la séquence de travail non pas en la chronométrant globalement, mais en additionnant les temps de tous les petits gestes qui la composent.

— Mais puisqu'à La Poste on ne chronomètre plus…

— *I had a dream…*

— Vous l'avez déjà dit, et c'est un peu gênant cette emphase.

— Attendez une seconde, vous allez voir : *I had a dream…*

— Une seconde ou une centiminute ?

— Faites le malin, il y a encore 200 centiminutes vous ne saviez pas ce que c'était. Vous m'avez coupé dans mon élan.

— *You had a dream…*

— Oui, j'ai cet idéal : une fois qu'on a établi par chronométrage des temps pour toutes les opérations élémentaires, *il n'est plus nécessaire de réaliser aucun nouveau chronométrage.* Les opérations élémentaires sont classées, enregistrées, indexées. *Quand on a besoin de connaître le temps pour une nouvelle opération, celle-ci est d'abord décomposée en petites opérations élémentaires, le temps requis pour accomplir chaque opération élémentaire est trouvé dans les registres, et le temps total pour le travail est obtenu par addition de ces données*[19].

— Vous pensez que c'est ce qui se passe à La Poste ?

— À vous de me le dire. C'est très excitant !

— Plus que d'espionner la conversation de gamins qui ramassent vos balles au golf ?

— Bien plus.

— Plus que d'inventer une raquette en forme de cuillère ?

— Je vais finir par croire que vous vous moquez de cette invention.

9

La factrice et le directeur : le langage de la dette

« Si quelqu'un est en dessous de la cadence, il rentrera éternellement en retard. Tu peux pas ajuster une tournée en fonction de la personne. C'est ça que la plupart des facteurs ont du mal à comprendre. C'est-à-dire que lorsqu'elle est calculée, elle est calculée pour une certaine cadence. Si tu arrives à tenir la cadence, c'est bien, si t'y arrives pas, c'est à toi d'essayer de t'améliorer. »

L'organisateur

« J'en suis arrivée à un stade où ils m'ont dégoûtée du service courrier. À cause de cette réorg'. Avant c'était pas le cas, c'était un plaisir. [...] Il y a quelque temps de ça, j'étais au bord de la dépression. Quand je rentrais chez moi... Je suis pas quelqu'un qui est émotive, qui va pleurer, mais des fois... Jusqu'à ce que mon mari me dise – on devait sortir, je lui dis : "Pars sans moi, je te rejoindrai plus tard", j'ai ouvert l'armoire et j'ai commencé à pleurer. Du coup il est remonté, il me dit : "Qu'est-ce qui se passe ?" J'ai dit :

“Je sais pas. Je sais pas, je suis fatiguée, j’en peux plus.” Et j’arrivais plus à m’arrêter de pleurer. »

À trente-quatre ans, Ludivine a le sentiment de se trouver dans une impasse. Après quelques années dans la vente, elle s’était tournée vers La Poste, et cela fait maintenant dix ans qu’elle distribue le courrier. Elle encaissait les réorganisations en devinant que la prochaine serait pire, mais en attendant elle prenait toujours plaisir à acheminer le courrier et rencontrer « ses » clients. Cette fois, cinq mois après la réorganisation, elle se dit « crevée crevée crevée ». Il ne lui est plus possible désormais d’envisager une carrière entière comme factrice.

Pour celles et ceux qui s’enfoncent, dont les journées refusent de raccourcir, pour qui le cauchemar de l’amoncellement du courrier devient réalité, la hiérarchie n’offre pas de réconfort. Au contraire, puisque ses calculs sont supposés bons, puisque son « outil » est réputé fiable, elle invite Ludivine et les autres à se considérer comme le maillon faible de ce bel agencement. À l’épuisement découlant des journées à rallonge, s’ajoute la culpabilité de mal servir « ses » clients, et parfois un sentiment d’insuffisance. La journée finie, l’esprit doit encore se débattre, nourrir un peu plus la fatigue, pour s’arracher aux filets de la dépréciation de soi, pour réussir à se convaincre qu’on n’est pas la cause de son malheur.

C’est qu’il a l’air sérieux, le « diagnostic » de Dominique. Ce dernier n’en est pas vraiment l’auteur, car c’est l’« outil », formaté à l’échelle nationale, qui le produit, mais il s’en fait le porteur. Quelques mois avant la réorganisation, ce diagnostic est supposé représenter « le calcul réel du temps réel qu’il faut au facteur pour aller distribuer », comme dit Dominique. Il y en a un pour chaque tournée. Il prend la forme d’un tableau Excel imprimé sur une feuille A4, parsemé de sigles, de chiffres et de couleurs. Le tableau reprend les grandes catégories de travaux d'une tournée, restitue le temps moyen qui est attribué à chacune au sein d'une journée moyenne, et en fait la somme. Considérant que l'ancienne tournée de Ludivine comptait 78 « points de distribution » (des adresses postales), 1 398 « points de remise » (des boîtes aux lettres), un gros millier de courriers à distribuer chaque jour (auxquels s'ajoutaient en moyenne 34 recommandés), et 12 kilomètres à parcourir, la feuille Excel concluait que cette tournée devait durer 5 h 25. C'est un peu plus que les 3 heures, 43 minutes et 59 secondes reconnues à la tournée 21, mais ce n'est toujours pas assez. Puisque la durée réglementaire de la journée était de 6 h 21, la fiche relevait un écart de 56 minutes. Pour La Poste, c'est un manque à gagner : payée pour un plein-temps, Ludivine bénéficierait d'une ristourne de 15 % d'oisiveté. Dans le langage utilisé dans les centres courriers, elle « doit » 56 minutes. « Avant la réorg', Dominique nous avait donné une feuille en disant voilà, l'écart qu'on devait », résume Ludivine. Alors que le tableau épouse les tons pastel, que toutes les durées sont recouvertes d'un vert clair, ces 56 minutes sont seules surlignées d'un orange vif qui signale l'alerte.

Le tableau Excel présente une addition, dans les deux sens du terme : une somme et une facture. Petite facétie : La Poste la nomme « restitution individuelle ». Elle prétend « restituer », au moment même où elle dépossède le destinataire de sa propre perception du temps. « Même Sébastien, quand il a vu ma feuille, il a dit : "Toi, tu dois tout ça ? Mais c'est une blague !" Je devais 56 minutes, c'était énorme. Mais je ne rentrais pas une heure avant [la fin de service]. J'ai dit à Dominique : "C'est du n'importe quoi". Il m'a répondu : "Non, mais faut pas tenir compte de ça." »

Ce dialogue avec Dominique est-il authentique ? Il est vrai en tout cas que l'organisateur n'est péremptoire que sur le papier, par « outil » et tableau Excel interposés. Trouve-t-il inutile de défendre sa conviction que l'outil « calcule réellement le temps réel », ou bien pense-t-il secrètement que les chiffres de la « restitution » sont douteux ? Quand il est face aux facteurs, il relativise la valeur des durées produites, temporise en promettant qu'on révisera plus tard ce qui mérite de l'être. Mais pourquoi Ludivine ne devrait-elle pas tenir compte de cette feuille qui lui a été communiquée ? Et pourquoi Dominique la lui remet-il, s'il ne faut pas en tenir compte ?

Ce que cette affirmation traduit, c'est que d'autres calculs seront faits. Puisque la tournée de Ludivine va disparaître, avant de renaître avec de nouvelles rues, les durées seront à nouveau évaluées par l'« outil ». Après le « diagnostic » viendra la « projection », à l'estimation des durées des tournées actuelles succédera la programmation des durées des tournées futures. Ce que la relativisation de Dominique laissait espérer à Ludivine, c'est que les nouveaux calculs seraient plus favorables, moins invraisemblables que cette durée de 5 h 25. Mais les procédures de l'outil ne varient pas : les mêmes qui ont déterminé que la tournée de Ludivine, avant réorganisation, durait 5 h 25, ont mouliné de la même manière, rajoutant des dizaines de minutes théoriques de travail, gavant son nouveau parcours de rues prises aux tournées supprimées, et conduisant à l'épuisement de la factrice.

La feuille Excel, la « restitution individuelle » a une fonction de marteau symbolique. Elle allègue d'une dette, et prépare mentalement le facteur débiteur à la perspective du remboursement. Elle juge et tranche noir sur blanc, ou plutôt orange sur pastel. Elle assomme. Elle disqualifie par avance toute tentative de mise en cause du dessin des nouvelles tournées, toute dénonciation de surcharge. Elle sifflote un air de « vous avez profité, mais à présent il faut bien se remettre au travail ».

Pourtant, obstinément, Ludivine refuse tout réalisme à la représentation que Dominique fait de sa nouvelle tournée. Elle exige d'être « accompagnée » par un cadre et que sa tournée soit révisée, raccourcie. Elle interpelle les chefs d'équipe, au quotidien, ainsi que Dominique l'organisateur, et même Stéphane, le chef d'établissement, lorsque l'un ou l'autre passe sur le site de Nanteuil. Personne ne lui répond non, mais rien ne vient. Depuis leurs bureaux, les chefs trouvent Ludivine impatiente, peut-être de mauvaise foi – est-ce que ce serait vraiment à son avantage si on creusait son cas par le biais d'un accompagnement ?

« Il y en a une qui dit qu'elle est hyperchargée », rapporte Dominique. « Très honnêtement, je ne sais pas. » Mais cela ne l'empêche pas d'être circonspect : « Elle se plaint d'avoir beaucoup de recommandés, et en faisant une extraction, moi j'ai constaté qu'elle en a, mais elle a pas mal de recommandés à représenter pour le lendemain. En moyenne elle a 47 [nouveaux] recommandés [chaque jour], c'est-à-dire que c'est la moyenne des recommandés de la plupart des tournées. Mais sur les 47, si t'en mets 20 à représenter pour le lendemain, c'est normal que le lendemain t'en aies plus de 47, que t'en aies une soixantaine. Et si tu les cumules comme ça, tu t'en sors pas. » Mais est-ce que ça ne serait pas justement parce qu'elle ne s'en sort pas que Ludivine se voit contrainte de remettre au lendemain des recommandés qu'elle n'a pas pu distribuer ? « Peut-être, mais il faudrait que je l'accompagne pour voir. Je pars du principe qu'une personne qui, le premier jour, vient te voir, te dit : “C'est pas possible”... Laisse un peu de temps, laisse un peu de temps. »

Stéphane, le chef d'établissement, va dans le même sens. « J'ai fait cinquante réorg', on entend toujours la même chose : “C'est pas possible, vous savez pas.” Bon... Alors qu'en fait, c'est juste un apprentissage. Je prends l'exemple de quelqu'un que j'apprécie, que je connais depuis très longtemps, Ludivine. Elle disait : "J'y arriverai pas, j'y arriverai pas." [...] Quand je l'ai vue, enfin les dix premiers jours [de la réorganisation], parce que j'étais à Nanteuil, elle rentrait effectivement en milieu d'après-midi, donc effectivement deux, trois heures après [sa fin de service], il y avait beaucoup de boulot, ça je me souviens. C'est logique, hein. Enfin, vraiment, d'expérience, une fois qu'elle connaîtra les batteries, qu'elle connaîtra vraiment son quartier, elle sera dans ses temps. » Il faut juste admettre qu'il y a un temps de rodage. Admettre aussi qu'on avait peut-être pris des mauvaises habitudes, comme un effet pervers du délai entre deux réorganisations : « Si vous voulez, on prend un rythme, et c'est humain, on prend un rythme qui fait que, voilà... Là tout d'un coup, [avec la réorganisation] on réajuste, il y a un gros différentiel. Et les personnes, c'est des titulaires, hein, mais ils ont pas forcément une grande cadence, ils ont pris un rythme de travail qui était, voilà, qui était le leur, et ils ont du mal à s'ajuster vraiment. »

Cependant, les mois succèdent aux mois et Ludivine, dans une détresse constante, continue d'exiger d'être accompagnée. Ses efforts seront-ils payants ? Elle finit par le craindre. Si elle est accompagnée, si l'accompagnateur lui donne raison et admet la surcharge, que se passera-t-il ? Ludivine connaît trop bien La Poste pour imaginer, dans le meilleur des cas, autre chose qu'un allègement qui se paierait d'un alourdissement pour quelqu'un d'autre. Jamais la direction ne créerait une nouvelle tournée. Elle se contenterait de basculer des rues d'une tournée à l'autre. Ludivine risquerait d'apparaître comme celle qui a provoqué la surcharge d'un collègue. Ce dernier devrait produire la même montagne d'efforts que Ludivine pour espérer que son cas soit à son tour examiné. Plus sûrement, solidaire ou amer, il se tairait, et La Poste n'aurait rien perdu à ce jeu à somme nulle.

Alors Ludivine ne croit toujours pas que son ancienne tournée durait 5 h 25. Mais, progressivement, elle se résigne. L'écho de ses plaintes s'étouffant, Dominique et Stéphane pourront penser que c'est le signe que tout va mieux. À défaut d'emporter son acquiescement aux durées prescrites, ils obtiennent sa démobilisation.

*

Petite escapade, loin de Nanteuil. Pour un bol d'air frais, à des centaines de kilomètres, dans une région de montagne où les tournées de distribution du courrier se font en voiture, sur des routes escarpées. Où les indications défaillantes, les numérotations manquantes des rues de villages ne peuvent être compensées que par la connaissance intime des facteurs et factrices. Sur ce genre de tournées, les agents parcourent jusqu'à 100 km par jour, pour 300 à 500 boîtes aux lettres, 1 000 de moins que Ludivine. Il ne faudrait pourtant pas croire que la charge de travail est moindre ; elle est autre. Le diable est dans les distances, et son enfer est dessiné par l'« outil » de l'organisateur local.

Ici la factrice se nomme Aurélie, et elle officie depuis douze ans, à peine plus que Ludivine. « J'oublierai jamais, le moment où j'ai pété les plombs. » Il y a quatre ans, ou plutôt, en calendrier postal : deux réorganisations en arrière. Une « réorg' », justement, est annoncée. Refrain standard : il faut « adapter les moyens à la charge », réduire le nombre de tournées, dégraisser l'effectif de facteurs, car il n'y aurait plus assez de courrier pour occuper tout le monde.

De courrier, peut-être, mais les colis ? À la différence de Nanteuil, où les facteurs à vélo ne distribuent pas les paquets les plus volumineux – c'est un autre service, basé ailleurs, qui s'en charge –, Aurélie conclut l'acheminement de tout ce que La Poste transporte. Au fil du temps, elle est contrainte de gaver toujours plus son utilitaire de colis aux volumes hétéroclites. Elle parvient d'ordinaire à tout remettre : connaissant personnellement la plupart des usagers de sa tournée, leurs habitudes ou des proches en qui ils ont confiance, elle trouve le plus souvent une solution pour que le colis parvienne à son destinataire sans que celui-ci doive se rendre au bureau de poste. « Quand tu connais les gens, tu sais que les parents ou la grand-mère ou les voisins sont pas loin… Jamais tu demandes les cartes d'identité. On a eu une formation pour le faire, mais tu le fais pas. » Cependant, l'allongement de sa tournée, de réorg' en réorg', l'accroissement du volume des paquets égratignent cette routine. Ce n'est pas seulement que la charge globale associée est plus lourde, c'est aussi que le temps de traitement de chaque colis est plus long. Parce qu'il faut mieux ranger, ou perdre du temps à chercher chaque paquet dans le véhicule. Parce que, le nombre de destinataires augmentant, il est plus difficile de tous les connaître, de transgresser à leur profit les règles officielles.

Alors, avant même la réorg' annoncée, « déjà parfois je rentrais plus tard [après l'heure de fin de service]. Je me souviens, j'étais rentrée au bureau, j'avais pas bouffé, j'étais pas bien, et je suis allée voir ma cheffe. Et je lui ai dit : “Comment on fait ? Là on me demande de finir ma tournée, il me reste trois quarts d'heure de boulot, je suis censée finir dans cinq minutes, je fais quoi ? Je vais faire un travail pour lequel je vais pas être payée.” » C'est que l'enregistrement des heures supplémentaires ne provient pas d'un décompte, d'une pointeuse ou d'un émargement, mais de l'appréciation solitaire de la hiérarchie, fondée sur le « diagnostic ». « Ils disaient que sur ma tournée je devais

45 minutes justement. Mais non, je finissais plus tard. » Pour sa cheffe, si l'« outil » dit qu'Aurélie finit en théorie 45 minutes avant l'heure, comment justifier l'enregistrement d'heures supplémentaires ? Certes, la cheffe constate bien qu'Aurélie rentre plus tard, mais c'est suspect : qu'a-t-elle fait au juste sur son parcours ? Qui peut dire qu'elle n'a pas profité d'une pause indue, chez un usager, dans un café, ou même chez elle ? Personne n'en sait rien. Mais l'« outil » permet de laisser croire que l'on connaît la durée de la tournée quand Aurélie ne fait rien d'autre que son travail. En vertu de ses calculs, les dépassements horaires d'Aurélie ne sauraient être comptés comme des heures supplémentaires rémunérées ou compensées[1]. Son rab de travail est gratuit, pendant que défile le compteur de la nounou qu'elle emploie pour garder ses enfants : « Je dois payer une nounou pour un travail que je fais bénévolement. C'est pas possible. Et en plus vous vous rendez bien compte que je suis aussi employeur, je peux pas appeler quelqu'un en disant : "Bah aujourd'hui je vais rentrer une heure plus tard, ou trois quarts d'heure plus tard", ça ne se passe pas comme ça, les gens ont une vie. Il n'y a qu'à La Poste… Enfin non, il n'y a pas qu'à la Poste, mais c'est pas partout comme ça. Et là, la cheffe m'a répondu : "C'est pas mon problème." »

Dans le souvenir d'Aurélie, « c'est l'élément déclencheur, où je me suis dit : il faut arrêter de nous prendre pour des cons ». Elle ausculte son « diagnostic », qui prétend qu'elle « doit » 45 minutes. Elle en obtient une version détaillée : chaque trajet, chaque village desservi, et même chaque bout de rue où elle distribue le courrier se voit doté d'une durée. Aurélie additionne toutes les durées attribuées aux différents morceaux de sa tournée, et tombe sur un résultat étonnant : la somme est supérieure à la durée globale attribuée à sa tournée, selon laquelle

elle « doit » 45 minutes. Aurélie s'en émeut auprès de son directeur d'établissement qui, d'après elle, avoue, pris au dépourvu : « Je ne sais pas, je ne comprends pas. » Aurélie menace d'élargir sa vérification à toutes les tournées du bureau. Le directeur lui envoie l'organisateur local, qui se justifie : c'est vrai, la somme des durées des portions de la tournée est supérieure à la durée globale finalement retenue, mais c'est parce qu'on y a appliqué un abattement. À quel titre, demande Aurélie ? « Ils m'ont sorti une formule mathématique incompréhensible… » Elle en saisit pourtant la logique.

Un premier abattement découle de la baisse supposée du trafic courrier dans les deux années à venir : la durée théorique de la tournée d'Aurélie ne dérive donc plus d'un « diagnostic », mais d'une prédiction. Le coefficient de baisse est donné par la direction régionale, sans considération des évolutions locales dans les villages que dessert Aurélie.

Le second abattement est plus sournois. Il consiste à rogner le temps que gagneraient les facteurs s'ils réussissaient à convaincre des usagers de rapprocher leurs boîtes aux lettres de l'itinéraire principal de la tournée. Il faudrait que le fermier qui persiste à conserver sa boîte aux lettres près de son habitation, au bout d'un chemin privé, accepte de la déplacer jusqu'à l'entrée du chemin ; ou que les habitants d'un hameau perché veuillent bien regrouper leurs boîtes aux lettres dans un « cidex », une batterie commune qui serait installée en contrebas. Si cela se faisait, le gain d'énergies en tout genre serait incontestable. Mais cet abattement est sournois car, systématique, il présume que la résistance des usagers serait le résultat d'une défaillance du facteur. L'encadrement local soupçonnant qu'à annoncer clairement la couleur il mettrait le feu aux poudres, il n'a pas averti les facteurs que la consigne de favoriser le « raccordement postal » se double d'une sanction sur le rythme de travail prescrit. Si Aurélie n'avait pas posé sa question, l'abattement aurait été appliqué sans qu'aucun agent ne sache ce qui le fonde.

Depuis, les deux abattements ont disparu : tels des vampires du temps de travail des facteurs, ils semblent ne pas avoir résisté à la lumière projetée sur eux. Mais, une « réorg' » plus tard, Aurélie trouve dans sa « restitution » actualisée une nouvelle occasion de « péter un plomb ». Saint-Moly, village d'une centaine d'âmes dispersées entre 1 000 et 2 000 mètres d'altitude, n'est desservi que six mois par an, du printemps à l'automne, quand les routes sont praticables. Y monter et distribuer le courrier des villageois requiert 25 minutes, selon Aurélie : « 7 minutes pour y aller, 7 minutes pour en revenir, et après au niveau distribution ça dépend, au début de la période t'as personne et après t'as un peu plus de monde. » Selon la « restitution », le trajet et la remise du courrier tiendraient en 7 minutes « Pour eux, ce n'est ouvert que six mois dans l'année. Donc ils disent que c'est une moyenne », annualisée. Mais même ainsi, « même si je multiplie par deux, je suis loin du compte ». Et qu'est-ce que cela implique pour ses horaires, pour l'organisation de la garde des enfants ? « Encore une fois comment tu fais ? Tu termines plus tard l'été ? Alors je serais supposée finir plus tôt l'hiver, mais c'est pas le cas. »

Excédée, Aurélie retourne inspecter sa « restitution ». Désormais représentante du personnel au comité d'hygiène, de sécurité et des conditions de travail (CHSCT), elle en obtient une version détaillée et informatisée, sous format Excel. Elle y déniche de nouveaux scandales. « Personne ne les regarde, ces feuilles. Quand j'ai mis mon nez dedans, j'ai vu que pour aller à Moristey, on me donnait 13 minutes. » Or non seulement l'expérience d'Aurélie, mais les services de cartographie interactive en ligne s'accordent pour ce trajet sur une durée comprise entre 22 et 24 minutes. « La Poste, plus forte que Schumacher », conclut Aurélie dans un tract.

Pour élargir la vérification au-delà de sa situation personnelle, Aurélie plonge dans les milliers de lignes de tableur qui « restituent » la quinzaine de tournées de son bureau, et se lance dans une longue et patiente reconstruction des vitesses prescrites par La Poste pour l'ensemble des circuits. C'est une prescription implicite : pour chaque morceau de tournée, chaque bout de rue, chaque trajet d'un village à l'autre, le fichier n'indique qu'une distance et une durée. Aidée par un ami informaticien, remplissant les cellules Excel de formules longues d'une centaine de caractères, elle calcule les vitesses. C'est ainsi qu'elle démontre que certains trajets doivent être parcourus à plus de 100 km/h de moyenne, alors qu'aucune route du périmètre du bureau n'est autorisée au-delà de 90 km/h ; ou que certaines prescriptions se situent autour de 70 ou 80 km/h alors qu'on se trouve dans une agglomération, où la limite légale est de 50.

« On l'a présenté à notre directeur d'établissement en disant : "Comment vous l'expliquez ? On fait quoi ? On vous laisse un mois pour donner une réponse, sinon on va directement voir les gendarmes." On n'a pas eu de réponse, il n'a jamais su nous donner les raisons. » Incapable de répondre techniquement à l'objection soulevée par Aurélie, la direction n'en décide pas moins de mettre en œuvre la « réorg' », en maintenant inchangées les vitesses incriminées. Aurélie et quelques collègues mettent leur menace à exécution, mais les gendarmes, quoique stupéfaits, se disent démunis et suggèrent plutôt d'écrire au préfet. Toutefois, « le jour de la réorg' il y a des gendarmes qui sont venus. Ils ont été super sympas, et là on a été nuls ». C'est que, faute d'avoir pu peser autrement sur le cours de la réorganisation, la majorité des facteurs sont alors en grève. « Les gendarmes sont venus me chercher, il y en a un qui a dit : "Je suis venu pour le mouvement de grève, et j'ai entendu que pour aller à Moristey, il faut 13 minutes." Ils sont venus poser des questions à La Poste sur ces vitesses farfelues. »

Alors pourquoi Aurélie dit-elle qu'« on a été nuls ? » D'un côté, la direction souhaite négocier. De l'autre, certains facteurs ne se voient pas poursuivre leur mouvement – quand on dépasse le Smic de peu, chaque jour de grève troue sévèrement le portefeuille. Aurélie participe à une « audience », une négociation avec le directeur d'établissement et son supérieur hiérarchique. Aucun des deux ne se montre davantage capable d'expliquer les « vitesses farfelues », mais ils concèdent des « renforts » humains supplémentaires sur les tournées, dans l'attente d'une remise à plat de la « réorganisation ». C'est pourquoi, quand elle va à la rencontre des gendarmes, Aurélie temporise : « Je suis allée les voir en disant : "Effectivement il y a des soucis, moi on me donne 13 minutes pour aller à Moristey, mais on va voir, là on n'est plus en grève." Et je m'en suis voulu, je me suis dit : si on était allé jusqu'au bout… » Car le directeur qui a promis la révision de la réorganisation a omis d'annoncer son prochain départ. Il n'y a pas eu d'engagement écrit et, un mois plus tard, il est remplacé par une nouvelle responsable qui affirme ne rien savoir de ces promesses.

Les quelques renforts ne suffisent pas à écluser l'empilement des caissettes dans le bureau d'Aurélie. Mais le problème, un temps collectivisé par la grève, retombe sur les épaules des individus et de leurs positionnements disparates. « Il y en avait qui avaient des heures sup', ça leur convenait. La Poste payait les heures sup' au début, ils s'étaient engagés », et c'est à peu près le seul engagement qui a tenu. Quand, à nouveau, on est si proche du

Smic, c'est alléchant. « Mais moi perso non, mon compagnon est aussi facteur, j'ai une nounou, trois gosses, ça ne marche pas comme ça. » Alors, avec une paire de collègues, Aurélie rentre à l'heure, tous les jours. Et tous les jours, elle ramène du courrier. « C'était toujours le même quartier que je ne faisais pas », celui qui avait le malheur d'être disposé à la fin de sa tournée. « Autant te dire que ça a vite gueulé. »

Aurélie reçoit alors la consigne de modifier ses itinéraires d'un jour à l'autre. « Mon chef est venu me voir en disant : "Eh ben écoute, tu inverses maintenant." "Pardon ?" "Oui, là où tu es pas allée, tu y vas demain." Je fais : "Sûrement pas. J'ai un ordre de tournée, si jamais j'ai un accident je suis en tort, donc non." "C'est moi qui te le demande." "Eh bien vous me faites un papier avec le descriptif exact de par où je dois passer." Chose que je n'ai jamais eue, bien entendu. Mais il y a des facteurs qui l'ont fait. Ils ramenaient le courrier de la fin de tournée, et le lendemain ils la faisaient à l'envers. Et du coup ils se sont épuisés. »

Aurélie est l'ultime réfractaire. Le chef tente de la pousser dans ses derniers retranchements. « Du coup, on m'a dit : "Tu gères les clients" », c'est-à-dire leurs réclamations qui parviennent en nombre aux agents de cabine et à la cadre. « À la cabine, ils m'appelaient : "Il y a tel client, tiens, réponds au téléphone" ou : "Tiens, il y a telle personne en cabine, viens pour te justifier." Alors que déjà t'y arrives pas… Mais j'avais trouvé la combine. J'ai fait un papier où j'ai tout expliqué : "Voilà, nous terminons à telle heure, nous sommes payés jusqu'à telle heure, depuis la réorg' nous n'arrivons pas à finir, on nous donne tant de temps", et donc j'avais imprimé ça en trente exemplaires, j'avais laissé en cabine en disant : "Si les gens viennent, vous leur donnez ce papier." Eh ben non, ils ne l'ont pas fait. Mais on ne m'a plus jamais demandé de m'expliquer. Marrant, hein ? »

*

Ludivine, Aurélie, face à leurs directeurs respectifs. Entre la factrice et le directeur, médiatisant et neutralisant la confrontation, se glisse le « diagnostic », la « restitution ». Cette construction, apparemment sophistiquée, métamorphose la prescription du patron en dette du salarié. Elle repose sur une formalisation mathématique que les directeurs d'établissement, ceux auxquels les facteurs et factrices ont accès, ne savent pas expliquer. C'est que La Poste n'a pas jugé utile de les y former. Irriguant une cascade taylorienne, le siège national conçoit les scripts que les directions locales doivent exécuter pour prescrire le travail des facteurs. Qui prétend « mettre son nez » dans les mystères de l'algorithme, comme Aurélie, se confronte au mur de sa hiérarchie. Un mur qui n'est pas fait que d'hostilité ou de mépris, mais aussi d'ignorance entretenue.

La « restitution » allègue d'une dette, soit. Obtient-elle de la part des facteurs une *reconnaissance* de dette ? Ce n'est pas explicitement recherché, puisque les organisateurs ne demandent à Ludivine, Aurélie et leurs collègues aucun paraphe, aucune validation. Le « diag' » est un verdict, pas un protocole d'accord. Mais puisque la distribution de cette feuille n'a aucune fonction pratique dans le cours de la réorganisation, puisqu'elle n'est qu'une opération de communication, c'est que la hiérarchie ne doit pas être indifférente à la perception des facteurs.

Ces derniers croient-ils à l'addition exposée sur la « restitution », qui bien souvent les désavoue ? Y croire, alors que l'on met plus de temps pour faire sa tournée que ne le prévoit le calcul, c'est implicitement s'accuser soi-même de lenteur, de paresse, de nullité, c'est dériver vers l'aliénation. Ne pas y croire, c'est rejeter la prescription qui fonde son propre travail ; c'est risquer de se laisser gagner par une colère radicale, intenable, ou entrer en lutte, ou bien encore déserter, abandonner le métier. Entre ces deux pôles, nombre de facteurs entretiennent une demi-croyance, oscillant entre le désir de controverse et la tentation de l'abandon.

Aurélie est passée par tous les stades, mais c'est finalement la colère et la lassitude qui l'ont emporté. « Au début, j'adorais mon métier, maintenant je suis écœurée. » L'affrontement permanent avec sa hiérarchie, de plus en plus solitaire, a eu raison de son entrain. Elle s'est aujourd'hui reconvertie, comme assistante familiale. Le contraste est intéressant : c'est un métier où l'on ne compte pas ses heures, où l'on est payé à la pièce (c'est-à-dire à l'enfant accueilli), où il est admis que la vie de famille et la vie professionnelle se confondent, qui permet d'organiser et aménager dans un même ensemble les obligations du quotidien, et d'économiser la nounou.

Ludivine est plutôt entre deux eaux. Elle commence tout juste à envisager une reconversion. Comme personne à Nanteuil n'a investigué les chiffres de la réorganisation de manière aussi pénétrante qu'Aurélie dans ses montagnes, comme aucun mouvement collectif n'a émergé, les réclamations de Ludivine demeurent mal assurées. Sa hiérarchie a beau jeu d'y voir un simple « ressenti », une « perception », respectable comme telle, sans doute, mais enfin rien de bien objectif. Ludivine demeure sûre de son fait, mais timidement. Il faudrait plus d'aplomb, plus de soutien aussi, pour ramener du courrier comme le faisait Aurélie, en refusant de compenser le lendemain par une inversion d'itinéraire.

Pour s'imposer, la prescription de La Poste n'a pas besoin de gagner les cœurs. Il suffit de les désarmer. Tant qu'on n'a pas obtenu l'abrogation d'une « réorg' », comme certains facteurs y parviennent par le moyen de la grève ou des tribunaux, tant qu'on n'a pas franchi le pas de la reconversion, comme Aurélie, on reste prisonnier des « restitutions » de La Poste et de l'addition qu'elles présentent. Ne pas y croire ne suffit pas à s'en dépêtrer, puisque les nouveaux périmètres de tournées, l'ampleur de la tâche journalière en dépendent. Le facteur est alors contraint de résoudre solitairement le dilemme entre allongement de sa journée de travail et intensification de son rythme. Qu'il opte pour l'un ou l'autre, la « restitution » fonctionne comme un instrument idéologique et pratique d'extorsion d'un surcroît d'effort et d'énergie – on pourrait dire aussi : de plus-value absolue[2] – et d'étouffoir des contestations.

10

De quoi se nourrit l'« outil » ?

> « Nous n'avons pas une organisation mécanique, j'ai entendu [parler] des organisations modélisées par des logiciels, non ! La Poste, ce n'est pas ça. »
>
> Line EXBRAYAT,
> directrice des ressources humaines
> de la branche courrier de La Poste,
> sur RTL le 7 octobre 2016

Dans la nuit trouée par les projecteurs du centre, devant le quai de déchargement, Clotilde fume une cigarette. Il est un peu plus de 6 heures du matin. En ce premier jour de la nouvelle organisation, elle fait mine d'être placidement résignée. Mais l'énervement la gagne vite lorsqu'elle évoque les incohérences de sa nouvelle tournée. Je pose ma sempiternelle question :

« Mais comment ils calculent ?

— Apparemment c'est une machine, c'est un ordinateur qui fait ça. Alors à mon avis leur ordinateur il doit pas être très… très au point. »

Quatre semaines plus tard, dans l'atmosphère alanguie du bureau, à 16 heures. Il reste encore quatre ou cinq facteurs. Nous aurions dû finir il y a plus de deux heures. À ce compte-là, on peut s'attarder encore un peu pour discuter. Ce que je fais avec Frédéric, facteur d'équipe, un peu plus gradé que Clotilde. Mais pas bien mieux informé :

« Ils la font comment leur réorg' ?

— Sur l'ordinateur. Ils ne sont pas allés sur le terrain, ils ont tout fait à partir de points géographiques préinstallés sur l'ordinateur. Pas une seule fois ils sont venus nous accompagner, voir comment c'était. Pas une seule fois. Ils ont tout fait sur l'ordinateur, et voilà. Voilà le résultat.

— Et l'ordinateur, il mouline avec quoi ?

— Tu sais, il y a un Google Maps, et puis voilà. »

On sait grâce à Aurélie qu'il y a bien une cartographie dynamique des tournées, mais aussi que Google Maps peut être plus généreux que l'outil de La Poste. Et Google Maps ne renseigne que sur la durée des trajets, il ne dit rien du temps passé devant le casier de tri ou devant la batterie de boîtes aux lettres. Il faut donc chercher un peu plus loin.

Retour quinze jours plus tôt, dans l'ambiance concentrée du tri, chacun devant son casier, vers 8 h 30. Les chefs m'ont demandé de faire le renfort auprès de Dany. Anciennement titulaire d'une tournée, il est aujourd'hui redevenu rouleur, remplaçant volant d'un quartier à l'autre au gré des absences, en raison de la réduction du nombre de tournées. La sienne a fait partie des « démontées », selon le terme consacré. De tous les facteurs de Nanteuil, c'est Dany qui me fournit la description la plus détaillée des procédés de remodelage des tournées, en réponse à mon questionnement répétitif :

« Qu'est-ce que tu penses de la réorg' et des nouvelles tournées ?

— C'est pourri, c'est mal fait. C'est une réorg', quoi.

— Ah, c'est toujours comme ça ?

— À ce point-là, non. [...]

— Et tu trouves que c'est trop chargé ou c'est bien calculé ?

— Non, c'est trop chargé.

— Mais comment ils calculent ça ?

— Ils calculent par rapport à un nombre de plis, le nombre de points d'arrêt, et les hauts-le-pied aller-retour.

— Et comment ils calculent après... avec des cadences ?

— Avec des cadences, oui.

— Donc jamais ils sont venus regarder concrètement sur le terrain ?

— Non. Ça n'arrive jamais.

— Ils demandent votre avis, du coup, sur "regarde ta tournée, ça fait ça"... ?

— Ah bah non, on n'a pas le choix. »

La description de Dany reste courte et frustrante. Elle est à la mesure des rares informations que La Poste distille à ses agents. Les facteurs et factrices n'en savent guère plus que ceci : leur expérience est disqualifiée, remplacée par la combinaison automatisée de paramètres standardisés. Comment a été élaborée la combinaison, par quelles formules est-elle automatisée, par quels biais sont recueillies les informations constitutives des paramètres, quelles normes ont présidé à leur standardisation ? Pourquoi même avoir abandonné la méthode consistant à « aller sur le terrain » ? Ce n'est pas de la direction de Nanteuil que les facteurs peuvent espérer une réponse.

*

Les joueurs de *Tetris* le savent : pour compléter une ligne horizontale, faite de carrés uniformes, il faut avoir su agencer des formes disparates. De la même manière, l'« outil » de Dominique ne produit la durée théorique d'une tournée qu'au terme d'une addition des divers morceaux qui la composent. Par exemple, la section qui va du 19 au 27 de la rue des Sauterelles est supposée nécessiter 11 min 18 s de travail : 2 min 49 s pour trier le courrier destiné à ses adresses, 8 min 29 s pour circuler du 19 au 27, entrer dans chaque cage d'escalier, remettre les lettres dans les boîtes, le cas échéant aller à la rencontre d'usagers pour leur remettre leurs recommandés. Puis, les deux grandes tours des 100 et 102 avenue Victor Hugo se voient attribuer une durée théorique de 5 min 11 s : 1 min 08 s de tri et 4 min 03 s de distribution. C'est la somme de ces portions et de toutes les autres constituant la tournée 21 qui permet de déterminer que celle-ci ne durerait que 3 heures, 43 minutes et 59 secondes.

Une fois qu'on a établi que la durée globale d'une tournée ne s'obtient que par addition des durées affectées aux différents segments qui la composent, on n'a pas rien dit[1], mais le mystère reste entier. Comment La Poste attribue-t-elle des durées aux morceaux de tournée ? De quoi se nourrit l'« outil » ? Son régime se compose de trois types d'aliments : une estimation du nombre d'objets que le facteur trie et achemine ; une schématisation géographique de la tournée ; et enfin des durées et des vitesses théoriques des déplacements et des gestes du facteur. Nombre de facteurs estiment ces aliments faisandés, et ils contribuent parfois eux-mêmes à les gâter par leur défiance.

*

Premier aliment, donc : une évaluation du trafic, jusqu'à la petite échelle du point de distribution (par exemple le 19 de la rue des Sauterelles). Les appareils par lesquels passent les plis (machines de tri, flasheurs) peuvent fournir non seulement les volumes globalement acheminés à Nanteuil, mais aussi l'adresse postale à laquelle les plis sont destinés.

Cependant, un résidu, plus ou moins important d'un centre à l'autre (10 % à 40 %), composé notamment de journaux sous emballage, de « petits paquets chinois », de lettres hors format, à l'adresse (mal) manuscrite, etc., reste « non mécanisable », c'est-à-dire trié à la main, livré dans des caisses distinctes. Pour cette partie du courrier, les chefs d'équipe comptent les bacs chaque matin, ce dont se déduit un volume global. Ce comptage à la volée, exhaustif mais approximatif, ne fournit pas de chiffres à l'échelle du point de distribution, c'est-à-dire la maison ou l'immeuble, le commerce ou l'entreprise.

Si le trafic global de Nanteuil est fourni par les machines et les comptages des chefs d'équipe, c'est par la technique du sondage que s'obtient la répartition de ce trafic entre les milliers d'adresses postales que compte Nanteuil. « Pour déterminer la clé de répartition, on fait des comptages à la case, m'explique Dominique. C'est-à-dire que, sur six jours, chaque facteur compte le courrier qui arrive sur sa position. » Pour chaque pli, un petit bâton devant une adresse. « On va prendre Tartempion, sur la portion de voie du 28 au 30, il a trois plis le lundi, deux plis le mardi, etc., ça fait une moyenne. Et cette moyenne-là, elle détermine une clé de répartition que tu appliques au global pour la portion de voie. » Si, lors de ce sondage, le 19 de la rue des Sauterelles prend 0,0001 % du trafic du centre de Nanteuil, le volume de trafic retenu pour le « diag' » pour cette même adresse sera de 0,0001 % de la moyenne annuelle du trafic global.

Le problème de Dominique, c'est que les facteurs ne lui font pas confiance. Beaucoup ne croient pas que les comptages qu'on leur enjoint de réaliser ne servent qu'à déterminer une clé de répartition. Ils s'imaginent souvent que l'opération définit le niveau de trafic global, et que la direction choisit pour ces six jours échantillonnés une période calme, de faible trafic, voire qu'elle provoque le calme par la rétention artificielle de courrier dans la plate-forme de tri en amont. Certains facteurs ajoutent donc quelques petits bâtons mensongers sur leur feuille de comptage, afin de gonfler le trafic. Dominique cherche à conjurer ce risque en plaidant que c'est un jeu à somme nulle qui ne pénalisera pas La Poste, mais les collègues. « C'est pour ça que je dis, et je leur répète, ça sert à rien de gruger lorsqu'on fait des comptages à la case. Parce que le volume total, il va pas changer. La seule chose que vous allez faire, c'est que vous allez baiser votre copain d'à côté. Si tu gonfles tes comptages, ta clé de répartition elle sera un peu plus élevée, par rapport à ton collègue. [Au moment du diagnostic] ta charge elle sera répartie en volume, un peu plus important pour toi, alors que l'autre il en aura moins. » Ce serait malveillant, mais aussi hasardeux, puisque les morceaux de tournées vont ensuite être redistribués. « La portion de voie, là, t'es pas sûr de la récupérer après le découpage. C'est-à-dire que tu gruges tes potes, mais en plus tu te baises la gueule parce que si jamais on découpe et que cette portion de voie-là on la met sur un autre, eh ben t'auras perdu. »

Dominique est d'autant plus désolé de la défiance et de l'opportunisme à l'origine de cette fraude, que les comptages lui semblent davantage une concession faite aux facteurs qu'une étape nécessaire du diagnostic qu'il élabore. « Le calcul pourrait se faire automatiquement à partir du mécanisable. » La clé de répartition donnée par les machines serait extrapolée à la partie du courrier triée à la main. Il est vrai que le « diag' » incorpore des hypothèses et extrapolations autrement plus audacieuses, alors pourquoi pas celle-ci ? Mais « ça ne se fait pas pour l'instant, parce qu'on a toujours fait en sorte que tout le monde participe sur une réorg'. Parce que leur demander de compter, c'est pour que les facteurs prennent conscience aussi qu'il va y avoir quelque chose de nouveau et que, voilà, ils sont impliqués dans le truc ».

En faisant mine d'utiliser les facteurs comme informateurs, en les « impliquant » (mais sans débattre de rien), en les faisant « participer » (mais sans délibérer), la direction fait passer son message : attention, ça va bouger.

Dominique ne se contente pas d'établir un niveau de trafic à partir d'un relevé de chiffres des mois précédant son intervention. Il anticipe sur son évolution, impute un pourcentage de baisse. Pas à deux ans, comme le faisait l'organisateur d'Aurélie – cette pratique, autrefois généralisée, est désormais proscrite par accord collectif[2] –, mais jusqu'à la date prévue pour la mise en place de la réorganisation. Toutefois, l'opération n'est pas exempte d'entourloupe. À la manière de Philippe Wahl, le P-DG de La Poste, qui amalgamait lettres ordinaires, recommandés et colis, Dominique parle de « baisse de trafic », alors que seul celui des lettres ordinaires diminue. Il admet lui-même que, à Nanteuil, le nombre des petits paquets, comme celui des lettres suivies ou recommandées, augmentent. Pourtant, si Dominique applique bien un coefficient de baisse au trafic des lettres, il omet d'opérer la correction symétrique, à la hausse, pour les autres objets. Pour peu que cette omission se sache, elle ne pourrait que renforcer la défiance des facteurs dont se plaint Dominique.

*

Ensuite, une fois le niveau de trafic estimé, l'« outil » se nourrit d'un deuxième type d'aliments : une schématisation des tournées, sous la forme d'informations géographiques (distances, limitations de vitesse, accessibilité des habitations…) et postales (nombre et type des « points de distribution », c'est-à-dire d'adresses, et des « points de remise », c'est-à-dire essentiellement des boîtes aux lettres). Il faut donc que ces informations « remontent ». Certes, Dominique dispose d'une base, un fonds de carte. Mais celle-ci ne comporte pas l'ensemble des informations pertinentes pour la distribution du courrier, et ces informations n'y sont pas suffisamment actualisées. Le facteur, premier arpenteur du territoire, est supposé compléter et mettre à jour la base de données.

Autour du recensement de ce qui l'intéresse spécifiquement, les boîtes aux lettres, le facteur épaissit la représentation de la ville qu'il traverse : en relevant des « accès privés » de quelques dizaines de mètres qui font le lien entre la voirie et un « point de distribution » ; en signalant l'imminente sortie de terre d'un immeuble, c'est-à-dire (d'après le panneau qui en fait la promotion) de dizaines de logements et peut-être quelques commerces, dont se déduit le nombre de « points de remise » ; en constatant la « résidentialisation », comme disent les aménageurs, de la cité des Sauterelles, ce qui se traduit par une floraison de nouveaux portails ouverts uniquement par interphone ou badge électronique ; et ainsi de suite.

Dans sa version antérieure, en vigueur jusqu'au milieu des années 2010, ce recensement avait un mode d'emploi baptisé « doctrine ». La « doctrine » affichait des « grands principes », affirmant notamment que la base de données postale « reflète exactement la réalité du terrain[3] ». Rarement un mode d'emploi aura témoigné d'une telle incompréhension de la nature du dispositif qu'il se propose d'expliquer. C'est un peu comme si la notice d'un radiateur prétendait que celui-ci sert à réchauffer le monde entier : non ce n'est pas possible, et la seule chose qu'on lui demande c'est de créer une petite bulle de chaleur.

Si l'« outil » de Dominique reflétait parfaitement la réalité du terrain, il serait inexploitable. La réalité fournit une profusion infinie d'aspects qui pourraient être pris en compte : depuis le grain du bitume jusqu'aux travaux de voirie, depuis la disposition des boîtes aux lettres jusqu'au mode d'écriture des noms sur les étiquettes (manuscrit ou dactylographié ? En lettres d'or sur fond noir ou noires sur fond blanc ?), depuis le type de client, entreprise ou particulier, jusqu'à son âge et sa vitesse de déplacement pour venir prendre un courrier recommandé, depuis la longueur de l'accès privé jusqu'à la race et la longueur de la laisse du chien dans le jardin, depuis le nombre de poids lourds qui croisent la route du facteur jusqu'à la fréquence localisée des précipitations, etc. Si l'on voulait refléter exactement la réalité du terrain d'une tournée, d'une part on n'y arriverait pas, car il y aurait toujours des dimensions, des éléments qu'on laisserait échapper ; d'autre part, on devrait recruter d'immenses et coûteuses armées d'observateurs afin qu'ils renseignent correctement le logiciel, qui se retrouverait engorgé par ce trop-plein d'informations et ne fonctionnerait plus.

Si sa base de données géographiques est utile à La Poste, ce n'est pas parce qu'elle « reflète exactement » la « réalité » mais, au contraire, parce qu'elle la résume et la simplifie. Si elle est utilisable, c'est parce qu'elle fait des coupes dans la « réalité du terrain », ne retenant que quelques éléments jugés pertinents pour la distribution du courrier. En ramenant la réalité à quelques informations synthétiques, des distances, des nombres et des profils de boîtes aux lettres, la base de données permet à Dominique d'attribuer des durées à des tournées qu'il n'a jamais vues.

La base de données, pour gigantesque qu'elle soit, escamote donc des pans de la « réalité du terrain », dont certains ont un impact sur l'activité du facteur. Le climat, par exemple : l'outil n'intègre pas les normales saisonnières de la zone desservie, fabriquant en creux un jacobinisme météorologique qui postule qu'il est égal de distribuer le courrier à Dunkerque ou à Nice, dans les neiges alpines ou les chaleurs antillaises. Le relief n'est pas davantage pris en compte : la carte de La Poste est en deux dimensions, plus plate qu'une lettre de 20 grammes. La circulation n'est approchée qu'à travers les limitations réglementaires de vitesse ; la densité du trafic est laissée de côté. L'état des boîtes aux lettres n'est enregistré que par une répartition binaire entre les « boîtes normalisées » et les autres, qui dépend seulement de leurs dimensions. L'absence ou la présence d'un couvercle basculant sur la fente, le caractère plus ou moins délabré de la façade et des indications qu'elle contient, ne trouvent pas de place dans la base de données postale.

Aujourd'hui, le mode d'emploi de l'outil est plus sobre : il n'affiche plus la prétention de « refléter exactement la réalité du terrain ». Dès lors, l'absence de prise en compte du climat, du relief, du trafic ou de l'apparence des boîtes aux lettres peut apparaître, non plus comme un oubli dommageable, mais comme un arbitrage réfléchi. Pourquoi pas, sauf que les organisateurs de La Poste, en dépit de la prudente élimination de la naïve profession de foi sur la fonction de l'outil, continuent d'œuvrer en vertu de cette croyance que rien n'est oublié. Ce n'est pas que Dominique partage cette croyance ; mais il agit comme s'il y croyait, c'est-à-dire qu'il remplit ses lignes de *Tetris* jusqu'à ras bord, comme si rien d'autre que ce qui est recensé dans l'outil n'avait d'incidence sur la durée des tournées.

Il faut aussi se persuader, au minimum, que les cases vides proposées dans l'outil sont correctement remplies. « C'est pour ça, dit Dominique, que tout le travail en amont de remontée d'information pour le SI [système d'information], il est hyper important. Si tu n'as mis aucune distance en accès privé, si t'as mis que tous tes accès ils étaient en limite de voirie, il ne te calculera aucun temps pour pouvoir faire ta tournée correctement. »

Le « tu » désigne le facteur. Ce serait en effet à lui, en même temps qu'il accomplit sa tournée, de mettre à jour les informations qui la résument : l'introduction d'un nouvel interphone, l'apparition d'un chantier annonçant un nouvel immeuble, la création d'une boîte aux lettres… Pourtant, Dominique admet d'emblée que c'est une illusion. « Il y a certaines tournées, par exemple sur Nanteuil, où il n'y a pas de titulaire de quartier », c'est-à-dire qu'elles n'ont pas de facteur attitré, stable, sachant les particularités du parcours et les modifications qu'il a subies. La situation n'est d'ailleurs pas spécifique à Nanteuil, puisque, ici comme ailleurs, dès qu'un « titulaire » de tournée part d'un bureau, cette même tournée est laissée « vacante » – son exécution est abandonnée aux rouleurs ou à des salariés précaires –, afin d'anticiper sur la réduction d'emplois que suppose la réorganisation (toujours) à venir. Or, explique Dominique, « sans titulaire de quartier, le gars [qui le remplace], il passe de temps en temps, pour lui tout est normal, il a déjà suffisamment de temps à distribuer, il ne prend pas le temps de vérifier » et de recenser les nouveautés de la zone.

Cependant, dans un renversement acrobatique, Dominique renvoie aux facteurs la responsabilité d'un recensement éventuellement défaillant des caractéristiques des tournées, pointant leur mauvaise volonté. « Il y a des personnes qui le font spontanément, qui ont compris le but, la nécessité de faire évoluer l'outil, et d'autres qui l'ont pas très bien compris. » À Nanteuil, l'information serait particulièrement mal remontée : « Alors que le plus gros de la réorg' était fait, j'avais aucune nouvelle construction [recensée]. Sur Nanteuil ! », insiste-t-il, alors que la ville, dont le nombre de logements a crû de 5 % et le nombre d'entreprises de 80 % au cours des cinq dernières années[4], est toujours parsemée de grues de chantier. Deux jours après le début de la réorganisation, Dominique prévient : « Ici, les facteurs ont mal rempli les bordereaux. Si tu en oublies, forcément après ça fausse la tournée. Du coup il y a peut-être des tournées qui vont sortir plus fortes que prévu. » Les « bordereaux », ce sont de longues listes où chaque ligne représente un petit morceau de la tournée, auxquelles le facteur doit apporter compléments et rectifications.

« Il se décharge beaucoup », commente Ludivine, qui se souvient avoir eu ce papier entre les mains, mais sans explication : « Il me semble qu'ils nous ont distribué quelque chose qu'il fallait remplir. Mais moi j'ai pas vu où c'était expliqué qu'il fallait marquer les mètres [les distances]. Je l'ai rempli, le nombre de boîtes aux lettres, pas de souci sur ça. Mais par rapport aux mètres, non, j'ai rien noté. » D'autres facteurs, comme Guillaume, se souviennent que quelqu'un d'autre, un postier plus gradé, a rempli le « bordereau » à leur place, sans vérification possible. À Nanteuil, les facteurs n'ont qu'un vague souvenir de ce « bordereau » ; ils n'y ont consacré qu'une attention distraite ; leur hiérarchie n'a ni expliqué les enjeux ni dégagé du temps pour qu'ils puissent s'y consacrer sérieusement.

Ailleurs, les facteurs les moins ignorants de la fonction théorique de ce bordereau ne sont pas pour autant ceux qui les renseignent le mieux. Lorsqu'ils ne sont pas indifférents, ils sont confrontés à un dilemme. Le remplir, ou le compléter, consciencieusement, en s'usant les yeux sur des lignes minuscules, en l'annotant à la main le plus clairement possible, c'est fournir un effort sans pouvoir contrôler ni que les informations seront répercutées dans l'outil ni que les durées associées seront satisfaisantes ; c'est paraître cautionner un modèle d'évaluation de la charge de travail que ces facteurs récusent par ailleurs. Mais ne pas remplir le bordereau, c'est d'emblée se tirer une balle dans le pied, puisque tout ce qui n'est pas noté n'est pas compté, tout ce qui n'est pas compté n'a pas de durée, si bien que le facteur n'a même plus le soupçon, mais la certitude, que la durée de sa tournée sera sous-estimée et que, s'il s'en plaint, sa hiérarchie lui fera porter le chapeau.

*

La machine se nourrit donc, d'une part, d'une évaluation du trafic, jusqu'au niveau de la maison, l'immeuble, l'entreprise ; et, d'autre part, d'une schématisation de la géographie et de l'environnement postal qui constituent Nanteuil. Il manque un ingrédient, sans lequel le produit final de l'« outil » de Dominique, à savoir des durées, ne serait pas possible : des « normes et cadences ».

Cette expression est celle de la direction de La Poste. Elle recouvre un ensemble de vitesses et de temps, standardisés, appliqués uniformément aux facteurs et factrices de Nanteuil, comme à tous leurs collègues de France. Par exemple, au moment du tri général, quand les facteurs répartissent entre tournées le courrier arrivé en vrac, leur rythme est supposé être de 1 400 objets à l'heure – c'est-à-dire qu'il faut avoir lu l'adresse, trouvé la case correspondant à la tournée, y avoir jeté ou déposé la lettre correspondante, et être prêt à refaire la même chose avec le pli suivant, en deux à trois secondes. Autre exemple : La Poste octroie au facteur 5 minutes pour récupérer le vélo et le charger avec l'ensemble des liasses qu'il a préparées.

Une fois qu'il est en route, le facteur est supposé rouler entre 8 et 15 km/h jusqu'à son premier point de distribution. Puis, une fois que sa tournée est commencée, entre 4,77 et 12 km/h. Ce n'est pas Dominique qui choisit à sa guise où placer le curseur entre ces deux bornes, mais l'outil, de manière automatique et sans équivoque[5] : par exemple, ce sera 6,59 km/h dans une rue où il y a en moyenne un « point de distribution » tous les 17 à 22 mètres (8,3 km/h si le bâti est un peu moins dense, c'est-à-dire qu'il y a un point de distribution tous les 22 à 33 mètres en moyenne).

Une fois rendu au point de distribution, le facteur est supposé y « séjourner » entre 13,99 et 53,33 « centiminutes ». Une telle affirmation pique la curiosité, ou les yeux, c'est selon. Le « séjour » du facteur, c'est le temps nécessaire pour abandonner son vélo, se rendre devant la ou les boîte(s) aux lettres, puis revenir à son vélo. Le « temps de remise » proprement dit, c'est-à-dire d'insertion des lettres dans la boîte, est compté à part, et compris entre 3,33 et 4,02 « centiminutes » par pli. Là encore, ce n'est pas une fourchette où Dominique glisserait librement son curseur. Chaque dent de la fourchette est précisément définie : c'est 13,99 « centiminutes » de « séjour » et 3,33 de remise (multipliées pour cette seconde cadence par le nombre de courriers à remettre) lorsqu'il y a une seule boîte aux lettres, et c'est respectivement 53,33 et 4,02 lorsqu'on dépasse les douze. Entre le minimum et le maximum, il y a une demi-douzaine de situations intermédiaires.

Reste enfin cette dénomination de « centiminute », qui sonne là encore comme un jacobinisme temporel suranné, ainsi que le rappelait mon Taylor imaginaire, ou – c'est souvent le sentiment des facteurs, quand ils en sont informés – comme une volonté d'enfumer le monde. Cette division par 100, plutôt que par 60, n'est cependant qu'un moyen ancien, on l'a vu, de simplifier les calculs. Mais il est vrai que la traduction des « centiminutes » en secondes – dans une cage d'escalier comptant 20 boîtes, le facteur « séjournerait » 31 secondes et 998 millièmes de seconde, et « remettrait » chaque courrier à la vitesse de 2 secondes et 412 millièmes de seconde – alourdit encore plus la compréhension et rend illusoire toute tentative de recoupement avec l'expérience ordinaire. La Poste s'autorise à décompter jusqu'à des centièmes de centiminute, mais qui est capable de jauger ses propres gestes à cette aune, c'est-à-dire 6 millièmes de seconde ? Quel chronométreur, quel « vérif' », lorsque le métier existait encore, aurait pu prétendre que la connexion entre ce qu'il voit, ce qu'il décide et ce que fait son doigt sur le chronomètre est si rapide qu'elle autorise une précision aux 6 millièmes de seconde ?

Alors d'où viennent ces chiffres à la précision extrême, sinon fantasmagorique ? « Je pense que c'étaient des chronométrages », risque Dominique, qui avoue ne pas savoir. Pour lui, ils ont « toujours existé », c'est un roc inattaquable. « On peut en discuter des heures et des heures. Mais c'est des cadences nationales, c'est imposé, c'est La Poste. » On fournit à Dominique un marteau, son métier consiste à taper avec. Il n'entre pas dans ses attributions de se demander de quelle forge est sortie la tête du marteau. « On peut en parler autant qu'on veut, nous on n'aura pas la main pour les modifier. »

En à peine trois pages, sur quelques dizaines de lignes de tableau, la direction du courrier a rassemblé l'ensemble des « normes et cadences » affectées à l'ensemble des gestes du facteur. Aucune opération n'y échappe. Ou du moins, aucune opération *utile*, du point de vue de cette même direction. Par exemple, l'échange avec le gardien ou le renseignement donné à l'usager ne sont pas de la liste : toute parole du facteur est considérée comme superflue.

Ainsi, le trafic de courrier est supposé bien compté, les caractéristiques géographiques et postales de la zone ont été recensées de manière prétendument exhaustive, et il existe des « normes et cadences » réputées exactes. Il est donc possible d'abandonner l'« outil » de Dominique à une combinaison réglée, automatisée, de ces trois séries de paramètres, et d'en déduire les durées nécessaires à la distribution du courrier dans tout Nanteuil.

L'« outil » mouline toujours deux fois : d'abord pour le « diag' » des tournées actuelles, ensuite pour la « projection » des tournées futures. D'abord pour signifier à chaque facteur ce qu'il « doit », et estimer ce que globalement le centre de distribution de Nanteuil compte comme facteurs en trop. Ensuite pour établir, une fois le trafic corrigé par les anticipations bancales de Dominique, une fois la carte augmentée (incomplètement) des « nouvelles constructions », le chemin des futures tournées, celles d'après la réorganisation. C'est dans cette seconde étape que l'on se rapproche le plus du *Tetris* : Dominique a pour objectif de remplir 7 heures de travail, et ajoute des portions de tournée, des sections de rue, des adresses à desservir, et les durées associées, jusqu'à atteindre les 7 heures.

11
Le propre et le sale

Ce matin, Cissé m'initie à la rue Fombresson, dans un quartier d'habitat populaire ancien mâtiné de gentrification.

Depuis le retour de Romuald, quelques jours après le début de la réorganisation, je suis, comme les autres facteurs sans tournée attitrée, déplacé d'un jour à l'autre pour éteindre les feux qui couvent, c'est-à-dire les courriers qui s'accumulent sur telle ou telle tournée. Mais c'est un peu comme si la caserne de pompiers n'avait plus personne d'autre à envoyer que le stagiaire de troisième et son seau d'eau. En l'occurrence, nous sommes deux stagiaires. Cissé a la vingtaine, un CDD, et un mois d'ancienneté de plus que moi à La Poste. Avant la réorganisation, il avait déjà parcouru une partie des rues de cette nouvelle tournée. C'est pourquoi il donne le ton ce matin, c'est-à-dire l'ordonnancement du cheminement.

Je découvre un quartier plus animé et plus divers que la cité des Sauterelles, ce qui éclaire soudain des conversations entendues entre facteurs, où il était question d'immeubles, voire de rues « sales ». Rien à voir avec l'état de la chaussée ou des trottoirs : quoique son vélo en dépende, le facteur en parle peu. Il s'agit des cages d'escalier et des batteries.

Cissé m'offre une visite guidée, en me prévenant lorsqu'on approche du clou du spectacle. Il me laisse affronter seul, armé d'une liasse de courriers, le 6 de la rue Fombresson. Cissé en est un habitué intermittent : sur son ancienne tournée, le 6 faisait partie de sa portion « sécable », c'est-à-dire qu'il n'y acheminait le courrier que les lundis et mardis. « Je l'ai fait dix ou quinze fois, j'y suis resté jusqu'à une demi-heure, mais je ne le connais toujours pas. »

Il y a beaucoup de boîtes, mais toujours moins que dans une tour de la cité des Sauterelles. Ce n'est plus ça qui me fait peur. Par contre, beaucoup sont abîmées, rayées, ou avec des ouvertures tordues témoignant d'un forçage. Les noms y sont souvent mal écrits, à moitié effacés, ou les étiquettes déchirées. Au feutre, dans des écritures hésitantes et contraintes par la place des boîtes, se surajoutent des noms difficiles à lire. Et pour scruter cet ensemble, pour démêler les noms et repérer les destinataires des lettres que j'ai en main, la cage d'escalier ne fournit qu'une ampoule au rayonnement faiblard.

Je ressors de là avec sept ou huit courriers que je n'ai pas pu distribuer, sans savoir si c'est parce que le nom m'a échappé dans cet amas d'écritures maladroites et enchevêtrées, ou si les destinataires n'habitent vraiment pas là. « C'est pas pour rien qu'on l'appelle le fonds bre-som », s'amuse Cissé dans un verlan désuet.

Je mesure à présent le contraste avec la cité des Sauterelles. À Nanteuil, la cité a mauvaise réputation – quand elle est connue. Excentrée, séparée du reste de la ville par un cimetière et une zone industrielle, architecturalement refermée sur elle-même, constituée uniquement d'habitations à loyer modéré et abritant peu de commerces, elle n'attire pas les autres habitants de la ville. Ils n'en ont des échos que par le journal municipal, ou par leurs enfants lorsqu'ils atteignent l'âge où le lycée brasse tous les Nanteuillais.

Mais les facteurs et factrices ont une autre géographie mentale de la ville. Les Sauterelles, c'est « propre ». Pas comme les immeubles anciens, parfois insalubres, dispersés dans les autres quartiers, comme le « fonds bre-som ». Pas comme les centres de réinsertion sociale, les foyers de travailleurs, les hôtels de moyen séjour, où le courrier s'accumule alors qu'il n'y a pas de boîte, destiné à des usagers pour moitié insaisissables. Pas comme les *lofts*, les résidences biscornues, les anciennes usines reconverties en atelier-logement, où l'on peine à trouver la boîte aux lettres – si les occupants ont jugé utile d'en placer une et de lui donner l'apparence d'une boîte –, ou à confirmer que le destinataire réside bien là quand le réceptacle, parfois une simple fente dans le portail, est collectif et anonyme. Les îlots de grande pauvreté, les locations négligées par leurs propriétaires, les résidences de passage sont une plaie pour le facteur ; mais, à l'autre pôle de la société nanteuillaise, les habitations dont on entretient soigneusement le cachet et l'excentricité en sont une autre.

Non, aux Sauterelles, l'office HLM veille : il n'y a que des boîtes normalisées, toutes identiques, et une même charte graphique pour les noms gravés en capitales sur les petites plaques. Chaque appartement est numéroté, dans l'ordre des étages, et les boîtes suivent le même ordre. On trouve bien sûr quelques rajouts à la main, avec le nom d'un hébergé, d'une petite société de bâtiment ou de VTC, et parfois des dégradations, des restes d'un incendie confiné dans le 0,02 mètre cube de la boîte. Mais une seule boîte aux lettres malmenée ne fait pas une batterie « sale » ; au contraire, isolée, elle est facilement mémorisable, on y met sans hésiter le courrier qui la désigne.

La distinction entre le « propre » et le « sale » ne trouve place dans aucune nomenclature officielle. Elle n'a fait l'objet d'aucune étude rigoureuse qui prétendrait définir le seuil d'où l'on bascule de l'un à l'autre. Et pourtant, elle habite les représentations et les conversations des facteurs de Nanteuil. Si tous ne placent pas le curseur au même endroit, aucun ne remet en cause la pertinence de cette catégorisation des batteries. Par extension, si elle comporte beaucoup de batteries dégradées, c'est la tournée elle-même que l'on qualifie de « sale ».

Les facteurs et leur hiérarchie n'y peuvent pas grand-chose. Ce n'est qu'un parmi d'innombrables aspects de l'activité de distribution du courrier sur lesquels il y a peu de prise. Bien sûr, les facteurs peuvent tenter de dresser leurs usagers en parlementant, ou en les sanctionnant par un acheminement heurté du courrier. Les chefs d'équipe peuvent tenter une médiation, ou adresser un courrier de rappel à l'ordre. Mais il n'y a pas de miracle, pas de « nettoyage » automatique des boîtes. Elles sont la frontière entre l'apparence publique et l'intérieur privé des destinataires. Une frontière aux contours indécis : les sommations de La Poste, même intensifiées, se heurtent à la liberté, parfois âprement défendue, de négliger ou au contraire *customiser* « sa » boîte aux lettres. Si les relances sont sans effet, La Poste comme institution, le facteur comme professionnel, assumeront-ils pour autant de retourner un gros contingent de lettres à l'expéditeur, qui est aussi le payeur ?

Les vitesses prescrites par La Poste sont-elles ajustées à ces disparités ? Guillaume, l'organisateur de feu les parties de foot, fait l'hypothèse que non : « Je pense que ce qui n'est pas pris en compte, c'est l'état des quartiers. Eux, ils vont calculer que dans deux bâtiments différents, il y a tant de boîtes. Par contre, ce qui ne va pas être écrit, c'est si c'est propre ou pas. Tu sais, il y a des immeubles, tu vas entrer, ça va être écrit au stylo sur des tickets de métro, et il y en a d'autres, ça va être très bien fait. Est-ce que c'est pris en compte ? J'ai pas l'impression. » Guillaume voit juste : des montagnes d'Aurélie à Nanteuil, des Sauterelles au « fonds bre-som », les vitesses prescrites par La Poste sont fondues dans le même moule.

Le propre et le sale sont une évidence pour les facteurs, une perception commune. Cela détermine leur charge de travail, qui s'exprime non seulement en durée (la seule dimension pertinente pour La Poste), mais aussi en pénibilité, en concentration, en charge mentale, en peur de commettre une erreur. C'est incommensurable avec les calculs de la direction, et pourtant cela existe.

*

Depuis la réorganisation, « propre » et « sale » sont des termes de plus en plus employés. Nanteuil, ses quartiers et ses cages d'escalier n'ont pourtant pas changé. La distinction prend du grade en désignant un nouveau phénomène. Non plus une partition statique des boîtes et des rues, que seule une transformation de long terme pourrait altérer ; mais une dynamique des tournées, percutées par la réorganisation, et qui peuvent chavirer en quelques jours dans la saleté.

Est « propre » la tournée qui fournit les signes extérieurs d'un écoulement régulier et intégral du flux de courrier. Les facteurs (et leurs chefs) ne savent rien des péripéties et difficultés de leurs collègues sur leurs itinéraires respectifs. En tout cas, pas directement. C'est la « position de travail », c'est-à-dire l'ensemble constitué par le casier de tri, l'établi qui le soutient, et leurs abords immédiats, qui permet à l'œil averti, dardant les travées du centre de Nanteuil, d'attribuer ou non le label de propreté aux différentes tournées. Une tournée est « nickel », grade le plus élevé de la propreté, lorsque, à la fin de la journée de travail, la position de travail est vide, jusqu'aux cases des réexpéditions et rebuts, liquidés dans les supports dédiés. Cela signifie que l'ensemble du courrier a été distribué, et que l'ensemble des ambiguïtés que la distribution génère ont été tranchées.

Il peut bien subsister quelques « restes » dans le casier. Ils signalent un facteur consciencieux, plutôt qu'une tournée sale. Cependant, au-delà d'une certaine quantité, la tournée bascule. En particulier, lorsqu'une case (représentant un immeuble ou un morceau de rue) est remplie à ras bord, le courrier sous élastique, cela veut dire que le facteur n'est même pas passé par là. Plus grave, quand les cases ne suffisent plus à stocker les « restes », lorsque ceux-ci débordent de la position de travail dans des sacs de dépôt, dans des bacs de manutention rangés sous l'établi, ou à côté lorsque la pile est trop grande, alors la saleté ne fait plus aucun doute. Autre manière de dire, privilégiée par Sandrine, la cheffe d'équipe, lorsqu'elle fait son rapport quotidien à ses supérieurs : la tournée est « enfoncée ».

Ludivine et Clotilde, par exemple, semblent disparaître dans leurs positions de travail, coincées entre leur casier et une pile de bacs remplis de courrier en attente – et c'est sans compter les recommandés que stocke la cabine. Sur la tournée de Clotilde, quelques semaines après la réorganisation, il y a jusqu'à douze bacs en souffrance, l'équivalent d'au moins trois grosses journées de travail. Cela peut paraître peu, mais Clotilde n'a pas trois jours francs à y consacrer : le courrier est un fleuve qui ne s'arrête jamais de couler. « J'ai demandé de l'aide », rapporte Clotilde, mais elle ne l'a pas obtenue. « Je ne supporte pas de bousiller une tournée. Là, elle est morte. »

Lorsque Sandrine parle de tournées « enfoncées », elle est certes dépitée, mais, en cheffe d'équipe, elle utilise un terme qui rappelle des exigences productives, avec une charge affective limitée. Lorsque Ludivine, Clotilde et leurs collègues, décrivent leur tournée comme « sale » et se désolent de ne plus parvenir à la rendre « propre », elles invoquent un langage qui mobilise davantage un registre domestique, sinon intime. Pour le titulaire consciencieux et investi, la tournée représente une sorte de propriété. Ne dit-on pas qu'on a pu « acheter » sa tournée lorsqu'on a enfin accédé au statut de titulaire d'un quartier[1] ?

Comme à la maison, l'espace est délimité ; la tâche du nettoyage dépend du degré de saleté que les activités quotidiennes y déposent ; il existe des leviers, des petites marges de manœuvre, la possibilité de remettre à demain, ou de nettoyer un peu vite dans les coins. Mais si l'on exploite trop ces marges, si la poussière s'accumule de plus en plus vite, si l'on cède trop et trop vite à la résistance de la saleté, alors on s'enfonce dans une spirale, et il semble que plus aucun nettoyage ne permettra d'évacuer les arriérés de sale tout en prenant en charge les nouvelles arrivées. Le désarroi de Ludivine ou de Clotilde provient d'un sentiment d'impuissance face à un amoncellement qui semble inarrêtable, d'incapacité à « nettoyer », mais aussi de dérangement intime du « chez soi » que constituait la tournée. Seul un facteur qui n'habite plus sa tournée, qui en pensée est déjà ailleurs qu'à La Poste, seul un décrocheur peut demeurer indifférent à la prolifération inexorable du sale.

Un jour, Clotilde n'est pas apparue au centre. Ni avant son heure, comme à son habitude, ni même à l'heure où elle aurait dû embaucher. Son arrêt maladie parvient aux responsables peu de temps après. Il y en aura d'autres, cela durera des semaines. À cause du travail, rien d'autre, son travail de factrice qu'elle disait adorer, avant. On pourrait parler de surmenage, de *burn-out*. On pourrait tout aussi bien dire qu'elle a déménagé, quitté au moins provisoirement sa tournée, devenue un foyer invivable. Romuald pronostique que Clotilde ne reviendra pas tant que sa tournée n'aura pas été rendue « propre ».

*

Même quand on a tout donné, qu'on croit avoir éclusé la saleté, on n'est pas à l'abri d'une rechute indépendante de sa volonté. C'est qu'il faut bien laisser les clés de la maison, enfin de sa tournée, au moins une fois par semaine. Puisque chaque journée dure théoriquement 7 heures, et qu'il y a six jours de distribution par semaine, il faut bien accueillir un repos hebdomadaire, le lundi la première semaine, le mardi la suivante, et ainsi de suite. Et accueillir, avec, le remplaçant, le rouleur que les chefs d'équipe auront désigné.

Que dire au remplaçant ? Prière de laisser la tournée dans l'état où vous l'avez trouvée, ou presque ? Vanessa s'y essaie. Sur son casier, elle a laissé ses consignes, écrites sur un carton : « Ne pas toucher aux rebuts. Pas de recos en RD. » Si la première consigne est facile à appliquer – il faut s'abstenir de faire quelque chose, en l'espèce traiter les rebuts, Vanessa s'en chargera –, la seconde est beaucoup plus lourde. « Pas de recos en RD », en « remise distribution », cela signifie que Vanessa ne veut à son retour de repos que des recommandés tout frais, arrivés le jour même, et aucun reste abandonné au frigo. Le remplaçant du jour devrait donc distribuer ou aviser tous les recommandés. C'est Ange, alors qu'il est affecté, seul, sur cette tournée qu'il ne connaît pas, qui me montre le carton et sollicite mon avis. Je suggère que c'est peut-être une incitation discrète à aviser d'office, ou à privilégier les recommandés sur le courrier ordinaire, parce que Vanessa préférerait retrouver un stock de lettres plutôt qu'un surcroît de recommandés. En moi-même, je pense surtout que, à la place d'Ange, je n'aurais pas aimé me retrouver face à une telle consigne ; et, à la place de Vanessa, que je n'aurais pas voulu être remplacé par Ange, novice maladroit, notoirement embarrassé par la manipulation des recommandés.

Aussi la prière de Vanessa reste-t-elle un vœu pieux. On n'échappe pas à la loterie du remplacement. « Je ne sais même pas qui fait ma tournée demain », remarque Ludivine. On laisse les clés, mais on ne sait pas à qui. « Quand c'est Maxime, je retrouve la tournée propre. » Maxime est l'incarnation du perfectionnisme. Et de son coût : on le voit souvent vers 17 ou 18 heures dans les rues de Nanteuil, dix heures après la prise de service du matin, toujours en train de distribuer. « Quand c'est Olivia, la tournée est on va dire à demi propre. Quand c'est Sébastien ou Frédéric, ça dépend aussi. » Quand c'est Guillaume… Ludivine ne critique pas, elle constate : « Il en a marre. »

Guillaume, c'est lui qui organisait les parties de foot pour montrer aux « anciens » qu'on pouvait encore ressusciter une ambiance, un collectif. Trente ans, trois enfants, dix ans comme facteur : « Avec Ludivine, on a exactement la même ancienneté, on a fait la même formation. » Mais lui commence à bifurquer. Il a abordé cette réorganisation avec fatalisme et détachement. Il a accepté et même demandé à faire partie des « sacrifiés » : sa tournée a disparu, il n'est plus titulaire, il redevient « rouleur », ce statut qu'il voulait à toute force quitter il y a quelques années. Il a aimé « sa » tournée, « ses clients », mais c'est fini. C'est qu'il est las des réorganisations successives, des tournées rallongées, des promesses de promotion non tenues. Alors, à présent – c'est tout récent – que le statut de « rouleur » donne droit à une prime spécifique, il se voit plutôt en mercenaire, allant d'une tournée à l'autre au gré des besoins.

Mais du mercenaire au déserteur, il y a peu de distance. Ce qui fait défaut à l'un comme à l'autre, c'est la croyance, l'engagement. Et il en faut, du reniement, pour s'en tenir à la nouvelle ligne que Guillaume s'est dictée. Les tournées sont rallongées, au-delà de toute raison ? Il n'est pas possible d'amender leurs durées théoriques et leurs périmètres, ou ne serait-ce que d'en discuter ? Alors il cessera de combler par lui-même l'écart béant entre le prescrit et le réel ; il ne donnera pas une minute de plus de son temps ; il rentrera à l'heure, comme prévu, avec le courrier qu'il n'aura pas pu distribuer. Lui qui, auparavant, mettait un point d'honneur à tout distribuer, à aviser le moins possible de recommandés, lui qui cultivait le même goût du travail bien fait que Ludivine, transgresse désormais le tabou postal en assumant revenir avec du courrier. Un changement de perspective qui n'est pas que soulagement :

« Je m'y tenais, mais forcément, ça pose problème, par rapport au titulaire quand il revient le lendemain.

— T'as eu des embrouilles ?

— Non, parce que j'annonçais clairement [aux titulaires qu'il remplace]. À un moment il faut faire preuve de caractère, et expliquer aussi au titulaire que quelque part lui aussi il est bête, parce que, en fait, ils font une réorganisation qui est très mal gérée, avec des tournées surchargées. Et finalement les titulaires donnent raison à ceux qui font la réorganisation, puisqu'ils acceptent de faire des heures sup'. Alors que non, c'est l'inverse, il faut leur faire comprendre que c'est pas normal que les tournées soient surchargées, qu'on ait à faire des heures supplémentaires au quotidien. Il y en a qui comprennent le message quand je leur dis ça, d'autres non. Le problème c'est qu'il y en a, ils s'attribuent la tournée. Sauf que non, les gars, vous êtes là de passage. »

L'argument est clair, l'exposition tranquille, mais la mise en œuvre malaisée. Guillaume a parfois dérogé à sa nouvelle ligne de conduite, s'infligeant des dépassements horaires pour rendre la tournée « propre » à son titulaire, en particulier lorsqu'il distribue dans une zone correspondant à « son » ancienne tournée, « ses » anciens clients. On a beau l'avoir quittée de soi-même, n'a-t-on pas un pincement au cœur quand on voit son ancienne maison se dégrader ? Pour échapper à ces contradictions, aux vaines explications avec ses collègues, Guillaume troue sa présence d'arrêts maladie.

C'est de plus en plus loin qu'il commente la situation de Ludivine, utilisant à nouveau son expression : « Elle s'attribue la tournée, le bien-être des clients, donc forcément sa manière de penser par rapport à ça c'est compliqué. » « S'attribuer la tournée », c'est ainsi que Guillaume résume ce sentiment de possession, qui est aussi de responsabilité. Il l'a longtemps partagé, et le comprend encore quoiqu'il estime plus raisonnable de s'en défaire. « Moi ça ne me gêne pas [de ramener du courrier], je sais que je suis dans mon droit, j'ai fait mon boulot et j'ai fait mes heures. Ludivine, ça va la gêner. »

Si Guillaume se désole ainsi de voir la tournée de Ludivine « s'enfoncer » dans le « sale », il déplore surtout que sa collègue tente désespérément, et en vain, de la « nettoyer ».

12

Quand La Poste refusait la modélisation des tournées

Pendant le XXe siècle, La Poste a traîné une image ambivalente : monstre d'efficacité, capable de transporter une lettre d'un bout à l'autre du territoire en un tour de cadran, mais aussi administration poussiéreuse, dont la « modernisation » est toujours nécessaire. D'un côté, La Poste a fait du territoire national une totalité unifiée par les correspondances ; elle a permis à quantité de ceux qui n'intéressaient pas les banques, ou en étaient trop loin, d'ouvrir un compte où sécuriser un pécule. De l'autre, elle est périodiquement accusée d'être soumise aux contingences politiques, indifférente à l'équilibre de ses comptes, trop rigide pour s'adapter aux profils et besoins différenciés de ses usagers. Depuis un siècle, le mot « modernisation » est la couverture de projets multiples, plus ou moins aboutis, et qui ciblent différents aspects de l'activité de La Poste.

Son mode de gouvernement tout d'abord : deux ans après le rapport d'Henri Fayol qui critique la soumission de l'administration des PTT à des secrétaires d'État incompétents et éphémères, ainsi que la dilution des recettes et dépenses des PTT dans le budget de l'État, la réforme de

1923 crée le « budget annexe », censé isoler et protéger la comptabilité et les ressources postales[1]. Mais l'État prend bien vite l'habitude de ponctionner ce budget annexe, et continue de définir les grandes orientations stratégiques des PTT. Pendant près de soixante-dix ans, l'« autonomie de gestion » des PTT demeure un objectif de hauts responsables ou consultants qui entendent « moderniser » La Poste. En 1991, ce souhait est exaucé avec la création d'établissements publics séparés (France Télécom et La Poste), chacun étant comptable de ses recettes et dépenses.

Cependant, bien avant 1991, le souci d'accroître les recettes de La Poste et d'élargir la gamme de services (payants) avait trouvé des traductions. C'est en particulier du côté des services financiers que, depuis les années 1960, La Poste déploie de nouvelles activités, quoique de manière heurtée en raison notamment de la résistance des banques qui craignent une concurrente aussi bien implantée et disséminée sur tout le territoire. Les gammes de services se diversifient au fur et à mesure que La Poste obtient des prérogatives nouvelles, notamment pour prêter de l'argent. On attend des agents qu'ils développent une fibre « commerciale »[2].

Et puis, il y a la « modernisation » de l'activité productive elle-même. Après la Seconde Guerre mondiale, conformément au mythe que popularise Jacques Tati dans *Jour de fête*, c'est aux États-Unis que des administrateurs des PTT (comme bien d'autres cadres de l'industrie) vont chercher des idées pour mieux contrôler le travail et accroître la productivité[3]. Mais les aspects caractéristiques de la rationalisation taylorienne (décomposition des opérations, chronométrage des gestes, contrôle serré des cadences) semblent réservés aux activités considérées comme les plus proches de l'industrie, et donc susceptibles d'être soumises à une discipline équivalente : les centres de tri du courrier et de traitement des chèques postaux[4]. Ce sont des activités confinées entre quatre murs : les opérations sont répétitives, appliquées à une matière inerte, soustraites à l'intervention des usagers, et effectuées sous le regard des chefs[5].

Après la Seconde Guerre mondiale, La Poste est donc loin de s'imaginer prescrire le travail des facteurs au moyen de cadences standard et de calculs automatisés. Certes, on attend du facteur une certaine cadence lorsqu'il trie. Mais à l'extérieur, en distribution, qui le surveille ? Qui peut dire la durée nécessaire à la distribution de chaque lettre ? Il y a bien des « vérificateurs », mais il peut se passer deux élections présidentielles avant qu'un facteur voie sa tournée auscultée. Les études de cas manquent pour comprendre comment s'ajustent, en ce temps-là, les périmètres des tournées et les effectifs des bureaux de poste locaux. Ce n'est d'ailleurs pas qu'une question de sociologue ou d'historien qui, arrivant après la bataille, essaie d'en reconstituer le déroulement ; c'est aussi le souci de la Direction générale des Postes elle-même, qui peine alors à maîtriser les critères de détermination des tournées et les effectifs qui en découlent. À l'impossibilité de fixer des repères objectifs ou consensuels, s'ajoute la porosité de l'activité du facteur et du bureau de poste avec des logiques sociales et politiques locales. L'effectif et la cadence ne se négocient probablement pas de la même manière dans un vieux quartier bourgeois où l'on ne bâtit plus, une zone de montagne où le facteur déjeune chez l'habitant, et un grand ensemble en construction où le facteur déraciné voit chaque jour ou presque s'accroître le nombre de destinataires.

*

Pourtant, l'idée ne cesse de taquiner les administrateurs des PTT : pouvoir enserrer cette immense variété de configurations de distribution du courrier dans un modèle mathématisé. Curieusement, ce n'est pas en se référant aux organisations industrielles des centres de tri ou des chèques postaux qu'ils y réfléchissent. Ce qu'ils ont en tête, ce à partir de quoi ils élaborent, c'est le système de temps virtuels qui est utilisé au guichet, peut-être parce que les fonctions de guichetier et de facteur sont alors exercées au même endroit et sous l'autorité d'un même « receveur », et appartiennent à une ligne hiérarchique commune[6].

Depuis les années 1940 au moins, les tâches des guichetiers des bureaux de poste sont référencées dans ce qui sera appelé jusqu'à la fin du XXe siècle la « statistique 539 ». Rebaptisé depuis « référentiel des opérations postales », cet inventaire comprend des centaines d'« opérations » (remettre une lettre recommandée, verser de l'argent sur un livret A, émettre un mandat...) auxquelles sont attribuées des durées, des « temps standard » obtenus en additionnant les temps affectés aux « tâches élémentaires » qui composent les « opérations ». Au fil des années, l'inventaire est fréquemment révisé, pour ajouter ou supprimer des « opérations », pour rassembler ou diviser des catégories. Ce qui bouge peu, en revanche, ce sont les quelques centaines de « tâches élémentaires » susceptibles de composer une opération (« accueillir le client », « se faire remettre un document d'identité », « faire signer le formulaire »...), sortes de briques de base qui constituent le matériau uniforme de constructions qui sont quant à elles hétéroclites.

Ce qui change peu, également, c'est l'usage qui est fait de ce référentiel : en multipliant les temps des opérations par le nombre d'opérations recensées pendant une certaine période, on obtient des durées de travail, déclinées par produit, par branche, par bureau de poste, etc. D'un côté, cela informe la comptabilité de gestion de l'entreprise (et oriente aujourd'hui les refacturations internes). De l'autre, cela permet de décider d'un niveau d'effectifs, considéré grâce à ce calcul comme nécessaire et suffisant pour écouler la charge de travail qui se présente dans tel ou tel bureau de poste.

Du côté de la distribution du courrier, le XXe siècle n'engendre pas un tel référentiel. Non que l'idée ait manqué : les dirigeants et ingénieurs de la branche courrier sont au courant de ce que font ceux du « réseau » des bureaux de poste, d'autant que ce sont parfois les mêmes. Jusqu'aux années 1980, les archives disponibles laissent percevoir un débat interne sur le bien-fondé d'une telle méthode appliquée à la distribution du courrier, débat qui se conclut provisoirement par une fin de non-recevoir opposée aux plus chauds partisans des temps virtuels et des modèles qui les utiliseraient.

En 1972, déjà, la Direction générale des Postes assène que « dans un domaine aussi mouvant que celui de la distribution, fortement influencé par la topographie des lieux, par la structure de l'habitat, par le milieu social ou économique, l'application de normes trop précises aboutirait rapidement à une rigidité paralysante[7] ». Quinze ans plus tard, il semble qu'elle n'a toujours pas changé d'avis puisque, dans le manuel qu'elle destine aux « vérificateurs » et à leurs supérieurs, elle écrit qu'« en raison des nombreuses et inévitables disparités existant sur le terrain, dues à des comportements humains différents ou résultant de particularités géographiques, chaque situation ne peut valablement être appréhendée qu'en prenant en compte des spécificités locales, rendant par là quasiment inopérante une éventuelle méthode universelle applicable dans tous les cas de figure[8] ». Les sources étant peu bavardes, il est difficile de savoir plus précisément quelles ardeurs ces affirmations cherchent à tempérer, ou quelles peurs elles entendent apaiser.

Et pourtant, entre 1972 et 1987, entre ces deux citations convergentes, au siège de La Poste, on cogite. Cette même direction qui réfute l'usage de « normes trop précises » et d'une « méthode universelle », abrite et probablement suscite en son sein des études qui cherchent à fournir aux durées chronométrées l'escorte nouvelle de durées que La Poste qualifie alors de « théoriques ». En 1983, la Direction des services postaux édite une *Évaluation de l'organisation extérieure de la distribution* qui construit, à partir d'un échantillon de 1 620 tournées, une analyse statistique qui combine plusieurs variables pour décrire les différents types de tournées et rendre compte de leurs durées[9]. Le document ne prétend pas substituer ses raisonnements aux chronométrages effectués sur le terrain par les « vérificateurs », mais fournir un repère supplémentaire (une « durée moyenne théorique ») pour évaluer la qualité des projections établies par chronométrage.

À lire ce document, rédigé alors que Dominique n'était pas même encore postier, l'« outil » que ce dernier utilise aujourd'hui met en œuvre une méthodologie surannée, qui aurait déjà prouvé son inefficacité. En 1983, l'auteur de l'étude critique ainsi des tentatives antérieures de découper les activités du facteur en morceaux auxquels seraient attribuées des durées unitaires. C'est le *Tetris* taylorien qui est ainsi mis en accusation par la direction de La Poste elle-même : « Pour résoudre les problèmes du “vide statistique” de la Distribution [...] on avait essayé de fabriquer une statistique 539 “distribution” », c'est-à-dire d'importer pour les facteurs la technique utilisée pour établir les effectifs de guichetiers. « Cette tentative n'a pu aboutir parce qu'elle [...] procédait d'une décomposition des activités des préposés [facteurs] en tâches élémentaires qui laissaient de côté les éléments non paramétrables tels que l'activité de contact avec la clientèle et dénaturaient ainsi l'analyse du problème[10]. »

Si Dominique et son outil « dénaturent l'analyse du problème », que propose donc la Direction générale des Postes de l'époque ? Et en quoi consiste ce qu'elle appelle un « modèle statistique explicatif » de la durée des tournées ?

C'est qu'elle ne renonce pas à édifier un modèle mathématisé, ni à produire une « durée théorique » des tournées considérées dans leur globalité. Mais elle se refuse à accoler des « durées théoriques » aux morceaux de tournée. Pourquoi ? Parce qu'elle considère que le tout n'est pas égal à la somme des parties. Dans son étude de 1983, la Direction n'entend pas obtenir la « durée moyenne théorique » d'une tournée en additionnant des tâches et des durées élémentaires, des bouts de tournée, des gestes qui s'enchaînent, répertoriés dans des tableaux striés de seuils séparant des valeurs constantes et étanches. Elle l'obtient par le détour de fonctions mathématiques impliquant des relations *continues et non linéaires* entre variables (notamment entre la longueur totale du parcours et le temps global de distribution). Dans cette perspective, il n'est plus possible d'assigner des durées à des petites portions de parcours et ensuite d'assembler ces dernières de manière à construire des tournées, puisque l'addition des durées des portions de parcours ne serait pas équivalente à la durée calculée pour l'ensemble du parcours constitué par ces différentes portions. Ce serait comme manipuler les formes du *Tetris* avec un bandeau sur les yeux : le jeu devient impossible.

C'est pourquoi le « modèle statistique explicatif » de 1983 affiche la durée théorique d'une tournée seulement après qu'elle a été intégralement conçue. C'est un modèle à visée corrective, qui valide ou met en doute les arbitrages effectués, les itinéraires dessinés, mais ne peut pas les créer *ex nihilo*. Si Dominique travaillait sous ce régime, il prendrait les habits anciens d'un « vérificateur », partirait sur les routes chronométrer les facteurs, tracerait de nouveaux parcours à partir de ses relevés et, à la toute fin seulement, éprouverait les durées qu'il a estimées en les comparant à celles fournies par le « modèle statistique explicatif »[11].

L'étude de 1983 ne semble pas avoir émergé des limbes de la littérature grise des administrateurs des PTT. Elle n'a pas atteint le stade de l'application opérationnelle. Elle a été rapidement supplantée par d'autres logiques de rationalisation – celles-là mêmes qu'elle critiquait. L'exhumer aujourd'hui revient surtout à critiquer l'opération à laquelle Dominique et ses homologues soumettent chaque centre de distribution tous les deux ans. Cependant, à l'époque, elle marque un jalon. Elle traduit la volonté d'amorcer un nouveau mode de contrôle des encadrants de premier niveau, surveillés par un encadrement de niveau supérieur lui-même tenu par des formules conçues par une direction générale qui tente ainsi d'accroître sa maîtrise sur l'organisation postale, immense et dispersée.

13

« Une véritable démocratie. » Taylor, troisième rencontre presque vraie

— C'est à nouveau moi, monsieur Taylor.

— Alors, vous avez trouvé la solution ?

— Pour qu'un poney puisse tracter un chariot de charbon sans se faire mal ?

— Non, bien sûr.

— Pour qu'un gorille intelligent remplace le gamin de douze ans qui traîne vos clubs de golf ?

— Mais non, enfin, vous savez bien.

— J'ai découvert que votre Schmidt avait perdu son boulot et sa maison parce qu'il était alcoolique. Formidable, votre système supposé fabriquer des ouvriers sobres, économes et stables[1] !

— Vous parlez d'une découverte. Je le savais déjà, pour Schmidt.

— Et comment ?

— Quand les organisations syndicales ont commencé à me calomnier, au début des années 1910, j'ai fait des recherches pour savoir ce qu'il était devenu[2].

— Vous aimez bien raconter des anecdotes, mais ce qu'est devenu Schmidt, vous n'en avez jamais parlé.

— Je vous sens énervé contre moi. C'est pourtant moi qui vous rends service, en acceptant de consacrer du temps à vous répondre.

— Comme si vous aviez autre chose à faire à présent… On ne doit pas souvent vous demander des conseils pour rationaliser le temps du repos éternel.

— Qu'est-ce qui vous agace tant ?

— Vos grands airs. « Les ouvriers flânent, il faut les remettre au travail à la bonne cadence. » Vous croyez être le seul à vouloir que ça aille vite ? À penser à l'efficacité ? Vous devriez entendre Romuald, qui me répète : « Il faut que tu arrives à développer une cadence », « Il faut réussir à créer un rythme ». Et ce n'étaient pas que des incantations, il me donnait ses techniques, ses tuyaux. Et Maxime, le perfectionniste ! Dites-moi, comment vous faites pour être le plus efficace possible quand vous êtes dans un hall d'immeuble devant quarante à soixante boîtes aux lettres, et que vous avez des dizaines de courriers à distribuer ?

— J'imagine que vous êtes habitué et que vous savez où se trouvent les noms.

— Et si vous ne l'êtes pas ? Si vous êtes un remplaçant ? Si vous avez un jour mille noms à retenir, à la cité des Sauterelles, le lendemain mille autre noms sur une autre tournée, dans un autre quartier de Nanteuil, et ainsi de suite ?

— Je ne sais pas.

— Eh bien Maxime, lui, il sait. En tout cas, il a sa technique. La recommandation officielle, celle de vos homologues de La Poste, c'est de numéroter les courriers au centre. On consulte la liste établie par le titulaire, qui met en relation les noms et les numéros de boîte. Sur une table, à côté, on prend les lettres une à une et, en fonction du nom, on retrouve le numéro de la boîte, et on l'inscrit sur la lettre. Mais c'est tellement long, dit Maxime – et il a raison. Cela peut prendre une heure, deux heures, alors que vous n'avez qu'une journée de 7 heures pour faire tout le tri et toute la distribution.

— Mais si c'est la recommandation officielle, c'est sans doute qu'on ne peut pas faire mieux ?

— Maxime pense que si. Il m'a tout expliqué, méticuleusement, jusqu'à l'emplacement de son petit doigt. Il prend en photo les listes de numérotation avec son smartphone. Lorsqu'il est devant une batterie, il cale la liasse de courriers dans le creux de son bras gauche, parce qu'il est droitier. Dans la main gauche, il tient son smartphone, en gardant le pouce pour pouvoir naviguer sur la photographie de la liste. Dans l'idéal, il faut rendre disponible un second doigt pour zoomer et dézoomer sur l'image, car il y a beaucoup de noms sur une même feuille. Quand Maxime a trouvé à quel numéro de boîte correspond le nom du courrier qui se trouve sur le dessus de sa liasse, alors sa main droite entre en action pour se saisir du courrier et le faire entrer dans la fente adéquate. Et il recommence avec le suivant. Au bout d'un moment, le bras gauche est endolori par la posture, alors il faut changer de bras, même si c'est moins efficace.

— Vous avez déjà essayé ?

— Oui.

— Et alors ?

— J'ai laissé échapper ma liasse, toutes les lettres sont tombées par terre.

— Ce n'est pas convaincant, alors.

— Peut-être que ça marche pour Maxime. Je soupçonne qu'il est plus consciencieux que moi, et qu'il n'abandonne jamais devant une batterie quand il ne trouve pas le destinataire.

— Un *first-class man*, alors ?

— Mais qui travaille jusqu'à dix heures par jour, sans aucune pause. J'espère qu'il ne finira pas comme votre Schmidt.

— Et qu'est-ce que vous voulez me prouver, avec tout ça ?

— Que les facteurs peuvent se creuser les méninges pour accélérer leur cadence. Il n'y a pas que vous qui cogitez.

— Je n'ai jamais prétendu le contraire, vous vous méprenez. Les ouvriers sont plein d'astuces. Mais ils n'ont ni le temps ni les moyens de décider si telle astuce est plus efficace que telle autre. Ils n'écrivent pas, ils n'enregistrent rien. Dans quelles circonstances ce Maxime vous a-t-il parlé de sa méthode ?

— Dans les vestiaires, avant de démarrer le boulot.

— Y avait-il quelqu'un d'autre ?

— Non. Je ne suis pas sûr qu'il en aurait parlé si nous n'avions pas été que tous les deux, il disait cela sur le ton de la confidence.

— Vous voyez ? Le problème de la technique de Maxime, ce n'est pas qu'elle est idiote, c'est qu'elle n'a pas été éprouvée par des méthodes scientifiques. Et, s'il est prouvé qu'elle n'est pas idiote du tout, elle devrait être largement communiquée, généralisée, imposée même, au lieu d'être soufflée dans un vestiaire. *Le savoir des ouvriers est habituellement tout à fait juste et efficace, mais dans 999 cas sur 1 000, les ouvriers l'ont gardé dans leur tête, et il n'en existe aucune trace*[3].

— Vous pillez les techniques des ouvriers, alors ?

— Je ne le dirais pas comme ça. *Le premier devoir du management, c'est de chercher à compiler la grande masse de connaissances traditionnelles, qui dans le passé était dans la tête, dans les habiletés, dans les tours de main des travailleurs. Cette compilation passe par un enregistrement et un classement, et bien souvent par la mise en lumière de lois, de règles, et finalement de formules mathématiques*[4].

— Une sorte d'expropriation de masse sur le plan du savoir…

— Vous êtes malin comme un singe qui tracterait un chariot de poneys, mais ça ne m'a pas l'air de vous, cette formule.

— Vous êtes décidément aimable. Mais vous avez raison, c'est une citation de Robert Linhart[5].

— Ah ! Je le savais.

— Dans un livre qui s'appelle *Lénine, les paysans, Taylor.*

— Des paysans, je sais ce que c'est, Taylor j'imagine que c'est moi, mais Lénine ?

— Il a une vingtaine d'années de moins que vous, et il est devenu assez célèbre, mais après votre mort. Il a fait adapter votre système en Russie.

— Très bonne initiative. Je sais que la Russie était traversée par des troubles sociaux importants. Il est difficile de mettre tout le monde d'accord, n'est-ce pas ? Ces guéguerres entre les directions et les travailleurs sont épuisantes. Ce n'est pas que les gens soient de mauvaise foi, mais ils n'ont pas la bonne information. Mon système permet de mettre tout le monde d'accord, puisque c'est la science qui décide. *Les directions doivent s'y soumettre tout autant que les ouvriers. C'est pourquoi le* scientific management *est une véritable démocratie*[6].

— Parce que c'est vous qui décidez à la place de tout le monde ?

— Ironisez, faites le sceptique. Mais vous voyez, même dans un pays aussi lointain et arriéré que la Russie, le tsar et son ministre Lénine ont décidé d'appliquer mon système.

— Ce n'est pas exactement ce qui s'est passé…

— Bon, ce n'était pas le sujet. Je vous demandais si vous aviez la solution à l'énigme que nous nous posions la dernière fois : est-il possible que la poste française ait fait de mon rêve une réalité ? Aurait-elle conféré à chaque geste du facteur une durée standard ? Aurait-elle désormais la possibilité de déterminer la durée des tournées sans recourir à aucun nouveau chronométrage ?

— Je vous le confirme, c'est bien le cas.

— Formidable ! Vous illuminez ma journée. Et alors, comment La Poste a-t-elle procédé pour établir ces temps standard ?

— Ça, c'est encore obscur. L'organisateur prétend qu'il n'en sait rien. On lui donne des cadences, il les applique. C'est national, et il n'est qu'un organisateur local.

— National ! Vous imaginez ? Quand je parvenais à fabriquer un temps élémentaire et à le consigner dans un registre, j'étais déjà bien content s'il était valable pour tout un atelier. National ! Ça fait combien de personnes concernées par ces cadences ?

— 70 000 facteurs environ, pour une cinquantaine de milliers de tournées.

— C'est l'industrialisation du *scientific management*. Même dans mes rêves les plus fous…

— Mais ça ne vous paraît pas bizarre, que l'organisateur local ne sache pas comment sont faites les cadences qu'il manipule ?

— Pas si vous me dites que ce sont des cadences nationales. Lui aussi reçoit ses instructions. On lui prescrit comment faire sa prescription, a-t-il besoin d'en savoir plus ?

— C'est une sorte de taylorisme à deux étages.

— Vous me flattez !

— Il reste que je ne sais pas comment La Poste a fabriqué ses cadences. Vous, vous procédiez comment ? Vous m'avez expliqué que vous décomposiez les opérations en gestes élémentaires, puis que vous chronométriez ces gestes de manière isolée, afin de leur attribuer un temps d'exécution. Combien faisiez-vous de chronométrages ?

— Eh bien... plusieurs.

— C'est-à-dire ?

— *Dans le cas d'éléments importants, que l'on retrouvait dans de nombreuses opérations, un grand nombre d'observations étaient faites, quand c'était possible, auprès de différents* first-class men, *à différents moments. Ensuite, on faisait la moyenne de ces observations*[7].

— C'est-à-dire que vous aviez d'abord sélectionné des travailleurs particulièrement doués pour la tâche ?

— C'est évident. Pour chaque boulot, *il faut trouver le temps le plus rapide qui peut être atteint par un* first-class man. *Ce temps peut être appelé le « temps le plus rapide », mais aussi le « temps standard »*[8].

— Attendez, attendez ! Juste avant vous m'aviez dit que vous faisiez une moyenne. Même si vous n'avez sélectionné que des *first-class men*, ils ne peuvent pas *tous* travailler à la même allure. J'imagine que certains restent plus lents que d'autres.

— Tout à fait. *C'est peut-être la plus grande difficulté : le fait qu'il n'y a pas deux hommes qui travaillent exactement à la même vitesse*[9].

— Donc j'imaginais que vous faisiez une moyenne de leurs allures respectives. Mais, finalement, vous me dites que ce que vous retenez, c'est « le temps le plus rapide ».

— Je regrette que vous ne compreniez toujours pas l'objet de mon œuvre. Vous, vous êtes un sociologue, vous voulez décrire le monde tel qu'il est, en l'enfermant dans la grisaille de vos moyennes. Vos écrits ne sont qu'une longue et ennuyeuse redondance de la réalité. Moi, je veux transformer la réalité. Cela ne m'intéresse pas, mais alors pas du tout, d'établir scientifiquement à quelle vitesse travaillent mes ouvriers d'aujourd'hui, leur moyenne, leurs disparités et leurs variations selon leurs humeurs ou la catégorie socioprofessionnelle de leur arrière-grand-tante. Peu importe, je sais déjà qu'ils sont trop lents. Qu'ils paressent. Qu'ils traînaillent. Qu'ils font l'usine buissonnière...

— Oui, oui, j'ai compris.

— Les disparités entre travailleurs, ce sont de simples péripéties. La moyenne, c'est du nivellement par le bas. Ce qui m'intéresse, c'est à quelle vitesse ils devraient travailler. Ce que je veux, pour en finir avec les arguties pathétiques, c'est révéler au grand jour ce qu'est une juste journée de travail, quand un homme s'active de manière loyale. La réponse scientifique à cette question est que la bonne vitesse est la vitesse la plus élevée du *first-class man* scientifiquement sélectionné. Sans qu'il s'épuise bien entendu : il faut imaginer qu'on joue le match en cinq sets, et donc ne pas tout donner dans le premier service.

— Et après le cinquième set, on finit comme Schmidt ?

— Schmidt ne prouve rien ! Je suis sûr qu'un sociologue de bonne foi établirait qu'il y a une culture de l'alcoolisme chez les descendants d'immigrés allemands, parfaitement étrangère aux conditions de travail à l'usine.

— Vous n'êtes pas sociologue, les scories et les replis du réel ne vous intéressent pas, soit. Mais il faut bien que vous soyez un peu pragmatique, non ? Tous vos ouvriers ne sont pas des *first-class men*. Ceux qui sont mauvais, j'ai compris, vous les virez. Mais ceux qui sont simplement moyens ?

— *Une fois que vous avez le meilleur temps d'un* first-class man, *ce n'est pas difficile de déterminer de quel pourcentage un homme moyen se trouvera en dessous*[10]. La différence est énorme. Ce qui devient difficile, c'est de déterminer à quel point il faut durcir la tâche de cet homme moyen. Est-ce qu'on doit fixer la cadence d'un *first-class man*, et sinon, où placer le curseur entre la cadence de ce dernier et celle d'un homme moyen ?

— J'imagine que vous avez résolu ça par une nouvelle formule mathématique ?

— *Le point précis entre l'homme moyen et le* first-class man *dépend en grande partie de l'état du marché du travail où l'usine est située. Dans un marché du travail favorable, comme à Philadelphie, il n'y a pas de doute que c'est le standard le plus élevé qui devrait être retenu. Si, au contraire, l'atelier requiert beaucoup de travail qualifié, mais se situe dans une petite ville de province, il est sage de revoir la cadence à la baisse*[11].

— Vous voulez rire ?

— Pas du tout. Vous voyez, je peux être pragmatique. Qu'est-ce qui vous choque là-dedans ?

— Vous ne cessez de prétendre que tout votre système est scientifique, qu'il va mettre fin aux cadences fixées au doigt mouillé, aux marchandages incessants, en déterminant, une bonne fois pour toutes, d'une manière qui mettra tout le monde d'accord, la bonne vitesse à laquelle l'ouvrier est supposé travailler. Mais, au final, quand il s'agit d'expliquer comment fixer concrètement le niveau de la cadence, vous bottez en touche en remettant ça à un banal rapport de forces entre offre et demande sur le marché du travail local ! Elle est où, la science ?

— Mais elle est partout, enfin ! Dans les moindres détails du réglage des machines, de l'organisation de l'espace de l'atelier. Le *scientific management*, ce n'est pas seulement annoncer au travailleur le niveau de production que l'on attend de lui dans une journée. *C'est lui garantir des conditions et des dispositifs standardisés qui lui permettront d'accomplir cette tâche avec certitude*[12].

— Ce que vous dites, c'est qu'il faut standardiser l'environnement du travailleur.

— Tout à fait. Et ce qui m'étonne, ce qui à mon sens devrait retenir votre attention, et peut-être votre méfiance, davantage que mes petites contradictions, c'est que La

Poste prétende garantir des conditions équivalentes à tous les facteurs. D'après ce que vous me dites, elle impose les mêmes cadences à tous, sur tout le territoire ?

— Oui.

— Et pourtant, en France, vous n'avez pas des zones de montagne et d'autres plates comme une raquette de tennis homologuée ?

— Si.

— Des météos plus clémentes au sud qu'au nord ? Des régions plus pluvieuses, et d'autres plus sèches ?

— C'est juste.

— Des trottoirs flambant neufs par ici, et des accotements mal entretenus par-là ?

— Parfaitement.

— Des boîtes aux lettres plus lisibles que d'autres ?

— On dirait que vous avez lu les chapitres précédents…

— Il faut bien que je m'occupe. Et dans toutes ces circonstances, si variables, si différentes les unes des autres, La Poste pourrait appliquer partout les mêmes cadences ?

— Effectivement, c'est un beau tour de force.

— Une imposture, oui !

— Vous ne chercheriez pas à noyer le poisson de vos propres contradictions en taclant La Poste ?

— Pas du tout. Si je cherchais à noyer le poisson, je vous raconterais comment j'ai dressé un poney à battre un gorille au tennis.

— Un poney qui bat un gorille au tennis ?

— Parfaitement.

— Le gorille jouait avec une raquette en forme de cuillère ?

— Comment l'avez-vous deviné ?

14

Ceux qui ne savent pas « la saveur de rester sur une tournée »

« Tu n'as pas eu le temps de goûter la saveur de rester posé sur une tournée. »
ROMUALD

Depuis la réorganisation, je fais la tournée des tournées. Aujourd'hui, c'est la 12. C'est un de ces matins où il faut vraiment avoir envie, ou besoin, de bosser. Quand on est en CDD ou intérimaire, il y a des jours où les éléments semblent se liguer pour vous faire savoir que le centre de distribution ne veut pas de vous.

Il y a d'abord le portail d'entrée. Les titulaires disposent d'un badge qui l'ouvre. Pas nous. Nous devons sonner à l'interphone, qui débouche sur le téléphone de la cheffe d'équipe, qui met plus ou moins de temps à déclencher le portail, sans jamais prendre le temps de savoir qui la sollicite, ni de se rendre à la rencontre du sonneur. N'importe qui peut entrer, ce qui ne manque pas de nous rappeler que nous sommes considérés comme n'importe qui. Les mauvais matins, la cheffe a égaré son téléphone, ou est trop occupée pour actionner le portail.

Nous ne savons pas la raison exacte puisque nous sommes bloqués à l'extérieur, attendant qu'un titulaire badgé arrive à son tour.

Ce rituel humiliant a-t-il seulement une nécessité technique ? Sébastien a plusieurs fois sollicité la gestionnaire des murs pour qu'elle délivre des badges aux précaires, au moins ceux qui sont là depuis des semaines ou des mois, sans qui un bon quart du courrier de Nanteuil resterait en rade. Il a chaque fois reçu la même réponse : trop de badges ont disparu. Quand un agent s'absente ou quitte le centre, parfois sans prévenir comme c'est le cas de nombreux précaires, il omet généralement de restituer le badge. La gestionnaire a beau jeu de surseoir à l'édition de nouveaux badges en invitant les chefs d'équipe, au préalable, à un impossible inventaire.

Il y a ensuite les vêtements. J'ai cessé de réclamer et de me faire promettre mieux que la vieille veste de pluie qui m'a été remise le premier jour. L'essentiel est là : c'est imperméable et, quoiqu'elles soient un peu défraîchies, j'arbore les couleurs de La Poste. Les boutons pression pallient la fermeture éclair cassée. Deux grandes poches latérales stockent mon matériel léger : les élastiques que je retire des liasses au fur et à mesure de la tournée pour les réutiliser le lendemain, le badge vigik, les clés de batteries et de dépôt-relais, de quoi écrire. Quand mes doigts plongent dans les poches, ils peinent à se frayer un chemin dans ce capharnaüm de petits objets.

Je m'aperçois bientôt que des titulaires ont droit à une autre collection. Les nouvelles vestes démultiplient les poches de taille intermédiaire. Une en particulier me fait saliver d'envie, car elle promet des gains de temps précieux : placée à l'avant-bras, elle est conçue pour loger le badge vigik, que l'on peut donc présenter aux lecteurs des halls d'immeuble sans avoir à le sortir.

Les titulaires sont également dotés en pantalons de pluie. Peut-être parce que ces pantalons n'ont qu'une fonction de protection, et pas de communication – ce n'est pas à ses jambes que l'on reconnaît le facteur –, les précaires n'en ont pas.

J'ai mis plus de temps à comprendre le préjudice que me cause la sacoche de recommandés. De l'extérieur, la mienne est identique à toutes les autres : son volume est équivalent, sa bandoulière ne semble pas moins solide. À l'intérieur, elle est un simple vide à remplir, et je n'y voyais pas d'inconvénient avant de comprendre que d'autres bénéficient de séparations. Deux séparations constituent le luxe suprême, puisqu'elles permettent de dissocier les recommandés qu'on n'a pas encore tenté de distribuer, ceux pour lesquels on a laissé un avis de passage, et enfin les preuves de distribution des plis que l'on a pu remettre en mains propres.

Au bout de quelques semaines, je vois déjà, mieux, je ressens ce que cette poche supplémentaire sur l'avant-bras, ces séparations dans la sacoche me feraient gagner comme temps. Dominique, l'organisateur, tient-il compte de ces différences, de ces inégalités d'équipement lorsqu'il établit ses durées ?

À présent, je connais la réponse. C'est non.

Question subsidiaire : à entrer dans les comptes d'apothicaire de Dominique, à recenser frénétiquement tout ce qui y manque, est-ce que je me rends plus malin, ou aliéné ? Critique, ou esclave de la pensée qu'impose l'« outil » de l'organisateur ?

Il y a des problèmes plus urgents à résoudre. Ce matin, à nouveau, le problème se nomme « trouver un vélo pour faire la tournée ». Logiquement, puisque je fais la tournée 12, ce devrait être le vélo 12. Je m'en empare, mais déchante vite : le cadre a une fêlure, la roue arrière est voilée. Je reconnais le vélo. Il y a quelques jours, sa roue chassait sous mon poids et celui du *top-case*. La chaussée était glissante, la piste cyclable à contre-sens des voitures, et je m'étais juré de ne plus jamais m'embarquer sur un véhicule aussi dangereux. Sauf que je n'étais pas sur la tournée 12, mais la 15. Alors comment se fait-il que je retrouve le vélo défectueux ? Cela veut dire que, depuis, quelqu'un a subrepticement échangé les vélos des tournées 12 et 15. C'est sans doute le moyen le plus simple, à défaut d'être le plus empathique, de se doter d'un vélo en état de marche.

Je me refuse à un tel expédient – et, soyons honnête, je ne peux pas me l'offrir, car je pars le plus souvent dans les derniers, si bien que le choix de vélo se réduit à rien. Je m'adresse à Rachid, le chef d'équipe, qui m'invite à solliciter Sébastien, le facteur qualité, qui m'expédie à Lucien, un ancien facteur devenu gardien et réparateur du parc de véhicules depuis qu'il est médicalement « inapte » à la distribution. Lucien me suggère de demander à Rachid, qui me renvoie à nouveau vers Lucien, sans passer par la case Sébastien. Lucien m'attribue le vélo 34. Je commence à y charger mes liasses. Sébastien m'aperçoit : « Pourquoi tu les mets dans mon vélo ? » Je réponds que c'est Lucien qui me l'a désigné. « Mais c'est pas vrai, il est juste bon à donner le vélo des autres ! » Sébastien me dit que c'est « son » vélo, du moins aujourd'hui, et me fait décharger.

Retour à la case départ, enfin Lucien. Il me trouve un autre vélo, mais il me prévient que le chargeur de la batterie n'était pas branché. Le moteur électrique s'allume encore, mais peut-il tenir jusqu'à la fin de la tournée ? Il n'y a aucune jauge pour l'évaluer. Lucien me demande si je préfère qu'il change la batterie. C'est sympa de sa part, et du coup j'ai envie d'être sympa. On pourrait penser que ce n'est pas grand-chose, retirer une batterie, en remettre une autre. Mais la batterie est retenue au vélo par un antivol.

Il y a quelques semaines, alors que j'imaginais que c'était pour se protéger des vols en extérieur, Romuald m'avait dessillé : « Ici c'est la cité des Sauterelles, tu ne peux pas faire plus comme réputation. Eh bien en dix-sept ans je ne me suis jamais rien fait voler. L'antivol, c'est pour les collègues, pas pour la tournée. On se pique les batteries entre nous. »

Lucien conserve dans une boîte en ferraille des dizaines de clés de ces antivols. Généralement, il est impossible de retrouver laquelle est la bonne au moment où on en a besoin. Alors il doit sortir la cisaille – nul autre n'a le droit d'en user – et sectionner l'antivol. Je l'ai déjà vu contraint de faire ça deux fois ce matin. Je n'ai pas le cœur de lui demander une troisième.

Je pars avec le vélo et l'espoir que la batterie tienne le coup. La tournée 12 prend une bonne part de la grande avenue du général Leclerc. Je démarre par le numéro 138, sans bien savoir si c'est l'ordre que suit le titulaire, puisque je n'ai pas eu droit à une « doublure », et puisque je découvre la géographie de la tournée en même temps que j'en distribue le courrier. Il y a un portail, puis une porte avant d'accéder au hall de l'immeuble, mais je me faufile derrière un habitant qui les ouvre pour moi. Là, une soixantaine de boîtes se découvrent. J'y passe un bon quart d'heure pour faire le lien entre les noms qui s'y affichent et ceux des dizaines de courriers que je tiens au creux de mon bras. Cela laisse le temps à des habitants de passer, et parfois, me voyant, de relever leur courrier.

Une dame, descendant de chez elle, ouvre sa boîte et y trouve un avis de passage daté d'avant-hier, pour une lettre recommandée. « C'est vous qui avez mis ça ? » Sûr de mon fait, je réponds non. Je me permets même d'ajouter, présomptueux : « Cela doit être dans votre boîte aux lettres depuis hier ou avant-hier. » « Mais j'ai regardé ma boîte hier dans l'après-midi », objecte la dame.

Cela ne peut donc être que moi. Je passe pour un menteur. Et d'ici quelques secondes, je vais passer pour un fraudeur ou un incompétent, car la dame suppose désormais que j'ai son recommandé dans ma sacoche, mais j'ai le pressentiment, cette fois exact, qu'il n'y est pas.

Intérieurement, je rassemble péniblement les indices pour tenter de saisir la situation. Ce matin, j'ai préparé tous mes recommandés en notant sur les avis de passage la date du jour. Je vérifie d'ailleurs le bout de papier brandi par la dame : ce n'est pas mon écriture. Cette tournée, la 12, je la fais pour la première fois. La titulaire est en arrêt maladie depuis plusieurs jours. D'autres remplaçants, des rouleurs en CDI, des précaires en CDD ou intérimaires, s'y sont succédé avant moi. Ils ont échoué à « nettoyer » la tournée, à empêcher qu'elle « s'enfonce ». Ce matin, sur le casier de tri, j'ai trouvé des liasses, des bacs de courrier en retard, notamment pour l'avenue du général Leclerc. Une bonne part de ce que je distribue est du réchauffé, tandis que j'ai dû abandonner la moitié de l'arrivage du jour – impossible de tout distribuer.

Je finis par comprendre : c'est bien moi qui ai glissé cet avis de passage dans la boîte aux lettres il y a quelques minutes ; mais il a été préparé par l'un de mes prédécesseurs, et jamais distribué. Le collègue a choisi dès le moment du tri qu'il aviserait le recommandé, et a laissé ce dernier à la « cabine » pour qu'il soit directement adressé au bureau de poste, où la dame devra le retirer. Puis le collègue a dû glisser son avis de passage dans la liasse de courriers, qu'il n'a ensuite pas eu le temps de distribuer.

Et voilà comment j'ai toutes les apparences d'avoir commis une double faute : j'ai remis un avis sans sonner chez la dame, qui était à son domicile ; et je ne peux pas lui remettre son recommandé, puisque je ne l'ai pas sur moi. Les représailles de la dame ne vont pas au-delà de l'expression d'un légitime agacement. Elles manifestent tout de même le risque principal auquel s'expose le facteur remplaçant : prendre pour les autres.

Je passe au 140 de l'avenue. Même portail, même lourde porte derrière, verrouillés par des dispositifs électroniques. Comme il n'y a cette fois aucun habitant pour m'ouvrir la voie, je recherche mon badge et le présente devant le capteur. Rien ne se passe.

Cette fois, je comprends immédiatement. J'ai commis la bêtise qui depuis le début est ma hantise : oublier d'activer le badge au centre avant de partir. C'est que, pour éviter la prolifération incontrôlée de passe-partout, La Poste a été contrainte non seulement de remplacer les « clés de facteur » par des badges, mais aussi de conditionner l'efficacité de ces derniers à une validation quotidienne, avant de partir en tournée.

Dans l'urgence, j'ai souvent failli oublier cette étape. Cette fois, aucune alerte intérieure ne m'a retenu, et j'ai enfourché mon vélo sans une pensée pour la machine à charger les badges. Et je suis à présent devant un portail, sous la pluie, une lourde liasse de courriers dans les mains, à vingt mètres des boîtes auxquelles je ne peux pas accéder.

Au bout de cinq minutes environ, un résident sort, me permettant d'entrer. Même si mon attente opportuniste est une attitude bizarre, on ne se méfie pas du facteur. Cinq minutes, ce n'est pas grand-chose. Mais, multipliées par des dizaines d'entrées, cela plante une journée de travail.

Devant certaines entrées, j'attends qu'un habitant entre ou sorte, et je pianote sur mon smartphone pour passer le temps. Parfois, je me rends chez un commerçant, pour savoir s'il a la possibilité de me faire pénétrer dans le hall de l'immeuble dont son échoppe occupe le rez-de-chaussée. C'est prendre le risque de passer pour un imposteur ou, plus proche de la vérité, un incapable, mais je suis plutôt bien reçu. Et puis il y a toutes les fois où je finis par abandonner, faute de pouvoir trouver un moyen de pénétrer jusqu'aux boîtes.

Faire l'aller-retour au centre, moins de dix kilomètres en tout, pour activer le badge, serait peut-être plus rentable que de persister sur la tournée et attendre devant chaque porte. Mais le pari est incertain, et je préfère m'humilier devant des usagers de la tournée que de passer pour un étourdi auprès de Sandrine, la cheffe d'équipe.

Il y a aussi une autre raison, encore moins avouable. Ma bévue me ralentit considérablement, mais il est probable qu'elle demeure inaperçue. Je fais une heure supplémentaire, pas plus. Pas assez, vraiment pas assez pour écouler l'intégralité du courrier que j'ai emporté (qui n'était lui-même qu'une portion minoritaire du courrier destiné à la tournée). Mais quand, à 14 h 30, je remettrai toutes ces lettres non distribuées au pied du casier, qui s'en apercevra ? Et même si l'on me voyait, qui saurait que c'est parce que j'ai commis une boulette ?

La réorganisation a brouillé les repères, fabriqué des embolies sur plusieurs tournées, et bien malin qui peut dire si le remplaçant d'un jour a limité les dégâts ou au contraire creusé le gouffre du courrier en retard. De toute façon, demain, c'est quelqu'un d'autre qui tombera dedans.

La matinée résume l'ambivalence, qui est le sort du remplaçant, *a fortiori* en contrat précaire. Je ne maîtrise pas assez la tournée pour en assumer la responsabilité. Mais parce que je n'en assume pas grand-chose, je peux l'abîmer en craignant peu les conséquences.

Je médite là-dessus en entamant le chemin du retour, quand le voyant du guidon s'éteint, signe que la batterie s'est entièrement vidée, et donc que l'assistance électrique du vélo m'abandonne. Il reste plusieurs kilomètres. Le pédalier ne compte plus que sur mes mollets, et ça monte. Le moteur ne m'aide plus, mais il me leste de son poids. J'y perds 10 km/h de moyenne, et y gagne quelques courbatures.

Je conclus ma méditation : être remplaçant et précaire, c'est peut-être plonger dans une situation ambivalente, mais c'est surtout cumuler les désagréments.

*

Les « rouleurs » sont les remplaçants. Ils pallient les absences des autres facteurs et factrices en « roulant » d'une tournée à l'autre. Dans l'organisation théorique de La Poste, les rouleurs sont des facteurs embauchés, permanents à durée indéterminée. La sécurité de l'emploi et la perspective d'« acheter » ultérieurement une tournée sont la contrepartie de la sujétion particulière à laquelle on les soumet. Une telle stabilisation est aussi le moyen de s'assurer de la qualité de leur apprentissage – il faut connaître toutes les rues de Nanteuil, et le plus grand nombre possible de ses dizaines de milliers d'usagers –, et de solidifier leur loyauté, leur souci de bien faire le travail. Pour leurs collègues titulaires, c'est un moyen de contrôle social. Les rouleurs sont des remplaçants, certes, mais des collègues aussi stables que les autres. Leur ancrage dans le collectif renforce l'efficacité des rappels à l'ordre qui leur sont adressés.

Quant aux CDD, aux intérimaires, ce sont certes des remplaçants, temporaires, mais théoriquement stables sur les tournées qu'ils effectuent. Ils ont vocation à s'acclimater à la tournée désertée pour un congé maternité, une longue maladie, une mutation ou un départ en retraite, mais pas à « rouler ». Depuis quelques semaines, le centre de Nanteuil déborde de ce cadre théorique. La réorganisation a fait s'écrouler les digues qui bordent habituellement le travail de remplacement, et les précaires roulent de jour en jour d'une tournée à l'autre.

Ange est un intérimaire jovial et brouillon. Et nostalgique, déjà, quoique son ancienneté comme facteur ne dépasse la mienne que de quelques semaines. Mais c'étaient des semaines bénies d'avant la réorganisation, quand il était affecté à une tournée, et une seule. Il avait pu se familiariser progressivement avec ses routes et ses usagers, commencer à constituer ses propres astuces. C'est fini. Aujourd'hui, d'un jour à l'autre il passe d'une tournée à l'autre, comme presque tous les précaires.

Par tempérament ou par obligation, il est de bonne composition. Il ne dit rien quand, se présentant à 6 h 30 au centre, Sandrine la cheffe d'équipe lui annonce que c'est son jour de repos, enfin c'est le jour qu'elle avait prévu pour son repos, désolée d'avoir oublié de le prévenir et qu'il soit venu pour rien. Il repart chez lui, sans savoir si Sandrine avait vraiment programmé son repos, ou si elle l'a inventé le jour même parce que cela arrangeait sa planification des présences. Les précaires ont droit aux repos réglementaires, mais leur échéance n'est ni régulière ni prévisible. Les disposer dans le planning est une prérogative de la hiérarchie qui s'en sert comme variable d'ajustement.

Ange ne se plaint pas quand, au moment du tri, à travers les casiers, des facteurs embauchés le prennent pour cible de leurs moqueries, qui concernent aussi bien sa vie sexuelle supposée que ses états de service (un peu plus avérés) de facteur. Les collègues lui prêtent une inaptitude à la rigueur et au classement et l'expriment avec un sourire. Ange répond et semble entrer dans le jeu. Je me demande si cette relation à plaisanterie, qui existait déjà avant mon arrivée, lui agrée, jusqu'à ce qu'il me confie qu'elle lui pèse et le lasse.

Ange ne se permet qu'une réclamation, ou disons une demande, qu'il adresse périodiquement à Sandrine : avoir une tournée à lui, plusieurs jours, plusieurs semaines d'affilée. « Je lui ai dit, le problème c'est que quand tu vas sur une nouvelle tournée, tu ramènes du courrier, les gens ne te comprennent pas. » Mais rien ne vient, c'est un bouche-trou, souvent pris en défaut, et il doit subir, le lendemain ou le surlendemain de son passage sur une tournée, les récriminations du titulaire. Ange voudrait rester sur une même tournée afin d'y faire ses preuves pour lui-même, d'être à la fois le comptable et le réparateur de ses erreurs, plutôt que d'être toujours sous le regard acerbe des autres, sans bénéficier des conditions pour les satisfaire. « Si tu es sur ta tournée, tu ramènes du courrier, tu sais que tu n'as de comptes à rendre à personne. C'est à toi même de le rattraper, au fur et à mesure que tu maîtrises, tu commences à évacuer petit à petit. Mais là aujourd'hui, si tu en laisses, le titulaire va dramatiser. Honnêtement, je commence à en avoir un peu marre. »

Puisque son souhait ne devient jamais réalité, Ange devient opportuniste et un peu tricheur. Puisqu'il ne perçoit jamais les bénéfices de ses efforts (lorsqu'il tente de « nettoyer » ou maintenir « propre » une tournée), il sombre dans la mauvaise volonté et la dissimulation. Il parle avec gourmandise de la tournée 33, la seule qui n'a toujours pas de titulaire, et sur laquelle les précaires se succèdent. Ange théorise avec raison qu'on peut la laisser dériver, s'enfoncer, « tu sais que personne ne te fera de reproche ». Passant sur la 33 un jour après lui, je suis ainsi alpagué par un groupe d'habitants qui s'indignent d'avoir trouvé une liasse de courriers en vrac sur la batterie, plutôt que dûment distribués dans les boîtes aux lettres.

Au fur et à mesure des arrêts maladie, de plus en plus de tournées sont laissées plusieurs jours d'affilée à des précaires. Sandrine, la cheffe d'équipe, nous déplace au gré des urgences, qu'elle jauge au nombre de bacs qui s'empilent devant une position de travail. Mais c'est une jauge trompeuse, car certains d'entre nous abandonnent le courrier dans les dépôts-relais, ces coffres marrons disséminés dans les rues de Nanteuil où des collègues en voiture nous apportent le surplus qui ne tient pas dans les sacoches du vélo. « J'ai peur de découvrir des dépôts », dit Sébastien, le « facteur qualité », reprenant la tournée assurée la veille par une intérimaire.

Toute autre est l'attitude de Gabriel, qui est là depuis près d'un an. C'est le plus ancien des précaires, employé par l'intermédiaire d'une agence d'intérim. On lui prête des envies de CDI. Il est considéré par les facteurs embauchés permanents comme efficace et rapide. Froid et ombrageux, il m'adresse rarement la parole, entretenant plutôt la proximité et la complicité avec les permanents. C'est pourquoi je m'étonne quand il vient me voir :

« Dis-moi, tu as fait quelle tournée hier ?

— On a fait la 27 avec Deepan. »

Je comprends qu'aujourd'hui Sandrine a mis Gabriel sur cette même 27. Je m'attends à prendre un savon, car je sais qu'il a fait sa spécialité de dénigrer le travail des autres précaires.

« Vous avez fait quoi ?

— On a vidé les dépôts et on a fait un peu du courrier du jour. T'es tout seul dessus, là ?

— Oui. Les cases sont déjà pleines. Je te montre, là, la tournée, comment elle est. »

Je l'accompagne, attendant toujours le savon. Devant le casier, je prends l'initiative : « Oui, je vois bien, c'est comme on l'a laissé hier. » Cependant, Gabriel veut faire durer le moment sans oser complètement l'enflammer. Il me montre les différentes parties du casier et commente : « Là, les cases elles sont pleines, là les cases elles sont pleines, là les cases elles sont pleines… » J'acquiesce à tout. Il conclut, dépité : « C'est pas grave. »

Sa colère est-elle désamorcée par le fait que je reconnaisse que Deepan et moi avons à peine écopé, et qu'il y en avait peut-être plus après notre passage qu'avant ? Gabriel revient toutefois à la charge un peu plus tard pour demander ce qu'on a distribué comme recommandés. Après ma réponse, il ne fait à nouveau aucun commentaire. Mais je l'entends, plus tard, s'adressant aux collègues de sa travée, se plaindre qu'hier on était deux et qu'on n'a rien fait.

Je ne saurais dire quel est son tempérament habituel, mais sa situation peut expliquer pourquoi il est désagréable. Il reste consciencieux, ce que nous, les autres précaires, ne sommes plus. Nous avons abandonné l'idée d'améliorer le sort des tournées sur lesquelles nous sommes éphémèrement placés. Gabriel est plus ancien, à la fois comme facteur et sur sa tournée, car Sandrine le place assez souvent, parfois plusieurs jours d'affilée, sur la 27. Il considère encore sa tournée comme une unité dont on doit pouvoir faire le tour, une zone circonscrite qui peut être nettoyée, tandis qu'Ahmed, Deepan, Ange ou moi ne voyons plus que des puits sans fond dont on sort quelques seaux d'eau tout en sachant qu'on ne pourra jamais assécher la source. Pour nous, la frustration et les scrupules ont disparu, laissant place à une résignation. Nous ne nous sentons plus concernés par les destins en déclin des tournées sinistrées.

Gabriel, au contraire, ne ménage pas sa peine pour tenter de « nettoyer » la tournée, ou du moins empêcher qu'elle ne « s'enfonce » encore plus. Sa contribution est probablement supérieure à la nôtre, mais elle est rendue invisible par la situation. Il est évident, et Gabriel le sait, que demain comme les jours qui suivront, le casier de la 27 sera toujours rempli dès la première heure, que des bacs attendront devant la position, que la case des réexpéditions sera bondée, et que, en dehors du casier, il y aura aussi du courrier en souffrance dans les cases du tri général ou dans les caissettes venues de la plate-forme de tri. Même s'il se surpasse, même s'il travaille sans discontinuer de 7 heures à 16 heures comme il en a l'habitude, sans pause, en tendant ses muscles et sa concentration pour écouler le maximum de courrier, en adoptant l'organisation optimale, en aiguisant ses gestes et sa vigilance, on verra toujours ce type de paysage à la fin, et tout cet effort déployé solitairement n'aura eu pour spectateur que son auteur. Alors Gabriel convertit son aspiration déçue à « nettoyer » la tournée en acrimonie à l'égard des autres, les plus faibles du bureau, qu'il transforme en mauvais facteurs.

Une tournée sinistrée réduit la visibilité des efforts déployés par ceux qui ponctuellement la prennent en charge, dans un sens comme dans l'autre. C'est le malheur de Gabriel, c'est notre chance, à nous autres qui avons fait le deuil de la possibilité de « nettoyer ». Ni les collègues ni les chefs ne peuvent plus savoir si nous avons essayé ou abdiqué d'emblée, si nous avons forcé ou lambiné, si nous avons été diligents et consciencieux, ou bien désinvoltes et feignants. Il y aura toujours une masse de courrier en reste, certes plus ou moins grosse – mais ce « plus ou moins », imprécis, ne permet plus d'évaluer les contributions respectives.

Les « diagnostics » de Dominique l'organisateur ne sont plus d'aucune aide, ne fournissent aucun repère pour estimer ce qui peut être écoulé dans la journée, en deçà de quel seuil il y a mauvaise volonté ou au-delà duquel il y a exploit. Au contraire, ce sont ses modèles d'objectivation de la charge de travail, déclinés en tournées trop longues pour être terminées, qui finissent par noyer et rendre impossible l'objectivation quotidienne des efforts ou des renoncements de chacun.

15

La Poste change de doctrine : la prescription par modélisation

Jusqu'au début des années 1980, la Direction nationale du courrier semble ferme. Il n'y aura pas de cadences universelles, pas de morcellement des tournées en petites briques d'espace-temps, pas de cadres calfeutrés dans un bureau qui joueront à disloquer et recombiner ces petites briques pour composer de nouvelles tournées. Tout au plus se permettra-t-on, grâce au « modèle statistique explicatif », d'évaluer *a posteriori* la plausibilité des durées établies par les « vérificateurs » embarqués sur les tournées[1].

Et pourtant. Le « modèle statistique explicatif » de 1983 marque le début d'une offensive de la direction nationale pour mieux contrôler les durées et les effectifs déterminés localement. En resserrant son emprise sur les « vérificateurs », La Poste abandonne doucement son idée d'une vérification *a posteriori* et, de plus en plus, suggère des cadences à appliquer dans tous les cas de figure.

Première étape en 1987. La Poste édite une « méthodologie générale de construction de tournées et des organisations du service de la distribution » à destination des « vérificateurs », « un guide pour faciliter la tâche des agents chargés [...] de procéder au découpage des tournées[2] ». Pour la première fois, des cadences et des temps standard sont indiqués. Il faudrait par exemple 1 min 30 s pour remettre un recommandé. Le document ne précise pas les circonstances et modalités de la conception de ces durées.

Cependant, d'une part, les cadences concernent des opérations qui ne constituent qu'une part minoritaire de la journée de travail du facteur[3] ; d'autre part, elles n'apparaissent pas (encore) comme une prescription impérative. Ce sont des « correctifs », est-il dit, qui permettent de jauger mais pas de remplacer les durées relevées sur le terrain. Ces temps standard servent au vérificateur de « points de comparaison » et à ses responsables hiérarchiques de moyens de contrôle de son travail[4].

Seconde étape en 1999[5]. La branche courrier réédite le « guide méthodologique de l'organisation de la distribution ». Elle le destine aux « vérificateurs » et aux « organisateurs » car, dans cette période mixte, les seconds commencent à supplanter les premiers. En douze ans, les formulations ont peu changé. « Les vitesses et normes [...] n'ont en aucun cas valeur de normes officielles, mais seulement une valeur indicative[6] », répète La Poste. Les temps standard ne sont encore présentés que comme le moyen d'un « calcul théorique » dont l'usage doit se limiter à celui d'un point de comparaison avec les chronométrages.

Pourtant, si leur statut n'a apparemment pas changé, la palette des temps standard s'est considérablement étoffée. Les tableaux de cadences sont bien plus nombreux, affichant des durées ou des vitesses théoriques pour *tous* les compartiments de l'activité du facteur, à l'intérieur du bureau comme à l'extérieur en tournée, pour le tri devant le casier comme pour la remise devant les boîtes aux lettres, pour les trajets en ville comme en campagne.

Techniquement, cette panoplie de temps virtuels autorise désormais à faire ce que l'auteur de l'étude de 1983 jugeait ruineux, autrement dit à procéder comme Dominique aujourd'hui : décomposer les tâches du facteur et les séquences de la tournée, construire des itinéraires de toutes pièces, sans chronométrage, par l'addition de « portions de voie » auxquelles sont affectées des durées calculées par simple combinaison des cadences, des éléments géographiques référencés et du trafic estimé. En 1999, c'est désormais possible, mais c'est toujours prohibé. La Poste ne veut pas que ses cadres se passent des chronométrages pour dessiner les parcours des tournées.

Alors, pourquoi avoir acheté une telle panoplie, si elle ne sert que comme faire-valoir ? Établir des cadences est un investissement, un investissement de forme peut-être, dont le produit tient sur une feuille de papier, mais un investissement qui n'en coûte pas moins de l'argent[7]. Pourquoi y avoir consenti, si la doctrine opérationnelle n'a pas varié ?

*

Peut-être parce que l'impulsion vient d'ailleurs. Il n'y a pas que des ingénieurs tayloriens, soucieux de maîtrise et d'optimisation de la production, qui sont intéressés à capturer l'activité des facteurs et factrices dans des durées conventionnelles et standardisées. Les comptables ne sont pas en reste, surtout en cette décennie 1990, car ceux de La Poste sont contraints par de nouvelles exigences réglementaires qui excèdent leurs propres besoins.

Dans le cadre de la construction européenne et de la libéralisation des services publics, la réforme des PTT de 1990 prépare l'ouverture à la concurrence en obligeant La Poste à établir et communiquer une « comptabilité analytique » (ce que l'on nomme également, aujourd'hui, comptabilité de gestion). Une comptabilité analytique consiste à établir des coûts de revient des différents produits. Dans des processus souvent continus et mixtes – le facteur distribue dans un même parcours le courrier ordinaire et le recommandé, la lettre simple et le colis, le pli urgent et l'économique –, la comptabilité analytique cherche, par un système de définitions, de conventions et d'équivalences, à découper et valoriser des coûts qui reviendraient en propre à chaque objet[8].

Dans les entreprises classiques, toutes les mesures qui vont au-delà des quelques exigences réglementaires du plan comptable général[9] constituent un outil conçu par et pour les directions, afin d'équiper leur réflexion stratégique de connaissances supplémentaires. Dans le cas de La Poste, l'usage n'est pas qu'interne : c'est un tableau qu'elle est obligée de produire, selon des règles dont elle ne peut décider seule, afin que les autorités de régulation du secteur postal puissent à l'avenir garantir l'aspect concurrentiel de ce nouveau marché. L'ouverture à la concurrence étant progressive, il ne faudrait pas, dans l'esprit de la réforme, que La Poste profite du monopole qu'elle conserve sur certaines activités pour pousser son avantage sur celles qui sont désormais disputées. Prenons l'exemple du produit le plus tardivement livré à la concurrence, la lettre de moins de vingt grammes : le facteur la distribue en même temps qu'il distribue des colis, dont le marché est ouvert à la concurrence ; il convient alors de distinguer ce qui, dans son parcours et ce qu'il coûte, est imputable à la lettre et ce qui l'est au colis. Cela doit permettre d'ajuster la tarification des différentes correspondances et d'éviter toute « subvention croisée », selon l'expression consacrée[10]. L'opération est affaire de conventions, ésotériques pour le facteur qui distribue tout d'un même mouvement, mais décisives pour la régulation du secteur postal jusqu'à aujourd'hui[11].

En vertu de cette obligation, La Poste dessine en 1992 un « schéma directeur de la comptabilité analytique ». D'après ce document, jusque-là l'information comptable remontait peu des établissements locaux. L'estimation des coûts de revient se faisait depuis le siège au moyen de gros chiffres, d'une louche agrégeant quelques données massives et appliquant des moyennes nationales. Les chronométrages locaux des ancêtres de Dominique, les vérificateurs, servaient à organiser la production, mais pas à informer la comptabilité. Ils régulaient les opérations, mais ils n'en remontaient pas des coûts de revient. L'objectif, désormais, est « de passer de coûts de revient nationaux établis à partir de moyennes et de statistiques nationales à des coûts de revient nationaux établis par combinaison de coûts de revient locaux, eux-mêmes établis sur la base de coûts de productions liés à la structure de la production et aux mesures locales de l'activité[12] ».

Il ne faut pas se tromper : cette attention au local implique que le national impose son étalon de mesure. Pour que l'information locale remonte au national, il faut que le national étende son emprise, par la diffusion de catégories de saisie. Il faut que « quels que soient les moyens de production spécifiques aux unités de production, les opérations élémentaires nécessaires au calcul du coût du produit soient uniformisées[13] ». Lorsque le national parle de « mesures locales de l'activité », il n'attend pas que les facteurs, ou même leurs chefs d'équipe, ou même leurs « vérificateurs » qui sont en train de devenir des « organisateurs », rendent compte de l'activité dans leurs propres termes ; il entend que cette activité soit représentée et valorisée par la combinaison réglementée de variables (volumes et types de courriers, longueur du parcours, densité des habitations) et de normes standardisées de vitesse.

Les comptables estimaient à la louche, à présent ils pêchent au filet, et les organisateurs sont leurs mailles. Les Dominique étaient des petits artisans de l'organisation de la production, ils doivent devenir des rouages de la comptabilité.

Ces grandes manœuvres débouchent sur une étude décisive, dont les facteurs de Nanteuil et d'ailleurs n'ont longtemps pas même su qu'elle existait, quoiqu'elle ait gouverné leur vie au travail pendant deux décennies. En 1992, le directeur du courrier commande à la Direction de l'informatique du courrier une « étude déterminant les temps de remise par catégorie d'objet et par type de tournée ainsi que les temps de parcours », « pour me permettre de mettre à jour les éléments mis en œuvre par la Direction des affaires comptables, juridiques et fiscales[14] » – celle-là même qui conçoit le « schéma directeur de la comptabilité analytique ». Le cahier des charges établi un an plus tard assigne à l'étude cet objet : « Actualiser les temps de parcours et de remise des travaux extérieurs, ceux utilisés actuellement datent de près de vingt ans[15]. »

L'étude est menée en quelques semaines, pendant l'hiver 1993-1994. La brièveté de sa réalisation contraste avec sa longue postérité. L'étude consiste dans le chronométrage (selon des modalités non explicitées) d'un échantillon de tournées (dont le nombre n'est pas précisé) au sein de vingt bureaux de France métropolitaine. Dans une première étape, l'étude établit des vitesses et des temps standard de distribution. Une compilation de tableaux décline la vitesse de déplacement, le « temps de séjour au point de distribution » (la durée passée à une même adresse indépendamment des gestes de remise dans les boîtes), et le « temps de remise d'un objet » en fonction de la densité des habitations, du nombre de boîtes aux lettres à une même adresse et du mode de locomotion. Par exemple, il est dit qu'un facteur cycliste roule à 6,19 km/h lorsqu'il y a entre 4,6 et 6 points de distribution sur une distance de 100 mètres, pendant qu'une voiture avance à 7,32 km/h ; ou qu'un automobiliste « séjourne » 52,37 « centiminutes » (hors temps de remise des lettres) à une adresse qui compte entre trois et neuf boîtes aux lettres ; ou encore, qu'il faut 3,78 « centiminutes » pour remettre une lettre dans une boîte aux lettres insérée dans une batterie de neuf à douze boîtes.

Ces « centiminutes », nous les connaissons déjà. Ce sont les mêmes chiffres que l'on retrouve dans le guide de la distribution de 1999, que La Poste destinait à ses vérificateurs et organisateurs. Mais ce sont aussi eux qui ont décidé, vingt ans plus tard, que ma tournée d'avant la réorganisation ne requérait que 3 heures, 43 minutes et 59 secondes de travail. Du début jusqu'à la fin, des trajets jusqu'aux gestes de la distribution, de l'unité jusqu'au second chiffre après la virgule, ces chiffres sont ceux que Dominique a utilisés pour la réorganisation de Nanteuil, comme il les avait mobilisés avant pour celle de Souly, et comme il le fera après pour celle d'Arpenay. Ils ont « toujours existé », avançait Dominique. On peut maintenant risquer une datation plus précise : du haut de ces centièmes de centiminute, un quart de siècle nous contemple.

Il y a de quoi faire rêver tout adepte de Taylor, qui pourrait toutefois se demander : que sont supposées représenter ces vitesses ou ces durées ? On se souvient des imprécisions du maître lui-même. Taylor n'a jamais évoqué ou affronté la question des disparités des durées relevées par chronométrage, recommandant tantôt de s'aligner sur les records du *first-class man*, tantôt de chercher un compromis avec les performances de l'homme moyen. Pendant les décennies de commentaires de ses œuvres, les ingénieurs ont choisi divers indicateurs : parfois une stricte moyenne arithmétique, parfois le mode (cadence la plus fréquemment relevée), ou d'autres pondérations, souvent redressées par un jugement unilatéral sur ce que devrait être un « travail loyal » du salarié[16].

Ici, dans l'étude de La Poste, pour chaque case il n'y a qu'un seul chiffre, une seule cadence. Pas d'indicateur de dispersion, pas de variance ou d'écart-type, pas d'intervalle de confiance. Les auteurs écrivent à propos de la vitesse des déplacements qu'il s'agit de la « vitesse moyenne », mais est-ce à dire que le chiffre retenu est la moyenne de tous les chronométrages, sans pondération ? Quant au « temps de séjour au point de distribution » et au « temps de remise » des plis, il n'est même pas précisé s'il s'agit de temps moyens. Le document n'explicitant pas sa méthode et ne présentant pas de relevé des mesures effectuées, il est impossible de déterminer comment des observations nécessairement hétérogènes ont été converties en des vitesses ou durées uniques.

Sans que le lecteur puisse savoir ce qui fonde la précision des résultats, certains d'entre eux sont d'emblée présentés comme approximatifs : « En raison de difficultés techniques, les tournées "cyclomoteur" ont été suivies en voiture et les prises de données n'ont pu être menées de façon aussi précise. En conséquence, les valeurs calculées sont-elles données à titre indicatif[17]. » Cette approximation est-elle tolérée dans la mesure où l'étude a pour seul objet d'améliorer l'information comptable ? Il peut être admis qu'une telle information est, nécessairement, une représentation simplifiée et imprécise de processus de production complexes. En 1994, cette étude n'a encore que le statut de la carte vis-à-vis du territoire : le tracé des routes peut être grossier et imparfait, il vaut toujours mieux que pas de tracé du tout.

Évidemment, la question se pose autrement maintenant que, dans « l'outil » de Dominique, le territoire reçoit l'obligation de se conformer à la carte approximative. L'approximation reconnue soulève une montagne d'incertitudes sur les conditions du chronométrage. Par exemple, la vitesse de déplacement attribuée aux cyclistes dérive-t-elle d'observations de facteurs respectant le code de la route, ou bien roulant sur les trottoirs, selon une pratique déviante mais généralisée ? La vitesse affectée aux automobilistes intègre-t-elle autant de bouclages et de débouclages de la ceinture de sécurité que le requiert ce même code de la route ? L'étude est muette sur tous les aspects qui touchent au rapport des observations à la prescription.

Bien que ces tableaux de vitesses et de durées théoriques des facteurs soient aujourd'hui les acteurs principaux des opérations de Dominique, dans l'étude de 1994 ils n'étaient pas le clou du spectacle. Ce n'était qu'un sous-produit de l'étude, une étape intermédiaire pour atteindre l'objectif comptable à l'origine de la démarche : déterminer le coût de revient salarial ou, dit autrement, le besoin en force de travail de chaque lettre distribuée. Les tableaux finaux du rapport indiquent ainsi le temps de travail nécessaire à la distribution d'un objet ordinaire selon le type de tournée et de moyen de locomotion. Par exemple, lorsqu'on additionne les temps de déplacement, de séjour et de remise, il faudrait à une tournée rurale réalisée en voiture 37,45 centiminutes pour remettre une lettre, tandis qu'il en faudrait 8,93 à une tournée urbaine réalisée à vélo dans une zone de petits bâtiments. Si les cadences attribuées au travail des facteurs sont théoriques, ces durées de distribution par objet sont carrément fictives, ou du moins conventionnelles, dans le sens où elles ne prétendent pas correspondre à une opération concrète : on ne prend jamais la route pour distribuer un seul objet, et si on le faisait cela prendrait bien plus de temps.

Ce sont ces durées fictives que recherchait La Poste, pour les fournir aux autorités de régulation. Les vitesses et temps standard du travail des facteurs n'en étaient que le moyen. Alors comment ces derniers ont-ils pu changer de nature, à la manière d'un acteur de second rôle qui obtiendrait soudainement, sans avoir rien fait de plus, l'oscar du meilleur réalisateur ?

*

Par quels raisonnements, par quelles chaînes de communication et de commandement, par quelles discussions de bureau ou de machine à café, les comptables et les organisateurs de la production de La Poste ont-ils échangé ? Qui a décidé de la conversion – au départ description approximative, ces chiffres deviendraient une prescription impérative, ils ne serviraient pas seulement à informer la direction de La Poste et son régulateur, mais aussi à gouverner les facteurs ? Je n'en ai pas trouvé la trace. Certes, il y a une parenté entre établir des temps standard et des coûts conventionnels de la main-d'œuvre, mais parenté ne veut pas dire identité[18]. Les modalités du dialogue et de la permutation entre comptabilité, d'un côté, et organisation de la production, de l'autre, restent obscures.

On peut du moins en restituer quelques étapes. Reprenons le fil : en 1999, le manuel des organisateurs intègre les durées et vitesses standard de l'étude de 1994 initialement destinée aux comptables. Nouveau contenu, mais doctrine inchangée. Ces temps, donnés à titre « indicatif », ne sont présentés que comme un moyen d'éprouver les chronométrages. Les utiliser directement pour concevoir des tournées demeure proscrit. La Poste proteste encore que ces cadences ne sont pas ce qu'elles semblent être, c'est-à-dire le moyen de prescrire le travail des facteurs sans observer leur activité.

Le nouveau siècle fait disparaître la prudence, sinon la gêne, que La Poste exprimait à cet égard. En 2005, le guide méthodologique des organisateurs est réédité. Il manifeste le changement de cap, sans même souligner la rupture historique avec son prédécesseur : « La valorisation des Travaux Extérieurs se fait par modélisation [...]. Elle permet [...] de réorganiser les Centres Courrier sans accompagnement et sans relevé géographique systématique. La réactivité des organisateurs devient dès lors plus importante[19]. » Désormais, il n'est plus question de dire que les temps standard sont juste un moyen d'évaluer des coûts de revient ou d'accompagner l'analyse de l'organisation.

La doctrine de 2005, c'est la pratique actuelle de Dominique : les vitesses et temps standard sont devenus des « normes et cadences » qui, combinées à des distances, des degrés de concentration des boîtes aux lettres et des volumes de courriers, produisent des durées sans le détour du chronométrage. Ces durées, que La Poste cesse de nommer « théoriques » et que Dominique considère comme « réelles », deviennent le moyen exclusif d'évaluer la charge de travail et de la répartir.

La bascule est consolidée par l'achèvement du remplacement des « vérificateurs » par les « organisateurs ». Cela n'implique pas seulement un changement de nom et de fonction, mais aussi de profil de recrutement, comme l'explique un responsable national de l'époque en entretien : « Les vérificateurs ne sont pas passés spontanément... Il y en a qui n'ont pas réussi à basculer. Généralement, c'étaient des facteurs à l'origine, qui sont montés, donc ils étaient proches de la retraite. L'évolution s'est faite par une rotation naturelle des effectifs, et à la place il y a eu l'embauche d'ingénieurs de logistique – ce sont les meilleurs profils, ils ne sont pas tous comme ça, mais ce sont les meilleurs profils qu'on a recrutés pour cette fonction. »

Au regard des tergiversations des décennies antérieures, la rupture paraît soudaine. Comment l'expliquer ? La traditionnelle méfiance de la direction à l'égard des « vérif' » ne suffit pas, puisque, justement, elle est ancienne et ne rend pas compte du moment choisi pour s'en passer définitivement. Alors que La Poste attendait le statut de société anonyme, de plus en plus incitée à faire du profit, alors peut-être que ses dirigeants songeaient à suivre la voie de son ancienne siamoise, France Télécom, c'est-à-dire la privatisation, les temps standard ont pu apparaître comme un moyen de générer des gains de productivité et une réduction des effectifs de facteurs plus importants que ceux permis par les chronométrages ; ou, en tout cas, comme un moyen de mieux anticiper et maîtriser ces gains, puisqu'ils découlent de calculs automatisés suivant des règles centralisées. Au minimum, les temps standard permettent une augmentation de la productivité sur l'activité même de découpage des tournées : un seul Dominique remplace plusieurs « vérif' ».

Mais surtout, deux chocs externes ont brusqué le basculement. Le premier, c'est la réduction de la durée légale du travail entre la fin des années 1990 et le début des années 2000, qui secoue l'ensemble des organisations du courrier – plus que dans d'autres secteurs, puisque le périmètre de chaque tournée est défini par équivalence avec une certaine durée, elle-même calibrée en référence à la durée légale du travail[20]. Le second choc, c'est la rupture de la tendance à la hausse du volume de courriers, tendance qui était continue depuis la fin de la Seconde Guerre mondiale. Il ne se passe qu'une poignée d'années entre la décélération à la fin des années 1990, la stagnation, et finalement la décrue incessante depuis la fin des années 2000. Ces deux chocs, l'un ponctuel, l'autre structurel, conduisent La Poste à revoir simultanément nombre d'organisations existantes. Le même responsable national résume le raisonnement de l'époque : « Il y a eu le choc des 35 heures. Il a fallu *redesigner* toutes les tournées de France d'un seul coup. Tout d'un coup on avait ce mur à franchir. Côté managérial, on commençait par croire que le courrier allait baisser. Quand le trafic croît et que vous ne réorganisez pas très vite, il faut être honnête, la productivité se fait toute seule. *De facto* on n'était pas sous le stress de réorganiser fréquemment. Quand on a vu que la courbe de trafic allait s'inverser, il fallait aller chercher la productivité. Il y avait donc deux phénomènes, ce choc des 35 heures, ils le voulaient tous, tout de suite ; et la baisse du trafic à moyen terme. Du coup on a trouvé que cette idée n'était pas totalement stupide, d'éviter le parcours physique de l'organisateur. »

L'heure des temps standard a sonné. Réfugiés au creux d'une étude en 1994, timidement exposés en 1999, ils pénètrent au milieu des années 2000 dans le cœur de la machine de tous les organisateurs, devenant le chef invisible de 100 000 facteurs et factrices (et contribuant au passage à écrémer l'effectif de 30 000 postes). Des temps standard ressortis tels quels pour l'occasion, du dix ans d'âge pas même rafraîchi, actualisé ou éprouvé.

Pourquoi un tel copier-coller ? Par désintérêt ou manque de temps ? Là encore, je ne sais pas quels débats ont éventuellement eu lieu, quels autres possibles ont été envisagés et écartés. Les traces sont rares, d'autant qu'il a fallu encore dix années supplémentaires pour que la décision de réchauffer des temps standard refroidis soit problématisée en dehors du cénacle de ceux qui l'ont prise, pour qu'elle soit ciblée par les interrogations de facteurs et de leurs représentants.

16

Le « gros truc du jour » et les nouveaux services

« T'es sur la 15 ? » J'acquiesce. C'est la tournée qui m'a été attribuée aujourd'hui. Une tournée que je n'ai jamais vue, jamais parcourue, et je serai seul pour la découvrir. Rengaine désormais connue.

Ce n'est pas le problème de Philippe, un chef d'équipe aujourd'hui en mission à Nanteuil, dépêché depuis la direction de l'établissement à Arpenay.

« T'as une IDN.

— C'est quoi ?

— Il faut que tu ailles chez la dame, vérifier sa pièce d'identité. »

Depuis la réorganisation, sous le règne du désordre, au milieu des bacs de courrier qui s'empilent, j'avais l'habitude de passer inaperçu. Une fois que, sur leur planning, les chefs d'équipe m'avaient affecté à une tournée, ils s'étaient déjà bien assez occupés de moi. Mes incertitudes et mes états d'âme – faut-il distribuer le courrier quand le nom n'est plus sur la boîte, faut-il vérifier la pièce d'identité quand on distribue un recommandé au domicile, et des dizaines de questions analogues – ne rencontraient pas leur écoute, ni même le répondant d'une prescription catégorique.

Mais aujourd'hui, j'ai l'impression d'être le centre de l'attention. Philippe, le chef, et Patricia, qui officie à la cabine, malgré l'urgence de toutes leurs tâches, prennent le temps de m'expliquer. De m'expliquer à nouveau. De vérifier que j'ai bien compris, se tenant prêts à me réexpliquer.

Cela ne semble pourtant pas bien compliqué, au regard par exemple de la diversité des cas d'espèce et des dilemmes que suppose la distribution de recommandés. Ce qu'on me demande, c'est de me présenter chez l'habitante, de consulter sa carte d'identité pour en recopier les éléments essentiels sur un formulaire dédié. Patricia me demande également de prendre la carte en photo, recto verso, avec mon smartphone. Est-ce bien réglementaire ? La Poste fournit un smartphone professionnel aux facteurs embauchés, mais pas aux précaires. C'est donc avec mon appareil personnel que je prendrai la photographie, sans les gardes-fous qu'une telle collecte de données suppose, notamment d'effacement après utilisation.

Dans l'immédiat, pour Patricia, le principal risque n'est pas que je stocke ces photographies pendant des années, mais plutôt que je recopie mal les éléments de la pièce d'identité. C'est pourquoi elle souhaite faire sa propre vérification. Je ne comprendrai qu'au retour que, pour Patricia, la photographie au statut légal douteux n'est qu'une redondance confirmant le formulaire que j'ai rempli.

Je suis un peu embarrassé au moment de sonner chez la personne concernée. Je n'aurais pas pensé qu'en devenant facteur, je serais amené à effectuer quelque chose comme un contrôle d'identité. Mais la dame répond immédiatement, elle sait pourquoi je suis là et m'attendait. Elle me tend sa carte, ne s'étonne pas que j'en recopie un bout et en prenne une photographie. C'est somme toute bien plus facile et rapide que de distribuer un recommandé, lorsque les gens ne sont pas forcément chez eux, ne s'attendent pas à nous voir, ou encore hésitent à prendre ce que nous leur amenons.

Philippe m'aperçoit du coin de l'œil lorsque je rentre au centre. Il est au téléphone, avec quelqu'un d'Arpenay semble-t-il. Il quitte sa conversation un instant pour me demander : « T'as fait l'IDN ? » J'acquiesce. Il le confirme au téléphone, et ajoute pour moi : « C'était le gros truc du jour. »

Ah bon ?

Patricia m'explique que la vérification que je viens d'opérer permettra à la dame d'accéder plus facilement à différents sites Internet institutionnels, comme la CAF ou les impôts. J'ai en fait permis de finaliser la création d'une des quelques centaines de milliers d'« identités numériques » que gère La Poste.

L'entreprise se vante de fournir « le seul service d'identité électronique validé par une vérification en face-à-face[1] », puisque c'est au guichet du bureau de poste, ou à domicile avec le facteur, que l'identité est scellée par la vérification physique de l'existence de la pièce d'identité. Cette identité permettrait ensuite une navigation Internet à la fois sécurisée et tout terrain, de son espace personnel du site des impôts à celui de sa banque, de la CAF à des sites commerçants, de la sécurité sociale à La Poste elle-même, qui promet désormais des recommandés intégralement électroniques.

Derrière l'identité numérique, c'est une nouvelle manne, peut-être une rente, qui pointe le bout de son nez. Mais qui est lestée de paradoxes et de doubles tranchants. Certes, vérifier des cartes d'identité, peut-être un jour aider des personnes à créer leurs identités numériques, c'est de l'activité pour des facteurs. C'était en tout cas, pour moi ce matin, environ cinq minutes de travail. Mais lubrifier le moteur de la « dématérialisation », n'est-ce pas précipiter la chute du courrier papier ? Sécuriser les signatures électroniques au point qu'un recommandé n'a plus besoin d'accusé de réception paraphé à la main, est-ce élargir le marché des recommandés, ou inciter à abandonner le papier, donc le facteur ?

Le dernier paradoxe, c'est moi. La Poste se veut « opérateur de confiance ». Ce sont ses procédures qui lui ont obtenu la reconnaissance officielle d'un haut niveau de sécurité de son identité numérique, et c'est son image qui amène des usagers à solliciter une telle identité. Or, ce matin, l'opérateur de la confiance c'était moi, c'est-à-dire un facteur vieux de trois semaines, qui découvrait l'adresse et l'immeuble pour la première fois, qui nageait dans des liasses de courrier désordonnées, qui a présenté à la cliente le visage d'un novice pataud. En m'envoyant là pour le « gros truc du jour » – en n'ayant pas d'autre alternative, faute d'effectifs expérimentés disponibles –, La Poste ne scie-t-elle pas la branche de confiance sur laquelle elle espère non seulement s'asseoir, mais prospérer ?

*

Cette « IDN », ou « identité numérique », c'est ce qu'à La Poste on appelle un « nouveau service », ou une « prestation ». Derrière un même terme, une palette d'activités indéfinie, variable d'une période, d'un site à l'autre.

Un jour, on ouvre la boîte aux lettres d'un particulier pour y prendre le colis qu'il souhaite expédier. Un autre, on administre un questionnaire, pour le compte de l'échelon départemental de la Caisse d'allocations familiales, à des usagers désignés au préalable. Une autre fois encore, on « remet en mains propres » un catalogue de vente par correspondance aux habitants les plus âgés de la tournée ; deux semaines plus tard, on doit à nouveau sonner chez ces mêmes personnes pour enregistrer leur éventuelle commande. On contribue à des études de marché, en demandant par exemple à des habitants s'ils sont intéressés par la fibre optique. On aide à la télédéclaration des revenus sur le site Internet des impôts. On récupère des déchets de bureaux d'entreprises pour qu'ils soient recyclés. On prend des photographies de fissures pour des assureurs. On informe sur les dispositifs de rénovation énergétique des logements. On renseigne les services de voirie en recensant les nids-de-poule, les poubelles débordantes, les massifs abîmés ou gênants, les tags, les panneaux dégradés. On relève des compteurs pour des fournisseurs d'énergie. On fait passer l'examen du code de la route. On livre des plateaux-repas aux « seniors », et bientôt des médicaments[2].

Parce qu'il a bénéficié d'une campagne de communication nationale à destination du grand public en 2017, le dispositif « Veiller sur mes parents » est probablement le plus célèbre de ces « nouveaux services ». Signé par des proches d'une personne âgée, le contrat dispose que le facteur se rend chez cette dernière afin de s'assurer de son état, entre une et six fois par semaine. Ce « nouveau service » s'ajoute à son aîné de quelques années, « Cohesio », qui propose le même type de prestation, mais à des institutionnels (collectivités locales, assureurs...), et dont le développement était resté modeste. Au cours des années 2010, La Poste tente de conquérir sa part de la « *silver economy* », l'économie des cheveux blancs dont la croissance contraste avec le déclin du courrier. La Poste se positionne parallèlement sur le marché des données de santé (leur numérisation, leur stockage, leur communication), d'une manière qui pour l'instant concerne peu les facteurs mais est complémentaire de leur présence auprès des « seniors ».

Les réactions des postiers sont comme ces « nouveaux services » : hétérogènes. Beaucoup n'en pensent rien, faute d'en avoir sur leur tournée. Certains, craignant pour leur emploi, se réjouissent que de nouvelles tâches s'ajoutent à la traditionnelle distribution du courrier, voire trouvent un intérêt à la diversification de leur activité. D'autres s'étonnent, voire s'effraient qu'on leur confie des missions pour lesquelles ils ne sont pas volontaires et pas formés, bien éloignées de ce que promettait le métier de facteur quand ils y ont fait leurs premières armes. D'autres enfin critiquent la marchandisation de prestations qu'ils effectuaient gratuitement, comme un complément spontané de leur activité : imagine-t-on rester indifférent au sort des personnes âgées sur sa tournée, et ne cesser de l'être que lorsque son employeur est payé pour cela ?

« Veiller sur mes parents » concentre les deux dernières critiques, quoiqu'elles puissent paraître contradictoires. Demeurer attentif à l'état de personnes isolées, bien sûr, mais risquer d'être responsable en cas de problème, cela fait peur. Selon le profil du facteur, sa critique varie : par rapport à un rouleur de Nanteuil, un facteur titulaire de la même tournée rurale depuis vingt ans est souvent moins effrayé d'être vigilant et disponible pour des personnes âgées, mais aussi davantage choqué que cette sollicitude revienne à La Poste sous forme d'un revenu.

En revanche, une même inquiétude rassemble le facteur de Nanteuil et le facteur rural : combien de temps La Poste réserve-t-elle à cette opération ?

L'entreprise espère que le déploiement de ces nouveaux services compense l'effacement du courrier traditionnel. En les développant, elle « vise [...] à donner de l'activité aux factrices et aux facteurs pour préparer leur avenir et celui de leur métier. À l'horizon 2020, les factrices et les facteurs, consacreront plus de la moitié de leur temps de travail à d'autres activités que la distribution du courrier traditionnel[3]. »

C'est du moins ce que La Poste pronostiquait début 2017, dans un accord qu'elle soumettait à la signature des organisations syndicales. Aujourd'hui, on en est loin. En 2019, les « nouveaux services de proximité » et la « *silver* économie » représentent à eux deux 3 % du chiffre d'affaires de la « branche services-courrier-colis » de La Poste, quand le courrier proprement dit continue d'en constituer plus de la moitié[4].

Au-delà de l'échec commercial qu'a constitué tel ou tel « nouveau service », l'incorporation de ces « prestations » dans les tournées représente un défi, vite relayé par des contradictions. La liste ci-dessus, bien qu'incomplète, donne une idée de la grande variété des « nouveaux services ». Elle n'est pas limitée par les contours du savoir-faire du facteur ; elle incorpore tout ce qui peut tirer profit de la proximité qu'il apporte et de la confiance qu'il inspire.

Contrairement au reste des tâches de distribution, l'hétérogénéité de ce matériau de travail n'est pas pétrie et réduite au siège de La Poste. Elle est au contraire localement démultipliée par les attentes spécifiques des clients. Ce qui pose tout d'abord un problème de formation : les facteurs n'ont pas de compétence particulière en Internet, en photographie, en assurance, en diagnostic de santé, en administration de questionnaire ou en vente d'articles de mode, et sûrement pas dans tout ça à la fois. Cela pose ensuite des problèmes opérationnels : par exemple, apporter leurs repas à des personnes âgées suppose de respecter un horaire, alors que le volume de courrier, l'état de la circulation, la météo, entre autres, font varier chaque jour le rythme auquel le facteur parcourt sa tournée[5].

Enfin, se pose la question de la quantification et de la planification de ces « nouveaux services ». Lorsque Dominique a établi que ma tournée d'avant la réorganisation durait 3 heures, 43 minutes et 59 secondes, ou que celles d'après la réorganisation dureraient toutes près de 7 heures, il s'est fondé sur l'estimation de volumes d'objets relativement connus : des lettres, des journaux, des colis. Mais qui sait ce que seront les « nouveaux services » des deux années à venir, supposément en pleine invention et expansion ? Quelle durée faut-il leur réserver dans la tournée ? Parie-t-on sur douze « Veiller sur mes parents » ou quinze « IDN » ?

Bien sûr, il y aura sans doute de l'un ou de l'autre. Mais le calendrier d'obtention des contrats ne suit pas le rythme des réorganisations. Surtout, on ne met pas le même temps à récupérer un bac de déchets et à s'enquérir des besoins d'un vieillard. Et sait-on bien, d'ailleurs, le temps nécessaire pour se porter au chevet d'une personne âgée ? Dans les premiers temps de la mise en place de ce dispositif, les directions de La Poste parlaient de quinze minutes ; c'est vite tombé à six. Or il est peu de facteurs qui n'aient en tête l'exemple d'un retraité bavard, vis-à-vis duquel écourter la discussion au bout de six minutes relèverait de l'indélicatesse. Sans doute existe-t-il aussi des « seniors » mutiques ou peu amènes, mais il n'y a pas assez de « Veiller sur mes parents » sur une même tournée pour compenser et fabriquer une moyenne à six minutes. Le facteur confronté au bavard est « enfoncé » ou impoli : deux manières, pour l'agent consciencieux, d'être professionnellement défaillant.

La contradiction ne pèse pas que sur le facteur. À Nanteuil comme ailleurs, les tournées sont incessamment alourdies par des « réorg' » successives. Les marges de manœuvre sont rognées, « centiminute » après « centiminute ». Pour tenir les durées, les facteurs et factrices accélèrent, se dérobent aux usagers, trichent et parfois mentent. Ludivine, Guillaume et bien d'autres assument à contrecœur de ne plus sonner pour un recommandé. Le nombre de réclamations suit une courbe inverse à celui des volumes de lettres. Autrement dit, La Poste fonde ses espoirs sur le développement de « nouveaux services » dont la prospérité dépend de la confiance du public et, dans le même temps, elle dégrade les conditions qui permettraient aux facteurs de préserver cette confiance.

C'est peut-être une stratégie délibérée, comme une course de vitesse : parvenir à assurer la couverture monopolistique de ces nouveaux marchés avant d'avoir dilapidé toute la réserve de confiance.

On a connu des sprints plus exaltants.

17

« Rien d'autre qu'une approximation. » Taylor, quatrième rencontre presque vraie

— M. Taylor, excusez-moi d'avoir été un peu désagréable avec vous la dernière fois.

— On dirait que vous avez à nouveau besoin de moi.

— Oui, c'est vrai. J'ai l'impression que plus je progresse dans mon enquête, moins c'est clair. Ces histoires de comptables qui viennent se mêler de cadences…

— Je vous présente également mes excuses.

— Ah bon ? Pour m'avoir traité d'enfant bâtard d'un poney et d'une gorille ?

— Non, ça c'était plutôt bien vu. Mais je ne vous ai pas tout dit.

— À quel propos ?

— Quand je vous ai dit que j'avais un rêve…

— Vous pouvez dire *I had a dream* si vous voulez.

— Non, je manque d'entrain aujourd'hui. Ce rêve d'un grand registre qui recenserait tous les gestes élémentaires d'un ouvrier et les durées nécessaires pour les exécuter, et qui permettrait ainsi d'affecter des durées à de nouvelles opérations, sans passer par de nouveaux chronométrages.

— Oui, je me souviens bien, et nous avons découvert que c'est ce que fait La Poste. Votre rêve est devenu réalité !

— Il n'y a pas qu'à La Poste. C'est bien plus ancien. Dès les années 1940, il a commencé à être mis en œuvre.

— Pourquoi ne me l'avez-vous pas dit ?

— Je craignais que vous vous désintéressiez de mon œuvre. Maynard, Stegemerten et Schwab, voilà les noms qu'il vous faut retenir, plutôt que le mien. Ce sont les ingénieurs qui ont renseigné et popularisé ce grand registre des temps standard. Ce sont eux, les maîtres.

— Mais non, allons. Ce sont juste vos suiveurs. Je n'oublierai jamais que l'idée de soumettre les ouvriers à des durées standard est de vous.

— Vous êtes gentil.

— Je ne sais pas si c'est vraiment flatteur. Donc vous m'avez caché qu'il existe déjà un registre des gestes et de leurs durées ?

— Oui, et ce registre a même été utilisé dans un certain nombre d'industries. Mais pas pour des activités en extérieur comme celle de facteur, d'après ce que je sais[1].

— On trouve dans ce registre tous les gestes réalisés dans une usine ?

— Pas tous les gestes, pas toutes les durées, mais enfin c'était un début impressionnant. « Atteindre », « mouvoir », « tourner », « saisir », « positionner », « lâcher », « désengager », « marcher », c'est la liste des mouvements auxquels ils ont pu attribuer des durées standard, pour lesquels il n'est plus nécessaire d'effectuer des chronométrages. Il reste le « faire », pour désigner l'opération spécifique que vous étudiez : découper, fraiser, souder, émincer, ce que vous voulez.

— Avec ce « faire » qui est différent pour chaque opération, il manque l'essentiel, non ?

— Apparemment, mais réfléchissez un peu. Dans un gâteau au chocolat, le chocolat n'est-il pas l'essentiel ? Et pourtant, en proportion, il y a moins de chocolat que de farine, de sucre, de beurre et d'œufs. Si vous concentrez votre étude sur le seul chocolat, parce que les quantités des autres ingrédients sont déjà connues, vous gagnez beaucoup de temps. Et puis, qu'est-ce qui manque, dans cette liste de mouvements, pour décrire le travail du facteur ?

— Rouler à vélo ?

— Soit.

— Et avant ça, rechercher un vélo en état de marche ?

— Ça, ce n'est pas une opération productive, c'est un aléa. Vous n'allez pas l'intégrer dans le temps standard.

— Et pourtant, ça me retarde au moins une fois par semaine.

— Je ne dis pas que ça n'existe pas et qu'il ne faut pas le prendre en compte. *Les éléments les plus difficiles à mettre en durées sont le pourcentage de la journée requis par le repos, et le temps à allouer aux délais inévitables ou accidentels*[2]. Par exemple, je le déplore, mais il arrive que des ouvriers aient besoin d'aller aux toilettes. Bien sûr, ils ne vont pas aux toilettes après chaque opération, donc on ne le mesure pas avec le temps standard unitaire. Il faut évaluer le temps que ça prend, mais séparément, à l'échelle d'une journée. D'abord vous calculez un temps standard, ensuite vous ajoutez un pourcentage pour les aléas et les repos.

— Et comment vous faites ça ?

— Pour les aléas, les besoins naturels à satisfaire, les problèmes de machine qui retardent ceux qui les manipulent, etc., vous chronométrez une journée entière de travail, et vous regardez combien de temps tous ces événements ont mangé dans la journée de l'ouvrier. Cela vous donne un pourcentage que vous appliquez à vos temps standard[3].

— Et pour le repos ?

— Comment procède votre Poste ?

— Les facteurs ont une pause quotidienne de 20 minutes, c'est la même pour tout le monde. Ça ne dépend ni du type de tournée, ni du moyen de locomotion, ni de la durée de la tournée. Qu'elle fasse 6 h 21 ou 7 heures, on a 20 minutes de pause.

— Quelle que soit la durée de la tournée ? Pourtant, s'ils s'inspirent de Maynard, ils auront lu qu'« au fur et à mesure de l'avancement de la journée de travail, l'opérateur subira de plus en plus les effets retardateurs de la fatigue[4] », et qu'il faut donc adapter les pauses en conséquence. De la même manière que Maynard et ses acolytes préconisent – je trouve cela trop généreux, mais c'est une sophistication intéressante – d'adapter les cadences de marche en fonction de l'âge et du poids des travailleurs.

— Une cadence propre à chacun ?

— Non, c'est impossible, mais en se référant au moins à l'âge et au poids moyens des travailleurs d'un même établissement.

— Ah non, La Poste ne fait pas ça. Ce sont les mêmes cadences pour tout le monde, partout.

— Je vous avoue que je préfère ça. Si les facteurs sont trop vieux ou trop gros, tant pis pour eux, qu'ils aillent faire autre chose. Par contre pour le repos, je trouve votre Poste un peu raide, il y a matière à travailler. C'est comme le reste, il y a des lois à découvrir.

— Vous ne cherchez pas seulement des lois sur le travail, mais aussi pour le repos ?

— C'est l'autre face de la même pièce. Et je ne me contente pas de chercher, j'ai trouvé. Par exemple, pour la manutention de la gueuse de fonte. Là, *c'est la loi du travail de force, correspondant au travail du cheval de trait, pas du trotteur*[5].

— Encore la métaphore des chevaux ?

— Vous avez mieux à proposer ?

— Eh bien par exemple, arrêter avec les métaphores animales. J'imagine qu'un cheval peut être fatigué et avoir des états d'âme, mais il ne peut pas nous en parler. Là, vos ouvriers, ils sont capables de vous dire quand ils sont fatigués et quel rythme leur convient, tout de même !

— Détrompez-vous. Cette loi là aussi est tellement compliquée qu'ils ne peuvent la comprendre. *La loi, c'est que pour chaque traction ou poussée, pour chaque manipulation qui utilise les bras de l'homme, il n'est possible pour le travailleur d'être chargé que pendant une portion définie de la journée*[6].

— Belle découverte ! Et vous croyez que même votre Schmidt ne s'en rendait pas compte ?

— Attendez. L'important, c'est la détermination scientifique de cette portion. Par exemple, *dans la manutention de gueuses de fonte, si chaque gueuse pèse 92 livres, un* first-class man *ne peut être chargé que 43 % de la journée et doit rester libre de toute charge pendant les 57 % restants. Et ces 57 % doivent être disséminés tout au long de la journée par de fréquents arrêts. Si Schmidt avait été autorisé à s'occuper des 47 tonnes de fonte sans être guidé par un homme qui comprend la science de la manutention de la gueuse de fonte, dans l'objectif d'accroître son salaire il se serait épuisé avant même l'heure du déjeuner*[7].

— C'est très impressionnant de précision, vos pourcentages, mais vous les sortez d'où ?

— La science.

— Oui, mais encore ? Et ne me refaites pas le coup du « vous ne savez pas ce que c'est la science ? ».

— Je dois avoir ça dans mes archives… Vous avez deux centiminutes ?

— Je vous en prie.

— C'est important d'avoir des archives, pour garder la mémoire de la manière dont vous avez procédé. S'il arrive que les temps standard que vous avez prévus pour une opération semblent impossibles à tenir, vous pouvez toujours revenir à ces informations primaires pour savoir par quelles observations, par quel raisonnement, par quelle standardisation mathématique vous êtes passé. Il faut tout consigner, ne rien abandonner à votre mémoire. *J'ai déjà fait cette erreur d'omettre certains détails, ce qui a rendu inutilisables des études de temps pourtant conduites pendant des mois*[8]. Sur ce point encore, Maynard et ses collègues ne font que me plagier lorsqu'ils écrivent que « toutes les feuilles d'observations et les valeurs qui s'y rapportent doivent être soigneusement classées, car elles ne donnent pas seulement le temps alloué, mais aussi un enregistrement détaillé et complet de la méthode sur laquelle est basé le temps alloué. [...] Ainsi, l'Ingénieur des Méthodes en gardant soigneusement ses notes [...] est en mesure de répondre à toute question pouvant surgir au sujet des valeurs de temps[9] ».

— Cela doit faire beaucoup d'archives et de rangement, alors ?

— C'est cela, la science. La science ne surgit pas de l'opacité des formules ou de la quantité des décimales. Au contraire, elle découle de l'explicitation permanente des hypothèses et des raisonnements. Elle permet de remonter la chaîne de ses opérations, en justifiant comment chacun de ses maillons a été conçu. Elle tient à disposition le registre de ses expériences et de leurs résultats, pour que chacun puisse le consulter et vérifier par lui-même la robustesse des conclusions qui en sont tirées.

— Joliment dit. Mais quand vous dites que ce registre doit être à la disposition de chacun, vous pensez aussi aux travailleurs ?

— Oui, s'ils avaient le droit de pénétrer dans nos bureaux, et s'ils étaient capables de comprendre. Faut-il vous rappeler que Schmidt...

— … ne comprend même pas le sens du mot « pourcentage », non, je me souviens.

— Eh bien voilà, vous savez à présent ce qu'est la science. Je pense que cela conclut parfaitement notre séance d'aujourd'hui.

— Vous ne deviez pas rechercher dans vos archives comment vous avez établi vos 57 % de repos dans une journée de travail de force ?

— Ah, oui, si vous insistez. Attendez… Voilà. J'ai retrouvé l'étude, elle s'intitule « *Work done by two extraordinary laborers in carrying pig iron* ». Bon, un titre n'est jamais qu'un titre.

— Si je traduis bien, il s'agit du travail effectué par deux manœuvres extraordinaires pour la manutention de gueuses de fonte ?

— Ça y ressemble.

— Donc votre loi de la fatigue repose sur l'observation de seulement deux individus ?

— S'ils sont bien choisis…

— Et où est passée la notion de *first-class man* ? Qu'est-ce que c'est que ces travailleurs « extraordinaires » ?

— J'imagine qu'ils sont encore un peu au-dessus du *first-class man*.

— Vous imaginez ?

— Ce n'est pas moi qui ai réalisé directement l'étude, mais un de mes collaborateurs. Avec mes responsabilités, je n'en avais pas le temps.

— Et alors ces 57 %, c'est mesuré comment ? Comment vous définissiez le repos ? Que faisaient ces deux extraordinaires manœuvres pendant leur temps de pause ?

— Laissez-moi relire l'étude… Ah, voilà les courbes. C'est celle-ci : « *Return walk considered rest* ».

— Retour en marchant, considéré comme du repos.

— Hum… Oui.

— C'est-à-dire que ce que vous avez appelé repos, c'est simplement le temps que les manœuvres reviennent du chariot où ils viennent de déposer une gueuse de fonte, pour se rendre là où se trouve la pile des gueuses à transporter[10].

— On dirait.

— Mais s'ils ne revenaient pas à la pile de gueuses, ils ne pourraient pas continuer à en transporter. Comment pouvez-vous appeler ça du repos ?

— C'est un temps pendant lequel ils ne sont pas productifs.

— C'est discutable, non ?

— Peut-être, mais si on peut en discuter, c'est parce que je range bien mes archives. Voilà la seule leçon à retenir pour aujourd'hui. Est-ce que vous savez ce que La Poste met dans ses normes et cadences ? Comment, sur le terrain, dans ses chronométrages de 1994, elle a distingué le déplacement de la durée de séjour, la durée de séjour du temps de remise ? Combien de facteurs elle a suivis ? Les temps qu'elle a enregistrés pour chacun d'eux ? Les formules qui lui ont permis d'éliminer les inévitables disparités entre facteurs pour établir des cadences uniques ?

— Non, c'est vrai.

— Alors balayez la paille devant l'étable du poney avant de pointer la poutre dans l'œil-de-bœuf.

— Vous êtes sûr de votre expression ?

— Pourquoi est-ce à moi que vous vous en prenez ? Ce n'est pas La Poste qui vous intéressait ? Vous croyez que vous allez pouvoir écrire votre livre, alors que vous n'avez aucune réponse aux questions que je vous ai posées sur la manière dont La Poste a conçu ses « normes et cadences » ?

— Mais je me retrouve face à un mur ! Et s'il n'y avait rien à trouver ? Si c'était du vent ? Je ne sais même pas ce que représentent ces « normes et cadences » appliquées aux facteurs. L'étude de 1994 parle de « moyennes », mais seulement pour les vitesses de déplacement, et ne dit rien pour le reste. Je me dis, tiens, il va falloir trouver la formule mathématique qu'il y a derrière ces « moyennes ». Et puis ensuite, je tombe sur le manuel des organisateurs de 1999, qui dit autre chose : « Les cadences proposées représentent ce que l'on est en droit d'attendre comme productivité de la part d'agents titulaires d'une position de travail[11]. » Donc c'est quoi, ces cadences ? Un truc scientifique, une estimation au doigt mouillé, ou un simple désir patronal ? Avec vous aussi, à chaque fois qu'on aborde cette question j'ai l'impression de m'enliser dans des sables mouvants.

— Si je dois reconnaître un mérite à Maynard et ses acolytes, c'est d'avoir réfléchi à cette question.

— Et qu'en disent-ils ?

— Quand j'ai lu leur livre pour la première fois, j'ai cru qu'ils trahissaient mes principes en nivelant les efforts par le bas. Au lieu de prendre pour référence le *first-class man*, ils parlent toujours d'« activité moyenne ». Mais admirez le tour de passe-passe. D'abord, ils vous disent qu'« une erreur fréquente est d'embrouiller le sens du mot “moyenne” ».

— Quel est le sens qu'ils lui donnent ?

— Écoutez : « Il doit être précisé que l'habileté moyenne sur une opération déterminée ne signifie pas l'habileté moyenne de tous, hommes, femmes et enfants du pays, ou l'habileté moyenne de tous les travailleurs dans une usine déterminée à un moment donné. Ce à quoi on se réfère est l'habileté normale, qu'on peut espérer rencontrer chez un travailleur normal qui connaît l'opération et qui a acquis une certaine maîtrise dans son exécution à la suite d'une période d'entraînement et de pratique. »

— Le moyen devient le normal ? Et comment définit-on le normal ?

— Bonne question. Au moins, quand je prenais pour référence un *first-class man*, c'était l'homme le plus rapide, point. Avec le système de Maynard, chaque chronométreur observe un ouvrier lambda, puis établit un « jugement d'allure » : est-ce qu'il était rapide, un peu, pas trop, oui mais quand même pas tant que ça… ? Vous imaginez les disparités de jugement, les imbroglios et les conflits ? Tel chronométreur dira qu'un ouvrier était à moitié rapide pendant que l'autre dira qu'il était à moitié lent, la direction ne saura pas quoi en faire et l'ouvrier sera vexé dans les deux cas. Beau résultat ! Vous me reprochiez de fonder mes temps sur les plus performants des travailleurs, mais vous voyez bien que choisir le plus rapide, c'est plus objectif.

— Donc l'« activité moyenne » de Maynard et ses collègues ne découle pas d'une formule arithmétique débouchant sur une moyenne ?

— Ils ont l'honnêteté de le reconnaître : « Elle résulte d'une définition et n'est pas mathématiquement établie[12]. »

— Mais cette définition, elle n'est pas un peu objective ?

— Jugez-en : « Il fut décidé que [l'activité “moyenne”] serait l'équivalent du fameux “travail loyal d'une journée”. […] Ce devait être l'effort donné par le travailleur consciencieux quand il travaille[13]. »

— Et qui qualifie le travailleur de consciencieux ou non ? En fonction de quel critère ? En fait, ce sont eux qui embrouillent le sens du mot « moyenne ».

— Ils le reconnaissent eux-mêmes : « En dépit de la confusion que cela peut engendrer, ce mot a semblé être d'un meilleur usage, d'un point de vue pratique, que les autres qui pourraient être utilisés tels que “normal” ou “standard”. Si on utilisait normal par exemple, on pourrait rencontrer une réaction défavorable de la part de l'ouvrier dans certains cas, quand on lui explique qu'il doit fournir une activité meilleure que l'activité normale pour recevoir une prime. On peut l'imaginer racontant à ses amis : “Je me demande si on doit être normal pour gagner de l'argent dans cette usine”[14]. »

— Je suis encore plus embourbé qu'en arrivant. Je ne sais pas si c'est moi qui ne comprends rien ou si vos études de temps et celles de La Poste sont juste bidon.

— Je vous propose une formulation de compromis. *Les études de temps, ce n'est rien d'autre qu'une approximation. Il n'y a rien de précis. Tout ce que nous pouvons espérer, c'est de parvenir à une approximation plus proche de la réalité que ce que nous avons jamais obtenu. C'est pourquoi nous devons conserver une grande marge de sécurité, qui va de 20 % à 225 % du temps chronométré, afin de couvrir tout type d'incertitude*[15]. Est-ce que La Poste introduit une telle marge de sécurité ?

— Je ne sais pas.

— Eh bien, revenez quand vous saurez.

18

« Le déchet de La Poste faisant foi »

Comment savoir sur quoi La Poste a fondé ses « normes et cadences », au début des années 1990 ? Où trouver le registre de ses opérations, et surtout à quel titre pourrait-on obtenir le droit de le consulter ?

Depuis Nanteuil, au milieu des caissettes qui s'empilent, des recommandés qui s'amoncellent, des journées sans fin, on se prend à rêver d'un lieutenant Columbo, tenace et irrévérencieux, qui fouinerait opiniâtrement jusqu'à dénicher le pot aux roses, sous la forme d'un carton d'archives postales. Cependant, quoique solitaire, usant de son apparence insignifiante pour déjouer la méfiance des coupables, Columbo est le prolongement d'une institution puissante, le département de police de Los Angeles. En revanche, qui a un mandat pour enquêter sur les « normes et cadences » de La Poste ? Pendant longtemps, personne.

C'est la transformation de La Poste en société anonyme, en 2010, qui change la donne. Ayant déjà cessé d'embaucher des fonctionnaires depuis des années, La Poste quitte alors définitivement le giron de l'administration et des établissements publics pour intégrer le monde juridique de l'entreprise privée. Peut-être les instigateurs de cette réforme et les dirigeants de La Poste n'y ont-ils vu, à l'époque, que des marges de manœuvre supplémentaires : autonomie de gestion, possibilité d'augmenter le capital, de solliciter de nouveaux actionnaires, de licencier des salariés plutôt que d'être contraint par la sécurité de l'emploi des fonctionnaires. Avaient-ils perçu que l'entreprise privée n'était pas que cela, et avait vu naître en son sein des contre-pouvoirs institutionnalisés que l'État, au nom de l'intérêt général qu'il représente, refuse à ses agents ? Il reste que, à partir de 2011, les postiers peuvent élire des représentants dans des comités d'hygiène, de sécurité et des conditions de travail (CHSCT) qui ont été hissés au même niveau de prérogatives que leurs homologues du secteur privé[1].

Dès lors qu'elle entreprend de réorganiser, de supprimer des tournées, d'introduire de nouveaux outils ou dispositifs organisationnels, une direction locale de La Poste doit désormais solliciter l'avis du CHSCT compétent. Des centaines de CHSCT, des milliers de représentants du personnel sont soudain mis en demeure d'émettre un avis sur les « réorg' » et ce qui les fonde. À cette occasion, ils peuvent librement, à la différence de leurs anciens cousins de l'administration, recourir à l'appui d'un expert extérieur. Leur avis n'est que consultatif, La Poste peut passer outre, mais les élus du CHSCT peuvent tenter de faire bloquer par la justice la mise en œuvre d'une réorganisation au nom du manque d'information ou de l'impact délétère qu'elle aurait sur les conditions de travail.

Les organisations syndicales, dont sont issus ces nouveaux types de représentants du personnel, ont diversement saisi la perche tendue. C'est la fédération Sud PTT qui exploite le plus l'opportunité de ces CHSCT nouvelle manière, recourant à des enquêtes internes, à des expertises extérieures, à l'inspection du travail et aux tribunaux.

Dans les premiers temps, elle fait remonter des différents territoires de l'information sur les conséquences, pour les conditions de travail des facteurs, de la détermination automatisée des tournées. Cela permet de constituer une immense base documentaire, dont l'alimentation coûte de l'argent à La Poste[2], mais cela n'enraye pas la machine. Les CHSCT peuvent bien rendre des avis négatifs, ce ne sont pour La Poste que des avis. Les directions d'établissement se contentent de les recueillir, comme l'impose le code du travail, et n'en tirent la plupart du temps aucune conséquence. Dans la seconde moitié des années 2010, des élus de CHSCT vont plus loin, plongent dans les recettes et les combinaisons du logiciel, devenant comme Aurélie, la factrice des montagnes, des experts plus savants que leurs directions locales. Mais ils se heurtent au mur d'une direction nationale qui ne veut pas révéler de quoi sont faits les calculs.

Or, dit le code du travail, ces élus n'ont pas de pouvoir, mais ils ont le droit de savoir : l'employeur doit leur fournir les « informations nécessaires à l'exercice de leurs missions[3] ». Qu'est-ce qui est « nécessaire » à l'information des représentants des facteurs ? Jusqu'où la curiosité de ces derniers, relative à la fabrique de leurs conditions de travail, est-elle légitime ? Le code du travail n'en dit pas plus, et pendant longtemps le mot « nécessaire » n'a pas reçu de précisions officielles, faute d'être invoqué.

*

« À La Poste, on ne rigole pas avec le temps de travail. Pour organiser les tournées de ses facteurs, l'entreprise utilise un logiciel de choc, baptisé "Metod", qui découpe chaque tâche en minutes, en secondes et même en centiminutes ! Une science quasi nucléaire… Problème : ces cadences ont été calculées il y a près de vingt ans, et plus personne ne sait comment. Pas même La Poste ! C'est du moins ce qu'elle affirme, notamment pour les besoins de sa défense dans plusieurs procès en cours. » Dans son numéro du 14 juin 2017, *Le Canard enchaîné* révèle de son ton goguenard que les rationalisations postales sont fondées sur du sable. D'où le titre de l'article, en forme d'éloquent jeu de mots : « Le déchet de La Poste faisant foi. »

Les cadences mises en œuvre à La Poste ont été une cible toute particulière des CHSCT et des experts qu'ils ont mandatés. Depuis 2015, cela a même conduit des tribunaux à ordonner à l'entreprise de livrer l'ensemble des documents justifiant ses cadences, voire à lui interdire d'entreprendre des réorganisations avant d'avoir produit ces documents. Or de telles décisions de justice débouchent sur une impasse car, en dehors de quelques documents épars et incomplets, La Poste affirme avoir tout perdu. Concernant plus particulièrement la distribution, les « travaux extérieurs », il n'y aurait rien de plus détaillé que l'étude de 1994, qui dessine à grands traits les modalités de production des cadences, mais ne reproduit ni les résultats des chronométrages ni les pondérations et les formules qui ont permis de déterminer des cadences univoques à partir d'observations nécessairement disparates.

« Le CHSCT rappelle notamment qu'une grande partie des données brutes ayant conduit à l'élaboration des études n'est pas communiquée, plaide ainsi un avocat de la direction dans une de ces affaires. La Poste ne prétend pas le contraire ! En revanche, force est de constater que ces éléments n'existent pas[4] ! » Selon La Poste, il ne serait pas possible d'en dire plus que ce que j'ai rapporté à monsieur Taylor, c'est-à-dire pas assez pour jauger la rigueur d'un protocole et déterminer la fiabilité de ses résultats.

Que penser d'une telle défense ? Aveu sincère, ou volonté de camoufler des documents dont la divulgation serait néfaste à la crédibilité de l'entreprise ? En attendant la réponse définitive d'un hypothétique Columbo, je suis porté à croire La Poste : parce que l'étude de 1994 n'était pas pensée pour organiser le travail des facteurs, mais pour informer, à un moment donné, la comptabilité de l'entreprise, ses supports ont pu échapper à une conservation attentive. Ils étaient peut-être déjà égarés quand, une dizaine d'années plus tard, saisie par une fièvre réorganisatrice et la volonté de redessiner dans l'urgence des dizaines de milliers de tournées, La Poste s'est saisie des résultats que ces supports ont permis.

Dans les prétoires, les avocats de La Poste adoptent, pour défendre l'aveu de la perte, des attitudes variées. Parfois la contrition : oui, c'est bien dommage que ces documents aient disparu, c'est que La Poste est une grande maison, vaste et complexe, dont les directions ont été affectées par de fréquents déménagements, occasionnant des disparitions d'archives.

Mais les avocats recourent plus souvent à l'attaque. D'une part, on ne pourrait pas reprocher à La Poste d'avoir égaré des documents vieux de plus de vingt ans, alors que, par comparaison, l'obligation de conserver les statuts d'une entreprise ne court que pendant cinq ans. Ce n'est plus *Columbo*, c'est *Cold case*. Mais l'argument est douteux : l'obligation légale de conserver un document ne court qu'à partir du moment où il a cessé de produire ses effets – donc cinq ans après la fermeture de l'entreprise, dans le cas de ses statuts. Or les « normes et cadences » ont beau être anciennes, elles continuent d'être en vigueur des décennies plus tard, à Nanteuil comme partout ailleurs en France. Dans l'affaire suivie par *Le Canard enchaîné*, le tribunal a jugé qu'« il apparaît peu crédible que [La Poste] n'ait pas gardé ces éléments, alors même qu'il ne s'agit pas d'archives, mais bien de protocoles actuels dont [l'entreprise] se sert toujours pour le calcul des tournées[5] ».

D'autre part, d'après les avocats de La Poste, les CHSCT ont eu bien assez de documents pour se faire un avis sur les réorganisations, et en demander plus serait outrepasser leurs prérogatives, voire s'immiscer dans le pouvoir de direction légalement reconnu à l'employeur. L'argument est juridiquement plus sérieux, à défaut d'être décisif. Il met en balance le droit de savoir des salariés et de leurs représentants, et le droit de diriger de leurs employeurs, tous deux légalement consacrés. Il mêle ce conflit de droits à un débat épistémologique sur le degré de détail requis pour restituer honnêtement les modalités d'une procédure de mesure (en l'occurrence du rythme des facteurs, dont découle le nombre de postes conservés et supprimés au cours d'une réorganisation). Il n'y a rien d'exceptionnel à ce qu'un modèle de représentation de la réalité, c'est-à-dire un empilement d'hypothèses et de conventions, d'approximations et de raisonnements successifs, élaboré par des acteurs et des services multiples, produise des résultats dont plus personne n'est en mesure d'apercevoir l'intégralité des biais cumulés[6]. Au moment où la machine est pointée du doigt (et quand le doigt pointeur est celui de salariés, qui juridiquement, par contrat, ont abdiqué leur pleine autonomie et accepté leur subordination), jusqu'où autoriser l'inspection de ses rouages, jusqu'où déplier ses opérations imbriquées ?

Il n'y a pas de solution mécanique. Cela devient affaire de curseur. Quelle que soit sa décision, le tribunal trouvera des ressources juridiques pour la justifier. Tout se joue dans son degré de compréhension des enjeux et dans l'orientation de sa sympathie, qu'une sociologie des juges et de leur travail éclairerait, mais que je n'ai pas pu effectuer à l'échelle de cette enquête.

Quel est le résultat de ces contentieux ? Contrasté, car la jurisprudence est éclatée. Les décisions assènent tout et son contraire. Tantôt, comme celle citée ci-dessus, elles privilégient le droit de savoir des salariés et refusent de croire à la disparition des documents qui organisent le travail de 70 000 facteurs et factrices. Tantôt, impressionnés par les monceaux de documents transmis par les directions de La Poste aux CHSCT et à leurs experts, jugeant au poids plutôt qu'évaluant leur pertinence, les tribunaux affirment que c'est bien assez, que l'étude de 1994 se suffit à elle-même, qu'il n'y a que raffinement dilatoire dans la demande de transmission des chronométrages et des formules qui les convertissent en cadences. Il est possible de mener « la critique des outils de l'entreprise, sans nécessité de connaître les documents de conception de ces outils », lit-on ainsi dans l'une de ces décisions[7].

Ces contentieux ont des échos au-delà de l'arène judiciaire, et des effets au-delà des conséquences pratiques immédiates sur la réorganisation incriminée. Lorsque les facteurs sont avertis de la défense adoptée par La Poste – « ces éléments n'existent pas », ils ont été perdus –, le rapport de forces psychologique, dit autrement le rapport de légitimité, est modifié. C'est que le contraste est saisissant. Dans les centres de distribution du courrier, les directions locales opposent aux facteurs sceptiques le caractère scientifique des calculs. Or, derrière la masse opaque, complexe et impressionnante que charrie le mot « science », il s'avère que les directions masquent l'évanouissement du référent originel. À en croire la défense de la direction nationale, nul ne peut aujourd'hui consulter le registre des expériences à l'origine des cadences, et nul ne peut plus en vérifier la robustesse.

À présent que des facteurs et des factrices remontent la longue chaîne des opérations et des équivalences qui gouvernent leurs tournées, c'est pour s'apercevoir qu'elle n'est amarrée nulle part.

19

« On t'envoie au casse-pipe ! » De facteur à distributeur

> « L'homme dont la spécialité, sous le régime du *scientific management*, est de planifier, découvre invariablement que le travail peut être mieux fait, et de manière plus économique, par une subdivision du travail. »
>
> TAYLOR[1]

« À partir de la semaine prochaine, est-ce que ça te dérange de faire du mixte ? »

C'est Sandrine, la cheffe d'équipe, qui me sonde. Elle est à la recherche d'un remplaçant pour Hervé, qui part en vacances. La réorganisation a créé six tournées d'un genre nouveau, dites « mixtes », le terme abritant lui-même un mélange de particularités.

« Le mixte, c'est commencer à 8 h 30 et finir à 16 h 15 ?

— Ouais, et ne faire que de la distribution. En fait tu ne t'occupes pas de couper le courrier, ta tournée est prête quand tu arrives. Tu as juste à charger sur ton vélo. »

On ne coupe pas, c'est-à-dire qu'on ne touche pas au tri, effectué par quelqu'un d'autre. Si l'on excepte les quelques minutes pour charger le vélo au départ, le décharger au retour, les 7 heures de la journée sont uniquement dédiées à rouler dans les rues de Nanteuil et distribuer des lettres dans des boîtes. C'est pourquoi on commence plus tard que les autres : il faut laisser le temps aux collègues dédiées au tri, deux factrices en fin de carrière rebaptisées « préparatrices », de constituer les liasses qu'on emporte.

La séparation du tri et de la distribution d'une même tournée entre deux agents différents, c'est le dispositif organisationnel phare de La Poste depuis quelques années[2]. Les directions d'établissements reçoivent l'objectif d'en injecter une dose, plus ou moins élevée selon le niveau de réticence des agents, à chaque réorganisation. Pour l'instant minoritaire, il pourrait concerner à terme la majorité des tournées. « Bientôt toutes les tournées seront comme ça », pronostique même Sandrine.

L'intérêt ? Économiser sur les trajets qui mènent à la tournée. Au lieu que deux facteurs se rendent sur zone, l'un reste à demeure pour se consacrer au tri, et seul l'autre utilise une partie de son temps à circuler dans Nanteuil jusqu'au premier point de distribution[3].

« Sincèrement, c'est plus cool que de faire une tournée normale », poursuit Sandrine. « T'as pas à t'occuper de ton courrier, chercher les réexpéditions, t'embêter avec le casier que tu connais pas. Quand tu arrives, tout est prêt, tout est liassé. Moi, franchement, je serais CDD… Enfin, j'aurais préféré ne mettre que les CDD sur ces tournées-là. »

Sandrine glisse vite de l'empathie à sa propre préoccupation : tirer le meilleur des salariés précaires, en réduisant le risque d'erreurs et de réclamations. Restreindre le champ de leurs tâches, c'est tenter de s'accorder au caractère sommaire de leur formation en éliminant une partie des situations où savoir-faire et expérience sont requis. Non seulement on ne trie pas, mais on ne distribue que les plis ordinaires. C'est la portion la moins problématique du courrier, à double titre : elle implique moins de difficultés, moins de cas de figure, moins de règlements ; et les éventuelles bêtises du distributeur sont moins dommageables, sinon aux usagers, du moins à La Poste.

Pour quatre tournées de ce type, on trouve donc non seulement les deux préparatrices, mais deux tournées sœurs dédiées aux recommandés de la même zone, parcourue par des facteurs en voiture. Cette nouvelle division du travail augure d'une nouvelle hiérarchie entre facteurs : aux mieux considérés, aux stables, les tâches qui appellent dextérité et connaissance approfondie, aussi bien des procédures postales que des caractéristiques de la zone desservie ; aux non-qualifiés, à la main-d'œuvre banale, le travail à la chaîne – fût-elle de vélo –, la répétition de gestes identiques à l'enjeu limité. Les agents de Nanteuil, jusqu'à Sandrine et même Dominique, parient que le projet de La Poste est de réduire le noyau des stables et renvoyer la distribution simplifiée à des salariés précaires (en CDD ou en intérim), voire convertir la relation salariale en contrats commerciaux (en recourant à des entreprises sous-traitantes, comme elle le fait déjà abondamment pour les colis, ou à des auto-entrepreneurs « ubérisés »). Ce que La Poste perdrait en savoir-faire et en qualité, elle le gagnerait en isolement et en discipline des travailleurs, en ajustement des effectifs aux fluctuations de l'activité, en réduction du coût du travail[4]. Les quelques ingénieurs du siège que j'ai rencontrés s'en défendent, mais mettent en regard le « modèle social » supposé de La Poste française et la précarisation que généraliseraient ses homologues européennes (devenues sur certains segments ses concurrentes).

Les « préparatrices » ne sont pas seulement parmi les plus expérimentées ; elles sont aussi parmi les plus usées. La séparation du tri et de la distribution permet à La Poste de reclasser au seul tri des facteurs devenus et déclarés physiquement inaptes aux travaux extérieurs – la partie la plus éprouvante de la journée, car plus gourmande en gestes, en port de charges, en coût cardiaque. Mais le tri demeure-t-il moins éprouvant quand on y consacre l'intégralité de sa journée ? Être affecté au tri durant sept heures d'affilée, c'est effectuer quotidiennement des milliers de mouvements quotidiens des épaules, des coudes, des mains, dont un quart environ amènent à soulever le bras au-dessus de la hauteur des épaules. Les « préparatrices » échapperont-elles longtemps à des troubles musculo-squelettiques douloureux et invalidants ?

Sandrine cherche encore à me convaincre de l'intérêt de distribuer des lettres simples pendant toute la journée. « C'est vrai que tu es un petit plus longtemps à l'extérieur, donc ça peut être un petit peu galère quand il pleut, quand il fait froid, mais bon l'un dans l'autre tu finiras pas plus tard que maintenant. Comme tu finis déjà à 16 heures, en gros tu feras les mêmes heures que maintenant, sauf que tu commenceras plus tard. »

Je perçois plus de bienveillance que d'ironie dans cette dernière remarque. C'est vrai, bien que commençant à 6 h 30, bien que ne disposant d'aucune pause déjeuner, je finis souvent aux alentours de 16 heures. Là, je commencerais à 8 h 30, aurais théoriquement une pause à midi, et je n'aurais cette fois pas le droit de dépasser, car le centre ferme. « À 16 h 15, tout le monde est rentré, moi je pars, prévient Sandrine. Je ne fais pas d'heures sup', j'ai d'autres activités. » Puisqu'elle est là depuis 6 heures du matin, bien sûr que Sandrine fait des heures supplémentaires ; mais j'ai compris que 16 h 15 est la limite intangible qu'elle se fixe. Je m'inquiète :

« Du coup, je risque de ramener du courrier.

— On verra. »

*

Les congés d'Hervé démarrent ce samedi après-midi. Facteur depuis une dizaine d'années, il est en CDI. Sandrine a beau voir dans ces tournées « mixtes » la réserve naturelle des précaires, il a bien fallu reclasser les permanents lors des suppressions de tournées induites par la réorganisation. C'est pourquoi toutes ces tournées sont aujourd'hui occupées par des titulaires en CDI. Pour Hervé, c'est plus qu'un reclassement, c'était un souhait : « J'étais volontaire. J'en avais plein le cul de me lever à 5 heures du matin. »

Ceux qui ont accepté de basculer sur ces tournées « mixtes » sont majoritairement des voisins du centre, des habitants de Nanteuil ou des communes alentour. Pour eux, commencer à 8 h 30 veut vraiment dire commencer plus tard, car leur temps de trajet jusqu'au lieu de travail ne change pas. En revanche, pour ceux qui ont troqué la proximité contre un logement plus grand, un pavillon, un accès à la propriété inévitablement plus lointain, commencer à 8 h 30 ne promet pas tant de mieux rassasier leur sommeil que de les plonger dans d'interminables embouteillages. Félix, par exemple, est catégorique : « Le jour où ils vont dire que tout le monde passe à la méridienne [la pause déjeuner obligatoire de 45 minutes], je vais négocier mon départ. Sincèrement. Rester ici, pour rentrer chez moi à 19 heures ? Non. Je vais passer au moins deux heures de temps dans les bouchons. Je prends mes enfants tous les jours à 16 heures. Si je ne peux plus les prendre à 16 heures, je perds la seule chose qui me retenait. »

Ceux qui ont accepté sont aussi parmi les plus jeunes et les moins investis dans le collectif de facteurs. « C'est frais d'arriver, t'as pas à préparer, t'as pas les recos, que de la distri », se réjouit Estelle. Dans le tri qui leur échappe désormais, dans les recommandés à récupérer et préparer chaque matin, Estelle, Hervé, Cédric et Stéphanie voient des corvées plutôt que des moments partagés avec leurs collègues.

En lui demandant s'il a des recommandations à me faire, j'apprends à Hervé que c'est moi qui le remplacerai. Délibérément ou non, Sandrine ne l'a pas prévenu. Hervé n'a pas l'air enchanté qu'un CDD, facteur depuis quelques semaines seulement, récupère sa tournée toute propre. C'est comme partir en vacances en sachant probable un dégât des eaux à son domicile, il y a de quoi vous gâcher le plaisir. Stéphanie, qui fait une tournée du même type, nous entend, et lâche un « Bon courage ! » dont je ne sais s'il s'adresse à Hervé ou à moi.

Hervé est peu disert. Il ne voit pas grand-chose à me dire de sa tournée, à part qu'aux 15 et 17 avenue du maréchal Lyautey, les deux entrées d'un grand immeuble qui domine le quartier, il y a respectivement 230 et 300 boîtes aux lettres. Mais c'est une information dont je ne peux rien faire, précise Hervé, sinon espérer que les « préparatrices » auront eu le temps de « numéroter » les plis, pour que je ne me retrouve pas à chercher l'aiguille dans la botte de noms.

La préoccupation d'Hervé est ailleurs : me faire parvenir la clé de la batterie du vélo, le badge vigik, et surtout les quatre clés qui seules ouvrent les portes de la cité des Artistes, un ensemble de douze petits bâtiments. Cela doit réglementairement rester dans les murs, il ne peut donc me les confier au retour de tournée. Pour les tournées traditionnelles, il y a une petite pochette où l'on loge les badges et les clés, et la pochette est laissée à la « cabine », dans la case des recommandés correspondant à la tournée. Mais sur cette tournée, nous n'avons justement pas de recommandés, donc pas de case, et pas de pochette. Ne parvenant pas à mettre la main sur un chef d'équipe, Hervé interroge Michel, un facteur qualité :

« Où est-ce que je peux mettre les badges ?

— Bah il devrait y avoir un truc pour ça. Bah, je sais pas. »

C'est ainsi, Dominique a configuré son *Tetris* avec des tournées sans recommandés, et l'intendance suivra – ou pas. Aucun dispositif n'est prévu pour le relais de pochette sur les tournées sans recommandés, bien qu'il ait lieu au moins deux fois par semaine (du titulaire au remplaçant, puis du remplaçant au titulaire). « Je vais mettre ça quelque part, en évidence, dans une enveloppe ou un truc comme ça, et je le dirai à Rachid [le chef d'équipe] en rentrant, pour qu'il te les donne lundi. » Pour cette fois, la solution fonctionne.

*

« Tu pars seul ? », me demande Michel. J'acquiesce. « On t'envoie au casse-pipe ! » Que je sois privé de doublure alors que la tournée est deux fois plus longue que la normale, cela choque tout le monde. Même Gabriel, que je n'ai jamais vu exprimer d'empathie, me dit : « Ils veulent te tuer. » Et pourtant, mon expérience est plus mitigée.

C'est vrai, je fais dix kilomètres de plus que d'habitude, dépassant les trente par jour. Le cardiofréquencemètre m'indique que mon cœur va plus vite, en pic comme en moyenne. C'est vrai aussi, je cherche, je tâtonne et je me perds, parce qu'il m'a manqué l'occasion de parcourir la tournée, comme de repérer sur le casier des noms de rues, des indications géographiques. C'est par hasard que je finis par découvrir qu'au 79 de l'avenue Lyautey, il y a deux cages d'escalier, et deux batteries : on accède aux premières par devant, aux secondes par l'arrière de l'immeuble. Pendant quatre jours, j'ai « buté » le courrier des habitants de derrière. Les « préparatrices » ne semblent pas le savoir non plus – comment le pourraient-elles ? – et mélangent les lettres des deux batteries.

La tournée comprend une grande galerie commerciale. J'abandonne mon vélo à l'entrée, et me rends dans les boutiques, une à une, remettre en mains propres le courrier, car il n'y a pas de boîte aux lettres. Je suis à la peine, parce que bien souvent la raison sociale d'un commerce, le nom indiqué sur la lettre n'est pas celui de l'enseigne. Le bar connu par tous comme « Le bon coin » s'appelle « Fleur du désert » pour ses correspondants. Je donne à un serveur du seul restaurant japonais « Ambiance Kyoto » un courrier adressé à « Maki dojo » ; il me le rend en m'indiquant qu'il n'est pas le destinataire. Honteux de mon amalgame, je comprends en revanche que toutes les lettres adressées à « Espace gourmand » sont pour lui. Je passe toute une semaine à ramener, parfois à « tuer » le courrier de « HTU », avant d'apercevoir la traduction sur le casier au centre : c'est le salon de coiffure Jean-Louis David. Il m'aurait suffi d'effectuer une seule fois le tri de cette tournée pour le savoir.

Lorsque Estelle, Cédric, Stéphanie et moi nous retrouvons pour la pause déjeuner, nous faisons le même constat : l'après-midi, nous sommes fréquemment interpellés par des usagers qui ne comprennent pas que l'on distribue le courrier aussi tard. À une dame qui m'apostrophe depuis son balcon, je réponds que c'est la nouvelle organisation et non ma lenteur qui est en cause. Je lui suggère d'appeler le 3631, le numéro dédié aux réclamations. Trois jours plus tard, depuis son balcon toujours, elle me rapporte avoir fait la démarche, et qu'on lui a répondu que le problème était « provisoire ». Je ne dis pas qu'on lui a menti, me contentant d'exprimer un doute.

Ne passant guère plus de dix minutes au centre le matin, je ne saisis pas la logique qui préside à l'organisation des « préparatrices », et à leur remplacement quand elles sont absentes. Je me contente d'en percevoir les répercussions dans la manière de trier. L'une met un élastique à chaque groupe de lettres allant à la même adresse ; l'autre se contente de faire basculer l'orientation des lettres, de l'horizontale à la verticale et *vice versa*, à chaque changement d'adresse. Pour la sente des Tourterelles, une longue impasse en descente, je découvre chaque jour un ordre des plis différent : une préparatrice me fait démarrer la distribution d'en haut, une autre d'en bas – j'aime moins, car entre deux adresses il faut faire repartir le vélo à contre-courant –, et la troisième m'empêche de « tricoter » en me mettant d'abord tous les numéros impairs (en descente) puis pairs (en montée)…

On ne communique pas. Le matin, elles sont toutes à leur tri, prises par l'urgence de la préparation de nos tournées du matin, avant de s'atteler au tri de notre courrier de l'après-midi, que nous récupérons lors de notre pause déjeuner. Quand on revient après 16 heures, elles ont terminé leur journée depuis longtemps. Il n'y a aucun cahier, aucun dispositif pour que l'on puisse échanger. Je me retrouve ainsi avec une lettre adressée au 15 avenue de la République, mais le nom n'apparaît pas sur les boîtes aux lettres. Plutôt que de la « tuer » immédiatement, je la ramène sur le casier et écris sur l'enveloppe « Rebut ou FS ? » (pour « faire suivre »). Je fais l'hypothèse que la préparatrice a pu laisser passer un contrat de réexpédition, car les collègues disaient que c'était parfois le cas. Le lendemain, je retrouve dans mes liasses le même courrier, dans le même état, sans commentaire ni réponse à ma question. Comme il y a un numéro de boîte, je mets le pli dans la boîte qui arbore le numéro (mais pas le nom), sans savoir si c'est la bonne solution. Les incertitudes ordinaires de la distribution sont démultipliées par la frontière entre les préparatrices et nous.

En dehors de ces quelques dilemmes, la tournée est monotone. En l'absence de recommandés, qui sont la source principale de péripéties, elle requiert moins de présence d'esprit, et souvent je m'évade. Dans les zones pavillonnaires, je vais d'une boîte à l'autre sans descendre de mon vélo, la tête ailleurs. Il faut la présence inopinée d'un *bis*, perturbant le déroulé habituel des numéros, pour que je sorte de ma torpeur et me concentre à nouveau, en me demandant si je n'ai pas, un peu plus haut, glissé du courrier du 23 dans la boîte du 21 *bis*. Je ne saurais trop dire si, comme Estelle, je goûte cette monotonie, si cela m'apaise ou si cela m'ennuie.

Il reste que je finis la journée en meilleure forme. Débarrassé des recommandés, je n'ai plus de sacoche en bandoulière, mon dos m'en est reconnaissant. Stéphanie, bien que plus jeune que moi, y voit aussi un atout décisif de ce genre de tournées. Et puis, j'ai moins l'impression de faire du mauvais boulot. Les deux premiers jours, comme prévu, j'ai ramené du courrier, ne pouvant achever la tournée avant 16 h 15. Cela me préoccupait d'autant plus que, ne triant pas ma tournée, je ne suis pas maître de l'ordre de distribution. Avec Romuald, j'avais pris l'habitude de commencer par la fin quand la veille je n'avais pu finir, afin de ne pas pénaliser plusieurs jours de suite les mêmes usagers. Là, n'ayant plus cette marge de manœuvre, je crains de priver durablement de courrier les mêmes personnes. Mais au bout de deux jours, je parviens à boucler la tournée dans les temps. Le « casse-pipe » de cette tournée « mixte » se révèle, sinon une planque, du moins un poste depuis lequel on a l'impression de pouvoir accomplir le travail pour lequel on est mandaté. Je réalise qu'à Nanteuil, au milieu du concert de critiques qui visent la réorganisation, je n'ai jamais entendu se plaindre Hervé, Estelle, Stéphanie ou Cédric.

Comment expliquer que ces tournées soient plus douces ? Pendant un temps, j'ai pensé que, La Poste cherchant à vanter les mérites de la pause méridienne, comme de la division entre le tri et la distribution, la direction de Nanteuil avait délibérément moins chargé ces tournées. Dominique prétend que non, et je n'ai pas eu accès aux documents qui permettraient de le vérifier.

Mais il y a au moins une autre raison : tandis que le nombre des recommandés et des colis augmente, le volume du courrier ordinaire diminue. Les chiffres de trafic que Dominique a utilisés pour ses calculs ont plus d'un an d'âge. La réorganisation a été repoussée de plusieurs mois parce que les élus du CHSCT ont décidé de la faire expertiser par un cabinet externe. Cela n'a pas changé son contenu, mais les hypothèses de volumes sur lesquelles la réorganisation se fondait se sont effritées avec le temps. Nous qui ne distribuons que des lettres ordinaires, nous bénéficions de leur raréfaction, sans subir en revanche l'augmentation du nombre de colis et de recommandés. Le ciseau des courbes ne nous concerne pas, nous n'avons que la baisse.

À l'inverse, les deux collègues qui sont dédiés à la distribution des recommandés, Mohamed et Ibrahima, voient leur charge de travail augmenter progressivement, sans que cela soit compensé par l'allègement des plis ordinaires, puisqu'ils n'en ont pas. Je ne sais pas comment leurs tournées ont été conçues, mais tout le monde s'accorde à dire que l'une est « faisable » pendant que l'autre est beaucoup trop chargée. Le titulaire de cette dernière, Mohamed, fonctionnaire d'une cinquantaine d'années, était volontaire pour cette tournée parce qu'elle lui permettait de troquer le vélo contre la voiture. Mais, quelque temps après avoir commencé, il est dépité : « Je ne fais pas du bon boulot, j'en avise d'office plus de la moitié. » La hiérarchie ne lui en tient pas rigueur, et cela aussi le désole : « Eux, tout ce qui les intéresse, c'est les entreprises, et les entreprises tu vas leur donner les recommandés, c'est vrai. Mais les habitants, les chefs s'en fichent. Un jour il y a un client qui va me retrouver, ça va mal finir. »

Entendant les échos des difficultés de Mohamed, Cédric est partagé entre empathie et satisfaction égoïste : « Il avise tout, donc il ne va pas faire les calendriers. » C'est que Cédric et Mohamed sillonnent la même zone, desservent les mêmes usagers, avec des plis d'un type différent : les lettres ordinaires pour le premier, les recommandés pour le second. C'est la source d'un conflit potentiel : qui, à l'approche de Noël, récoltera les fruits du travail de l'année, les étrennes obtenues sous forme de la vente de « calendriers » ? Mohamed a théoriquement un avantage pour se faire admettre comme le facteur du « calendrier du facteur ». Les recommandés devraient l'amener à sonner chez les gens, les rencontrer, se faire connaître d'eux, tandis que Cédric n'a affaire qu'à des boîtes, ne croisant leurs propriétaires qu'incidemment, lorsqu'ils entrent ou sortent de chez eux pendant qu'il distribue les lettres. Mais la déroute de Mohamed, dans l'incapacité de servir correctement les particuliers, c'est la chance de Cédric. À charge pour lui, tout de même, de faire entendre aux acheteurs de calendriers la distinction entre le facteur qui distribue bien les lettres ordinaires, et celui qui omet de sonner pour un recommandé quand les gens sont chez eux.

Ce sera d'autant plus malaisé que la direction de l'établissement, pour faire face à l'accumulation et au retard des recommandés, finit par décider, à la place de Mohamed, d'en aviser une grande partie. Les recommandés ne sont pas même emportés en tournée ; la cabine les envoie directement dans les bureaux de poste où les usagers devront les retirer. Les avis de passage atterrissent dans les sacoches de nos vélos, sans que nous en soyons avertis. C'est au moment de défaire les liasses que nous nous apercevons que la patate chaude est entre nos mains. Les conséquences ne se font pas attendre : pas un de nous qui ne se fasse attraper par un usager en colère d'avoir reçu un avis de passage alors qu'il était à domicile. « C'est pas normal, j'étais chez moi », me dit le mien. J'acquiesce, ne cherche pas à sauver les apparences de La Poste et le renvoie vers le 3631. Que pourrais-je faire d'autre ? Je n'ai même jamais eu son recommandé dans les mains.

Pour écouler le stock, la direction va encore plus loin. À côté de nos lettres ordinaires, les préparatrices ont reçu l'instruction de nous laisser les bacs de « lettres suivies ». Ce sont des produits hybrides, moins sécurisés que les recommandés – il n'y a pas de remise « contradictoire » à l'usager, il suffit de les glisser dans la boîte – mais mieux tracés que les lettres ordinaires – il faut les « flasher » à chaque étape de leur parcours, notamment juste avant la distribution. Surtout, il faut théoriquement les conserver dans la « sacoche des recommandés », en bandoulière, ne pas les abandonner dans le vélo, accessible aux larrons d'occasion quand nous sommes à l'intérieur d'un immeuble. Pour nous, l'instruction est indirecte : on est supposé comprendre que notre rôle est aujourd'hui de les distribuer. Comment ? On ne sait pas. Puisque, en théorie, nous ne nous occupons pas de ces courriers, nous n'avons pas de smartphone pour les flasher. Faut-il quémander une sacoche pour les conserver sur nous ? Mais les plis sont trop nombreux et volumineux pour tenir dans une seule sacoche. Est-ce qu'on les insère dans les coffres du vélo ? Mais alors, qui sera responsable en cas de vol ?

Cédric, Estelle et Stéphanie en discutent brièvement et tranchent : c'est pas possible. On va voir Sandrine, pour lui communiquer cette conclusion. Estelle argumente : « C'est pas ce qui est prévu pour nos tournées. » Il n'y a pas besoin d'argumenter longtemps, Sandrine partage notre point de vue, elle est lasse des injonctions contradictoires qui pleuvent de ses échanges téléphoniques quotidiens avec la responsable de production : « Vous faites ce que vous voulez, de toute façon… » Du coup, on ne les embarque pas. On entend dire que la responsable de production de l'établissement sera dans le centre à l'heure de la pause déjeuner. Cédric me recommande de ne pas y revenir avant midi, il ne faudrait pas laisser penser à la responsable qu'on a de la marge et qu'on aurait eu le temps de distribuer les suivis qu'on refuse.

C'est la première fois que j'assiste (et participe) à un freinage organisé. Mes trois collègues ne sont pas syndicalistes, et expriment rarement leurs réticences de manière ouverte. Il est significatif qu'ils rompent avec leur conduite habituelle au moment où l'on nous rajoute une tâche qui n'était pas initialement prévue dans la tournée. Le périmètre et les objets de la tournée sont fixés par une modélisation critiquable, mais ils fournissent un prescrit sous forme d'une entité figée, la tournée, qui devient la référence. Si cette référence est habituellement ce qui écrase les facteurs et factrices, ce qui leur extorque un surcroît d'énergie ou de travail pour en parcourir toute la longueur, dans ce cas précis cette référence est devenu un bouclier pour refuser de nouvelles tâches[5]. Quand on croise la responsable de production, elle n'évoque pas la question avec nous.

Dans les jours qui suivent, on découvre cependant qu'elle n'a pas abandonné son idée. Plutôt que d'imposer son pouvoir, elle a contourné notre pouvoir de refuser. Au fur et à mesure de la tournée, nous découvrons dans nos liasses des lettres suivies, directement insérées dans le courrier ordinaire. Stéphanie l'avait déjà deviné ce matin :

« À mon avis, ils les ont mises dans les cases.

— Ah, du coup, on les embarque et…

— Ouais, et tu les mets dans les boîtes aux lettres.

— Du coup ça veut dire qu'on les met pas dans les sacoches [en bandoulière] ?

— Non. »

Rechigner à nouveau demanderait plus d'engagement : séparer les suivis des liasses, les ramener au bureau. Ce serait plus de travail que de les distribuer, et ce qui était une esquive deviendrait une fronde ouverte. Après avoir encaissé les avis de passage, on encaisse aussi les suivis. On l'aurait deviné, mais cette fois on constate concrètement qu'en étant évincé du tri, on a perdu en maîtrise de « notre » tournée.

*

Ma semaine en mixte s'achève. Lundi, Hervé reprendra le relais, j'ai la satisfaction de lui laisser une tournée pas trop salie. Il ne me reste qu'une chose à faire : lui faire parvenir les badges et les clés sans lesquels on ne pénètre nulle part. Je vais voir Rachid, pour savoir quelle solution lui ou la direction a finalement trouvée. « Tu les mets dans la pochette », me répond-il. Il a donc oublié toute la discussion de la semaine dernière. Je soupire :

« Je n'ai pas de pochette.

— Ah bon, comment tu fais d'habitude ? »

20

Accélérer sans (apparemment) rien changer

« Leur histoire d'une minute trente pour un recommandé, c'est du pipeau. » Rayan lâche son avis tranché et sonore dans la travée, en passant au milieu des collègues qui ont le nez dans leur tri. Un avis tranché, mais pas clivant, tant cette durée théorique d'1 min 30 s pour remettre ou aviser un recommandé heurte l'expérience commune.

Rayan n'était pas né qu'elle existait déjà. Je la retrouve dans le guide des « vérif' » de 1987, mais elle est peut-être plus ancienne encore. Ancienne, et célèbre. Tandis que la plupart des « normes et cadences » qui encadrent le travail des facteurs sont méconnues par ces derniers – qui sait à quelle vitesse il est supposé rouler entre deux maisons lorsqu'il y a 27 mètres de distance, ou le nombre de centiminutes que requiert théoriquement la remise d'un pli ? –, la minute trente du recommandé revient fréquemment dans les conversations ordinaires comme dans les discours syndicaux.

En entretien, Guillaume se fait plus précis que Rayan dans la critique de ce standard : « Il y a des endroits, ça va être beaucoup plus, c'est pas possible. Il y a des résidences où l'interphone va être à l'extérieur. T'as distribué le courrier, t'as ton recommandé en main, il faut que tu ressortes de la résidence, que tu sonnes chez la personne, que tu cherches le nom sur l'interphone, mine de rien le temps passe. Et la personne n'est pas derrière son interphone pour répondre. Donc une minute trente c'est ridicule. » Et il y a, de plus en plus, ces interphones qui débouchent sur les téléphones mobiles des usagers, démultipliant les relais et les sonneries, rallongeant l'attente du facteur.

Romuald, plus respectueux de la hiérarchie et de ses chiffres, lâche un : « Je vais pas dire que c'est faux. » Mais il précise plus tard : « C'est jamais une minute trente. Rien que le temps d'attendre à l'interphone, tu as une minute trente. » De bonne volonté, il veut bien croire que ce chiffre irréaliste pour lui, c'est-à-dire pour la cité des Sauterelles, résulte d'un écrasement de la variété des situations sous une moyenne unique : « Par exemple au cedex [les facteurs qui livrent les entreprises ayant un contrat spécifique avec La Poste], ils peuvent avoir vingt recommandés pour une entreprise, donc ça fait cinq secondes par recommandé en moyenne. » Il est vrai que l'activité d'une entreprise suscite des recommandés en nombre, et que cette entreprise met souvent à disposition un accueil, des secrétaires, voire un service courrier, qui ont le pouvoir de recevoir tous les recommandés et signer tous les accusés de réception. La productivité est bien plus grande que quand on doit remettre son recommandé à M. Bagayoko au neuvième étage du 21 avenue des Sauterelles. « Dès que c'est dans un immeuble, c'est plus », souligne Bagui.

Cissé, jeune intérimaire, se sentant dépassé par la distribution des recommandés, s'est mis en tête de se chronométrer. Il estime qu'il lui faut en moyenne six minutes pour en distribuer un seul. Son chronométrage est-il fiable ? Combien d'observations a-t-il faites, comment découpe-t-il dans son activité les bornes de la distribution du recommandé ? Je n'en sais rien, mais qui en sait davantage sur la manière dont La Poste elle-même a procédé ? Personne, comme on l'a vu – c'est du moins ce que défend La Poste devant les tribunaux. Après qu'il m'a livré son chiffre, j'apprends à Cissé que le temps prescrit, à partir duquel sont élaborées les tournées, est de 1 min 30 s. « C'est pas possible, sauf si on avise d'office », commente-t-il dépité.

Aviser d'office, jeter l'avis de passage dans la boîte aux lettres sans même sonner chez le destinataire, c'est contraindre ce dernier à aller chercher son pli au bureau de poste. Comment défendre une telle pratique auprès des usagers, une telle dégradation du service, comment se la justifier à soi-même ? À la cité des Sauterelles, Dany a sa solution de compromis : « Tu ne montes pas dans les étages, tu sonnes, tu dis de descendre. Les Sauterelles, c'est comme ça, tu ne vas pas dans les ascenseurs avec les cas soc' et tout ça, c'est risqué. Ils ont l'habitude, tu les fais descendre. Enfin, ils ont l'habitude, je ne sais pas s'ils le font, mais tu le fais. » Le mépris des usagers, nourri du sentiment que ce sont des inférieurs sociaux, est une manière d'éviter l'alternative entre s'épuiser au travail et culpabiliser de mal faire.

En remontant les échelons hiérarchiques, trouve-t-on des paroles plus compréhensives à l'endroit de cette minute trente ? Même là, c'est mitigé. Pour Sandrine, la cheffe d'équipe : « En vrai, c'est un peu plus. Après, ça dépend du volume de recommandés, de courrier, comme c'est variable. C'est une moyenne, quoi. Une bonne moyenne. » Même Dominique, pourtant ardent défenseur de son « outil », concède qu'il y a là matière à controverse :

« Le temps forfaitaire pour distribuer un recommandé, une minute trente, on peut en discuter.

— C'est vrai que les gens en discutent beaucoup.

— Je suis d'accord, je suis d'accord. Mais ils partent sur un forfait, quand même. C'est-à-dire qu'on a estimé que, sur une tournée, il avait soixante recommandés en moyenne, d'accord ? Mais c'est une moyenne. Il y a des jours où il y en a vingt, il y a des jours où il a réellement les soixante, mais ça se compense. »

Couchée à l'écrit, l'erreur de raisonnement est patente. Je la restitue non pour humilier Dominique, mais parce qu'elle illustre les dérobades auxquelles se confrontent les facteurs quand ils arrachent à leurs cadres un instant de dispute sur les cadences. Si Dominique compte soixante recommandés quotidiens en moyenne, et si certains jours il y en a vingt, cela implique que d'autres jours il y en a cent, et pas soixante. Il reste qu'on a attribué au facteur quatre-vingt-dix minutes pour la distribution des recommandés (soixante recommandés multipliés par 1 min 30 s). S'il s'agit de défendre une « moyenne », c'est plutôt celle qui s'exprime dans la minute trente, comme le font d'autres cadres, qui suggèrent que la perception des facteurs est obscurcie par le souvenir des recommandés les plus pénibles à distribuer. Les facteurs négligeraient ceux qui se distribuent et se signent rapidement, sans y penser. Or c'est l'addition de toutes ces durées, les courtes et les longues, les mémorables et les oubliées, divisée par le nombre de recommandés, qui aurait fourni, au XXe siècle, la moyenne d'une minute trente.

Cette défense est sensée, mais injustifiable, puisque La Poste prétend avoir perdu les documents qui permettraient de rendre compte de la conception de la minute trente. Les organisateurs ne sont pas plus savants que les facteurs, ils ne savent pas de quel oracle sort la minute trente. Et leur réplique, en forme de rappel scolaire de ce qu'est une moyenne, ne répond qu'à une partie des critiques des facteurs, qui s'en prennent justement au fait de condenser *toutes* les circonstances de distribution des recommandés dans une moyenne unique. En relevant que celui qui a plus d'entreprises verra sa moyenne baisser, ou que celui qui cumule les grands immeubles verra la sienne augmenter, bref que la structure de la tournée conditionne la durée moyenne de distribution des recommandés, les facteurs soulèvent une objection de taille.

Faute d'avoir la moindre réponse de leur direction locale, sinon que tout cela dépend du national, et faute d'avoir accès à la direction nationale, les facteurs ne savent pas que leur employeur est conscient de cette objection. Ce dernier a même dédié une étude des temps et mouvements à la question.

C'est un curieux document que cette étude restituée sur un simple recto daté de 2012, et signé d'une sous-direction de la branche courrier[1]. D'abord, parce qu'il valide l'analyse des facteurs de Nanteuil : il faudrait 2 min 42 s pour remettre un recommandé à l'habitant d'un immeuble, et encore 1 min 46 s pour l'aviser s'il est absent. C'est lorsqu'un gardien concentre le courrier des résidents, ou lorsque le logement est un pavillon, ou encore lorsque le destinataire est un professionnel, qu'il serait possible de remettre ou aviser un recommandé en moins d'1 min 30 s. Logiquement, il apparaît plus facile et rapide de distribuer un recommandé lorsque la tournée est « horizontale » (avec des habitats de type individuel ou des entreprises), selon une expression postale, que lorsqu'elle est « verticale » (avec des logements collectifs de grande taille). À Nanteuil, un tel résultat est une bombe, à défaut d'être un scoop. En particulier à la cité des Sauterelles, qui ne compte que des immeubles et presque que des particuliers : même en prenant le parti de tout aviser, il apparaît impossible, selon La Poste elle-même, de parvenir à une moyenne d'1 min 30 s.

Ensuite, ce document est curieux parce que, resté confidentiel, son résultat n'a justement pas été une bombe. Il demeure inconnu de la presque totalité des facteurs. La Poste n'en a tiré aucune conséquence dans la définition de ses « normes et cadences », qui demeurent arc-boutées à la minute trente. Bien qu'elle semble détenir une « meilleure approximation » des temps effectifs, pour paraphraser Taylor, la direction nationale la cache et ne la traduit pas dans ses prescriptions.

Pendant que rien ne change du côté de La Poste, tout change à Nanteuil. La commune est attractive, suscitant des appétits et des projets immobiliers d'envergure. On comble les dents creuses avec des immeubles, on grignote les zones pavillonnaires. Rien qu'entre 2011 et 2016, Nanteuil a perdu un quart de ses maisons individuelles, pendant que le nombre d'appartements a augmenté de 7 %[2]. Ce changement structurel rend la minute trente du recommandé de plus en plus invraisemblable, puisque la zone de distribution devient toujours plus « verticale ». Et c'est ainsi qu'un temps standard antique et immuable débouche sur une accélération progressive de la cadence prescrite, sur une aggravation de la condition des facteurs et factrices.

*

Il ne s'est pas risqué à intégrer l'argument dans ses conclusions écrites. Mais à l'oral, devant la juge et l'assistance clairsemée de la salle d'audience, l'avocat de La Poste s'interroge : pourquoi vient-on maintenant embêter sa cliente avec des « normes et cadences » vieilles de vingt-cinq ans ? Comment certaines organisations syndicales, certains représentants du personnel peuvent-ils à la fois moquer cette ancienneté, et prétendre que les cadences dégradent les conditions de travail des facteurs, alors qu'elles n'ont précisément jamais changé ? À ce que l'on sache, ajoute-t-il, le « patrimoine génétique » des facteurs n'a pas été altéré au cours de cette période. Il n'y a donc pas de raison qu'ils soient davantage affectés qu'autrefois par des prescriptions inchangées.

L'argument semble de bon sens, mais il revient à nier le réchauffement climatique au nom du fait que la distance moyenne entre la Terre et le Soleil n'a pas varié au cours du dernier siècle. La confrontation de l'antique minute trente des recommandés avec la « verticalisation » de Nanteuil n'est qu'un exemple parmi d'autres d'aggravation de la situation des facteurs.

Cependant que les cadences postales ne prennent pas une ride, la circulation automobile est plus dense, l'âge moyen des facteurs s'accroît, les « petits paquets » prennent une place de plus en plus importante alors que leur distribution est cadencée comme celle de simples lettres[3]. Le temps passé dehors en extérieur, à distribuer le courrier, est de plus en plus long, car le tri, c'est-à-dire l'amont du travail des facteurs, est grignoté par les plates-formes industrielles, ou parfois assuré par d'autres collègues, comme on l'a vu. Mais, quel que soit le temps passé dehors, à la deuxième comme à la septième heure, La Poste considère que le facteur est une machine constante, qui va toujours à la même vitesse. L'entreprise surpasse Taylor dans sa réduction des humains à une mécanique.

De plus, quoique officiellement ses principes et paramètres n'aient pas varié, certaines petites routines de la modélisation postale sont subrepticement altérées. Par exemple, les morceaux de parcours auxquels s'appliquent les « normes et cadences » sont redéfinis de manière à accélérer les vitesses retenues. On se souvient de l'allusion fugace de Sébastien à la distinction entre le « parcours actif » et le « haut-le-pied », qui qualifient les différentes distances d'une tournée. Tandis que le « parcours actif » désigne les parties où se trouvent les boîtes aux lettres que les facteurs desservent, les « hauts-le-pied » représentent de grandes distances « improductives » de plusieurs kilomètres ou centaines de mètres, qui doivent cependant être parcourues pour se rendre d'une zone à l'autre de la tournée. La vitesse de déplacement théorique est logiquement moins élevée sur le premier que sur les seconds. Or, depuis 2016 environ, à la faveur du changement de logiciel de modélisation de La Poste, des milliers de kilomètres de « parcours actif » ont été convertis en « hauts-le-pied », accélérant la vitesse prescrite. Sur la tournée des Sauterelles, je me retrouve avec des « hauts-le-pied » de huit à douze mètres de longueur, à parcourir en deux à trois secondes. Cela supposerait que mon coup de pédale et mon freinage soient plus puissants que l'accélération d'un avion de ligne au décollage.

Autre exemple : les directions d'établissement, à travers leurs « organisateurs », ont progressivement anéanti la « souplesse ». Notion longtemps centrale de la conception des tournées, sorte d'équivalent des « coefficients de sécurité » que les ingénieurs de la matière ajoutent une fois leurs calculs de charges établis, la « souplesse » est le laps de temps qui sépare la durée théorique de la tournée de la durée réglementaire de la journée, la première devant demeurer inférieure à la seconde. Elle était pensée comme une marge d'absorption des imperfections de la modélisation ou des événements du quotidien, ce que Taylor appelle les « délais accidentels ou inévitables ». Sur une journée de sept heures, les organisateurs réservaient jusqu'à vingt minutes théoriques, c'est-à-dire 5 % du temps total, à cette « souplesse ». Taylor lui-même, on l'a vu, admettait que ses temps n'étaient qu'une « approximation » nécessitant l'ajout d'« une grande marge de sécurité, qui va de 20 %

à 225 % ». Dans les calculs de Dominique, comme dans ceux de ses collègues, la souplesse est aujourd'hui réduite à presque rien. Pour l'organisateur, la durée réglementaire de la journée de travail est un verre vide qu'il faut remplir à ras bord avec des morceaux de parcours. Il n'est plus rare de voir la durée théorique d'une tournée inférieure de seulement une ou deux minutes (voire supérieure d'une ou deux minutes) à la durée officielle de la journée. Toute référence aux aléas, sans parler des temps d'échange gratuit avec les usagers, est désormais exclue du calcul de la charge.

Les « normes et cadences » n'ont donc apparemment pas changé, le « patrimoine génétique » de ceux qui y sont soumis non plus. Mais les facteurs encaissent l'accélération multiforme du rythme prescrit[4].

Jusqu'à quand ?

21

« Disloqués »

Ce samedi matin, la « réorg' » est vieille de trois semaines. À quelle tournée me destine-t-on aujourd'hui ? J'arrive sans savoir et, même une fois sur place, aucun être humain ne peut me le dire. C'est qu'il n'y a pas de chef d'équipe.

Depuis des mois, le feu couvait entre Sandrine et Rachid, les deux chefs de Nanteuil. La réorganisation a été l'étincelle, et cette semaine les traditionnels éclats de voix ont cédé la place à la bousculade. La direction de l'établissement a envoyé Rachid à Souly, sur un autre site. À Nanteuil, il n'est pas remplacé. Désinvolture ou sanction de sa hiérarchie ? Sandrine est laissée seule, secondée ponctuellement par Sébastien. Elle couvre toute la journée, de 5 heures à 16 heures, repoussant sa pause déjeuner au goûter, car de la fin de matinée jusqu'à la fin de service elle guette le retour des facteurs. « J'en ai marre, il n'y a rien qui marche », me confiait-elle hier. Bien que la trajectoire professionnelle de cette ancienne factrice ait eu pour condition sa loyauté aux changements imposés par La Poste, elle aussi, en quelques semaines, se met à regretter un temps et un métier qu'elle ne reconnaît plus. « Je n'arrive pas à comprendre. Ça marchait très bien avant, et depuis la réorg' il n'y a plus rien qui marche. Même moi, j'ai l'impression de ne plus savoir rien faire. »

Ce samedi matin, il n'y a même plus Sandrine. Certains imaginent que c'est le symptôme d'un épuisement. Même Félix, qui considère qu'elle est complice de la réorganisation, finit par la plaindre : « Elle dit que dès trois heures du matin, c'est fini, elle se réveille et ne se rendort plus, tous les jours à trois heures du matin tout s'arrête. C'est terrible, hein ? » Mais ce samedi est simplement le jour de repos de Sandrine. La limite qu'elle impose à son surmenage, c'est du moins de ne pas revenir un sixième jour dans la semaine.

Cette absence de chefs, ce pourrait être une brèche temporaire pour l'autogestion. Mais quand une direction a monopolisé la définition de l'organisation et de la charge de travail, quand elle a systématiquement évincé les agents de la conception des dispositifs et de la décision sur les arbitrages, quand elle a empêché que la coordination hiérarchique soit relayée par la coopération entre collègues[1], alors son effacement débouche sur une situation anomique et explosive.

Depuis le départ de Rachid, Sébastien est parfois appelé à prendre le relais. Mais il n'est pas présent ce matin, et certains ont eu vent de ce que, sa fille étant malade, il n'arriverait pas avant la fin de matinée. Il ne reste donc que Michel qui ne goûte guère, en sa qualité de facteur le plus gradé parmi les présents à 6 h 30, d'être propulsé en position d'encadrant. Il est plus âgé que Sébastien ; je ne sais pas si ce dernier lui est passé devant dans la course aux postes, au mépris de l'ancienneté, ou si Michel a sciemment évité de postuler à de plus hautes responsabilités. Quoi qu'il en soit, aujourd'hui, il n'a pas envie et, n'ayant été prévenu de rien, il n'a pas les moyens d'assumer. Ainsi, il ne saurait dire quelle tournée il convient de m'attribuer.

Je me reporte à la feuille de présence, pas toujours fiable car il y a souvent des changements de dernière minute, mais c'est tout ce qui reste. La feuille me destine à la tournée 15. Son titulaire est en arrêt maladie depuis plusieurs jours. En arrivant devant le casier, je fais face à des montagnes de courrier en retard. Pourtant, je n'ai même pas encore été récupérer le courrier du jour. Est-ce que ça aurait seulement un sens de passer du temps à trier les arrivages les plus frais, alors qu'il y a un tel stock en attente ? Les cases étant déjà pleines à craquer, où disposerais-je les nouveaux plis ? Je pose la question à Astrid, une titulaire qui trie sur le casier d'à côté. Elle me recommande de m'adresser à un chef d'équipe. Mais quel chef d'équipe ? Je retourne chercher Michel, qui m'accompagne à contrecœur. Bien qu'il affecte un air blasé, il lâche devant le casier de la 15 un éloquent « Ouaïe ! Ah ouais… » Du coup, il n'hésite pas : « Prends déjà ce qu'il y a là. Tu ne tries rien, tu embarques ce qui est prêt, ce sera déjà bien. »

Je vide une partie du casier et charge mon vélo à bloc. Comme je ne connais pas cette tournée, comme je n'y ai jamais accompagné aucun facteur, je ne sais pas où se trouverait un éventuel coffre de dépôt-relais. Alors je prends mon parti de remplir les trois sacoches et le *top case* jusqu'à saturation, mais de ne pas distribuer plus que ce que je pourrai emporter. Ne sachant pas dans quel ordre cette tournée se distribue, j'entasse les liasses sans les ordonner, songeant que j'aviserai sur place.

*

Cette préparation expéditive m'offre, à 8 h 30, une situation inédite : je suis, pour la seule et unique fois de mon expérience de facteur, le premier à entrer au bureau de la « cabine » pour réclamer les recommandés de ma tournée. Une grande première qui tourne vite à la déception. Aucune des deux « cabinardes » qui se relaient habituellement n'est présente. Je ne le savais pas, car d'ordinaire je me présente à la cabine bien plus tard, mais c'est toujours le cas le samedi : une seule d'entre elles est prévue au planning, et seulement à partir de 9 h 30. Patricia, l'une des deux « cabinardes », me dira plus tard : « C'est la réorg', moi j'ai dit : "Je ne veux pas commencer à 9 h 30, je veux commencer à 6 h 15 comme d'habitude." On m'a dit : "Non, c'est comme ça." »

Pourquoi est-ce « comme ça » ? Puisqu'il est désormais prévu que certaines tournées rentrent plus tard, et puisque les cabinardes doivent attendre tous les facteurs jusqu'au dernier, pour réceptionner les recommandés non distribués et les accusés de réception, Dominique a étoffé l'amplitude horaire du travail à la cabine. Mais pas ses effectifs : les cabinardes étaient deux, elles sont toujours deux. Alors, pour respecter la durée légale du travail, Dominique a fait commencer Patricia un peu plus tard le samedi, en se reposant sur la fiction que des facteurs la remplaceront en son absence. « Mais personne ne sait faire la cabine », objecte Patricia.

Certes, Dominique a programmé des facteurs qui, pendant que leurs collègues œuvrent au tri général, doivent effectuer son équivalent à la cabine : trier les recommandés par tournée. Apparemment rien de compliqué, sauf qu'il faut également « flasher » ces « objets spéciaux », ce qui permet de valider informatiquement leur présence à Nanteuil et leur attribution à la tournée qui les distribuera. Dans l'urgence qui agite le centre au cours des premières semaines de réorganisation, Patricia a monopolisé cette tâche qui suppose des habiletés et habilitations spécifiques, abandonnant les facteurs au tri physique des recommandés déjà flashés. Elle a brièvement formé Teddy, un facteur qui se plaint quotidiennement que le travail de la cabine mange trop de temps sur la distribution de sa propre tournée. En l'absence de Patricia, il pourrait à la rigueur prendre le relais. Mais ce samedi est aussi son jour de repos. C'est Jack, un facteur qualité, qui est supposé le remplacer.

Jack, donc, que je trouve en cabine quand, impatient d'emporter les recommandés qui m'incombent, j'y pointe mon nez à 8 h 30. Le bac dédié à la tournée 15, la mienne, est empli de recommandés. Je m'en saisis. « Non, non, ne prends rien ! », me coupe Jack. Je n'arrive pas à déterminer s'il me morigène ou s'il s'excuse, mais il ajoute d'un ton vif, anxieux : « C'est pas "on arrive, on prend", il faut déjà que ce soit flashé, parce qu'il y a rien qui est flashé. Parce que là l'ordinateur, il est même pas allumé, rien. » Jack s'est contenté de trier les recommandés, car il ne sait même pas « allumer l'ordinateur », comme tout le monde le répercute, c'est-à-dire – Jack sait trouver un bouton sur un PC – utiliser le logiciel connecté au flasheur. Le saurait-il que cela ne changerait rien, puisqu'il ne dispose pas d'habilitation pour y pénétrer.

Bien qu'inutile et impuissant, et bien qu'il aurait intérêt à se poster devant le casier de Teddy pour entamer le tri de la tournée qui lui revient aujourd'hui, Jack ne quitte pas la cabine. Sachant l'empressement de ses collègues, moi le premier, il se fait le gardien du lieu afin de prévenir tout emport intempestif de recommandés non flashés. Il tente de transformer le petit bureau en sanctuaire, dans l'attente de la venue providentielle de Patricia.

Jack est sous tension, car tous les regards se braquent vers lui, accusateurs malgré eux : il est celui qui retarde le départ en tournée, et qui, un samedi, après trois semaines soumises au régime des nouvelles tournées, fait reculer encore un peu plus le début du week-end. Il repousse les assauts de ses collègues, l'un après l'autre, partagés entre compréhension et agacement, entre coup de gueule et résignation. Félix parlemente avec Jack : « C'est pas contre toi, mais je ne veux pas faire d'heures parce qu'il n'y a personne. » Réponse désolée : « Comme je te dis, ils ne m'ont pas formé. Je fais comment ? » Félix acquiesce : « Je te comprends. »

Ce qui est en jeu, c'est ce qu'on appelle la « remise contradictoire » des recommandés aux facteurs. Quand les cabinardes ont flashé et attribué chaque pli, elles impriment un bordereau indiquant, pour chaque facteur, le nombre d'objets qui lui revient. Avant d'emporter le paquet pour le trier sur son casier, le facteur recompte ce qu'il comporte, et atteste par une signature sur le bordereau que le chiffre établi par la cabine est aussi le sien. Escamoter cette étape, comme l'urgence incite parfois à le faire, c'est s'exposer, au retour de tournée, à d'éventuels décalages, qui peuvent être traduits en disparition de recommandés dont on devra assumer la responsabilité. C'est pourquoi ce n'est pas seulement Jack qui retient les facteurs de s'emparer de « leurs » recommandés ; c'est la peur de l'absence de traçabilité, et de se voir imputer une faute en cas de réclamation.

Certains attendent patiemment, sachant que ce sont les objets les plus précieux de la tournée qui manquent à l'appel. D'autres, refusant cette irruption d'un nouveau motif d'allongement de la journée, hésitent à partir sans leur sacoche de recommandés. « Je crois que je vais partir, annonce Astrid, parce que j'ai pas que ça à faire le samedi. » Mais elle reste, comme Félix, qui craint la surcharge dans deux jours : « Si tu pars sans les recommandés, c'est pour toi. Si lundi tu dois faire les recommandés du lundi plus ceux du samedi, le tout réuni, tu imagines le scénario ? Pour les rouleurs, c'est pas pareil, ils peuvent y aller sans les recos. Mais nous, les titulaires, on est soumis au travail qui n'a pas été fait. » Les remplaçants peuvent égoïstement se délester sur le titulaire qui, lundi, aura la mauvaise surprise d'une double ration de recommandés. Mais un titulaire ne pénalise que lui-même.

*

L'esclandre vient de là où personne ne l'attendait. De Maxime, un rouleur, éternel patient, souvent jugé « trop gentil », connu pour distribuer jusqu'à la dernière lettre, sans compter ses heures, et surtout sans les faire décompter par La Poste. Maxime, qui rôde dans la cabine.

C'est étrange, car il est aujourd'hui affecté à une de ces nouvelles tournées où l'on ne fait que distribuer des courriers ordinaires. N'ayant pas la charge de recommandés, il fait partie des quelques rares facteurs que le dysfonctionnement de la cabine ne devrait pas concerner. Mais la cabine n'est pas que l'antre des recommandés ; elle abrite aussi les « pochettes » des tournées. Chacune contient la clé démarrant l'assistance électrique du vélo, le badge vigik qui permet d'accéder aux halls d'immeubles, ainsi que d'éventuels autres badges pour les portes d'entrée qui ne répondent pas au badge standard. Mais, on l'a vu, les tournées sans recommandés sont aussi sans pochette[2].

Estelle, la titulaire, en repos aujourd'hui, a-t-elle emporté chez elle les badges et les clés ? Quoi qu'il en soit, Maxime est aujourd'hui privé du moteur électrique et des précieux sésames sans lesquels la tournée devient un calvaire.

Jack s'agace de le voir traîner dans la cabine.

« Il faut attendre ! Regarde, Sébastien n'est pas là, moi je fais une tournée, je fais la cabine, je fais là-bas... Vous attendez, c'est comme ça que ça fonctionne.

— Mais moi je suis en tournée mixte [c'est-à-dire sans les recommandés]... Il me faut juste...

— Moi je m'en fous, regarde je fais une tournée comme toi.

— Il me faut juste...

— Je fais une tournée comme toi, arrête de me prendre la tête, parce que je vais t'en coller une !

— Merci pour moi...

— Bah vas-y, casse-toi, casse-toi parce que là tu commences à m'énerver.

— Eh franchement merci parce que...

— Casse-toi parce que là je suis au téléphone. Allô ? »

Au bout du fil, c'est Patricia, qui annonce qu'elle ne sera pas là avant 9 h 30. Bien que Maxime ait suivi l'ordre de Jack de quitter la cabine, ses cris couvrent vite la conversation téléphonique.

Un monologue répétitif, de plus en plus bruyant : « Moi j'en ai marre, j'étais en repos, on me demande de revenir, il y a rien ! Je vais rentrer chez moi dans ce cas-là. Moi j'en ai marre qu'on me traite comme un chien, putain de merde ! J'en ai marre. Moi, moi, je vais rentrer chez moi dans ce cas-là ! Parce que j'en ai marre ! Moi j'en ai marre, putain de merde ! C'est pas sorcier, je demande juste un jeu de clés, putain ! Un badge et un jeu de clés ! [...] Moi je suis toujours là, je suis toujours présent, je demande juste un jeu de clés, putain de merde ! Moi je remets tout en place, tout en place ! Et on m'agresse en plus ! On me menace ! "Je vais t'en coller une !" J'en ai marre ! Moi je suis pas menaçant, je suis pas agressif, je respecte les autres, je suis toujours là, et on veut m'en coller une ! Alors moi j'en ai marre ! »

Jack souffle, comme pour se justifier : « Il n'y a aucun chef d'équipe, et je ne peux pas lui rendre ce service. » Il hésite entre l'accalmie et l'embrasement, sort finalement de la cabine pour rejoindre Maxime que des collègues tentent en vain de calmer. « Calme-toi, lui intime Jack, sinon on sort dehors et on va s'expliquer. Moi franchement tu me saoules, là. Moi aussi je fais une tournée, on me met la pression, je t'en colle une dehors. Viens si tu veux, je t'attends dehors ! » Maxime ne prête pas attention à cette invitation à la bagarre, poursuivant sa plainte révoltée.

Aux facteurs et factrices qui se rassemblent, alertés par l'altercation, Jack affirme que Maxime cherchait à fouiller dans la pochette d'une autre tournée. L'accusation est-elle vraie ? Personne n'en sait rien, mais elle résonne dans l'expérience de tout un chacun. Les clés et les badges sont rares, les chefs d'équipe en sont avares. Il s'en perd fréquemment, sans que l'on sache si c'est l'effet naturel du *turn-over* des précaires partis avec, ou la conséquence de la prédation des présents. Si Jack ment, ou se trompe sincèrement, c'est que les péripéties de la matinée ont accumulé la pression sur ses épaules, qu'il a relâchée sur une victime expiatoire. S'il dit vrai, c'est que Maxime, tout à sa volonté de distribuer « sa » tournée du jour, a succombé pour bien faire son travail à l'une de ces indélicatesses qui pourrissent l'ambiance collective.

*

La morale de l'histoire, ce sont Fabrice et Félix qui la donnent. Puisqu'ils sont rendus oisifs dans l'attente des recommandés, ils ont le temps de deviser sur ce que la réorganisation a fait au collectif de travail : « Ils nous ont disloqués. » « On était une famille, aujourd'hui on se dit juste bonjour, on ne prend plus de pause ensemble, il n'y a plus de convivialité. » Effet collatéral, ou objectif de la réorganisation ? Ils tranchent : « C'est ce qu'ils cherchaient. »

Plus distant, moins averti de l'histoire des relations entre collègues, Deepan tire de l'épisode une autre morale : « C'est débile, déjà tu bosses, et en plus tu dois te battre pour bosser. » Cela peut sembler une évidence, mais il faut pour l'énoncer un détachement, une indifférence au boulot dont Deepan est ce samedi la plus parfaite incarnation. Âgé de vingt ans, il termine aujourd'hui son CDD d'un mois – une concession à ses parents qui ne voulaient pas le voir inoccupé – et, poursuivant un cursus universitaire, il ne cherche surtout pas à renouveler son contrat. Il remplace aujourd'hui Clotilde, en arrêt depuis plus d'une semaine. Un reste de conscience professionnelle le conduit à attendre quelques dizaines de minutes l'arrivée des recommandés, mais il décide finalement de partir sans. Estimant ne rien devoir à une telle désorganisation, n'ayant doublement rien à redouter – les chefs ne sont pas là pour le surveiller, et de toute façon que craindrait-il ? –, il distribue quelques courriers et revient au centre au moment où j'en pars, bien avant l'heure de fin de service. La tournée de Clotilde en est quitte pour quelques bacs de retard supplémentaires.

Quand Deepan, touriste du courrier plutôt que facteur, s'étonne que des collègues se « battent pour bosser », il illustre l'incompréhension que suscite le rapport au travail des facteurs auprès de personnes extérieures, même quand elles leur sont proches. C'est par exemple un sujet de discussion entre Romuald et son épouse. Celle-ci travaille pourtant à La Poste, mais en centre de tri, c'est-à-dire une usine, où l'on fait ses heures. La machine est en panne ? Les chefs ne sont pas là ? Ils ont oublié de commander le matériel ? Youpi, l'école est finie, pensent beaucoup de salariés : voilà une journée un peu exceptionnelle, où la production tourne au ralenti sans que ce soit de leur fait, et qui permet de se relaxer. Pas le facteur : « C'est compliqué parce que, après, le lendemain, c'est pour ta pomme encore, rebelote, c'est un cercle vicieux. Quand j'expliquais ça à ma femme, elle ne comprenait pas. Pour elle, si tu dois finir à 13 h 20, tu finis à 13 h 20, pas plus. »

Pas assez maîtres de leur charge de travail pour être assimilés à des artisans, mais trop instigateurs de leur propre flux tendu pour apparaître comme de simples exécutants, les facteurs sont un tissu de contradictions.

Qui parfois se déchire.

22

« Inhumain et imprudent. » Taylor, cinquième rencontre presque vraie

— M. Taylor, ça y est, mon enquête est pliée. J'ai la réponse à vos questions.

— Ah oui ?

— La Poste a tout perdu. Elle ne sait plus comment elle a fabriqué ses « normes et cadences ».

— Et vous y croyez ?

— Plutôt.

— Même un cheval de trait auquel on promet une carotte serait moins naïf.

— Peut-être.

— Et la marge de sécurité ?

— La Poste appelle ça « souplesse ». Il n'y en a pas. Ou, en tout cas, il n'y en a plus.

— C'est absurde, mais c'est conforme à la première absurdité : puisque nous ne savons pas évaluer la fiabilité de notre approximation des temps, faisons comme si ce n'était pas une approximation.

— Je ne sais pas si les ingénieurs de La Poste le pensent comme ça, mais c'est le résultat, vous avez raison.

— Mais comment les contremaîtres inculquent-ils les bons gestes aux facteurs, s'ils sont à ce point incapables de les justifier ?

— Quels contremaîtres ?

— Vous devez avoir des chefs qui vous surveillent et vous contrôlent ?

— Il y a bien Sandrine. Mais elle a tellement de choses à faire, entre les problèmes de planning, de vélos, de clés, de réclamations des usagers, de tournées enfoncées…

— Aucun chef n'a observé vos gestes d'exécution ? Personne ne vous a scruté, corrigé, morigéné, avec bienveillance et fermeté ?

— Non…

— Comment avez-vous appris les gestes les plus efficaces, les plus économes en temps ?

— Je ne les ai pas appris. Romuald m'a donné quelques tuyaux, j'ai regardé un peu les collègues pendant le tri… Et aussi bizarre que ça puisse vous paraître, j'ai réfléchi tout seul aux moyens que je pourrais trouver pour aller plus vite.

— Ce n'est pas une bizarrerie, c'est une hérésie ! À quoi bon établir des temps standard, si la direction ne se donne pas les moyens de vous faire adopter les gestes correspondant à ces temps ? Son boulot, ou plutôt *son devoir, c'est non seulement d'établir une science du travail à la place des habitudes des salariés, c'est non seulement de sélectionner scientifiquement ceux qui conviendront aux nouvelles tâches, mais c'est ensuite d'entraîner, d'instruire, d'améliorer le travailleur*[1].

— À La Poste, il n'y a rien de tel. Nos chefs ne cherchent pas à faire correspondre les temps standard, que bien souvent ils ne connaissent pas, avec nos gestes. Par exemple, c'est seulement des semaines après avoir arrêté mon emploi de facteur que j'ai entendu parler, par Dominique, de la « fusion ».

— La fusion ?

— Vous ne l'avez pas dans vos registres, celle-là, hein ? C'est une opération purement postale, mais vous aurez du mal à trouver un seul facteur qui la fait. En gros, comme une partie du courrier est désormais triée par les machines non seulement par tournée mais dans l'ordre de la tournée, on n'aurait plus besoin de l'insérer dans notre casier. Selon La Poste, il ne faudrait y trier que le reste, ce qui est arrivé en vrac. Et ensuite, on ferait la fusion : on se saisit de la botte triée par la machine dans l'ordre de la tournée, et on y incorpore le courrier qu'on a trié dans le casier.

— Cela fait gagner du temps, j'imagine ?

— Il paraît. Mais je n'ai vu aucun facteur de Nanteuil procéder ainsi. Personne ne m'en a parlé, personne ne m'a demandé de faire la fusion. Nous avons toujours, tous, mis l'ensemble de notre courrier dans le casier. Sans recevoir la moindre admonestation des chefs.

— C'est invraisemblable !

— J'en ai discuté avec des facteurs, ailleurs qu'à Nanteuil. Même parmi ceux qui en ont entendu parler, la plupart ne font pas la fusion. Ils trouvent que ça ne va pas aussi vite, ou bien que ça leur fait mal au dos, ou bien que ça laisse passer des erreurs parce que le tri des machines n'est pas parfait.

— Je me fiche de l'avis de vos facteurs. La direction ne devrait pas leur laisser le choix, une fois qu'elle a mené ses études et démontré que c'est la méthode la plus efficace.

— Mais justement, sur ce sujet aussi son étude est douteuse. Vos homologues ont tenté de chronométrer des facteurs, et ce n'était pas très concluant. Ils écrivent : « La difficulté à trouver suffisamment de personnel pratiquant la fusion de façon conforme constitue un obstacle majeur. […] Dans ces conditions les résultats communiqués doivent être considérés comme des tendances[2]. »

— Ou bien cette méthode est trop alambiquée pour être effectivement utilisée, ou bien il faut former et contraindre les facteurs, mais on ne peut pas se contenter d'un tel constat !

— Pourtant, les chefs de La Poste ne cherchent pas à nous faire utiliser cette méthode. Ils se contentent de calculer qu'elle ferait gagner quelques minutes sur chaque tournée, et retranchent ces quelques minutes de la durée théorique de nos tournées. Bien sûr, puisqu'elle nous a retiré quelques minutes théoriques de travail, elle nous en rajoute, en incorporant des rues supplémentaires qui, elles, ne sont pas du tout théoriques…

— Mais les chefs ne vous font jamais de remarques ? De réprimandes ?

— Depuis la réorganisation, non, ils nous prennent avec des pincettes. Le reste du temps, bien sûr que si, mais ils ne se préoccupent pas de la manière dont on travaille, ils regardent juste le résultat. Si on ramène du courrier, si on a des réclamations sur les recommandés, là on peut s'attendre à des réprimandes. Il y a tout un système de sanctions graduées.

— Je ne comprends pas. Votre hiérarchie intervient beaucoup trop tard ! Si les temps ne sont pas réalistes, ou si vos chefs ne vous travaillent pas au corps pour les rendre réalistes, à la fin de la journée vous ne pourrez jamais atteindre le quota de production qui est attendu.

— Mais même s'il y avait un chef derrière nous pendant le tri, pour vérifier par exemple que nous nous plions à la « fusion », il ne pourrait pas y en avoir un derrière chacun d'entre nous quand nous sommes à l'extérieur, en train de distribuer.

— Vous êtes trop libres, cela m'effraie.

— Et pourtant, nous sommes tenus. De ce que je comprends, vos temps à vous sont des objectifs, plus ou moins réalistes, que vous fixez à vos ouvriers pour les stimuler. Vous signalez ce que vous entendez obtenir. Imaginons que les ouvriers n'y parviennent pas. Ils en pâtissent un peu en cas de salaire au rendement. Mais c'est surtout l'employeur qui est pénalisé parce que le niveau de production qu'il visait n'a pas été atteint.

— Je vois que vous commencez à retenir mes leçons.

— Les facteurs, en revanche, sont soumis à une préquantification du travail et ils doivent accomplir l'intégralité de la tâche qui leur est assignée. Tout le courrier du jour doit être distribué. Le niveau de production est intouchable, c'est cela que signifient les gros yeux des chefs quand on ramène du courrier. Du coup, si le rythme des facteurs est inférieur à la norme chiffrée, le « reste à charge », si on peut l'appeler comme ça, est pour eux. Les facteurs feront plus d'heures que prévu, se fatigueront davantage. Leurs horaires sont beaucoup plus flexibles que dans vos usines.

— Mais ils seront payés pour ces dépassements horaires ?

— La plupart du temps, non. Parce que la hiérarchie considère que c'est de leur responsabilité s'ils ne parviennent pas à distribuer tout le courrier dans le temps imparti.

— Je comprends mieux. Du coup, même si les temps standard de La Poste ne sont pas réalistes, ils établissent une vérité comptable qui le demeure, puisque ce n'est pas La Poste qui éponge le décalage entre le prescrit et le réel, mais les facteurs... Astucieux.

— Comme on parle de « délinquance astucieuse » ?

— Comment osez-vous parler ainsi de votre employeur ?

— Mais enfin, on travaille et on n'est pas payé. Ce n'est pas du vol ?

— Au contraire, La Poste vous rend votre libre arbitre. Vous voulez avancer au rythme d'un bœuf ? Vous pouvez. Vous optez pour le cheval de course ? Vous y gagnerez du temps, et le temps c'est de l'argent, donc c'est la même chose que le salaire au rendement. Que se passe-t-il dans le cas où vous allez tellement vite que vous rentrez avant l'heure de fin de service ?

— Je ne suis pas bien sûr, car cela ne m'est jamais arrivé.

— Vous devez bien avoir un *first-class* collègue à qui ça arrivait ?

— Oui. C'est compliqué, c'est en train de changer. Pendant longtemps, c'était le « fini parti ». Une fois que vous aviez distribué tout le courrier, vous pouviez rentrer chez vous, quelle que soit l'heure.

— J'approuve tout à fait. *C'est à la fois inhumain et imprudent de demander à un homme soumis au travail à la tâche de rester dans l'atelier une fois que sa tâche est achevée. En revanche, il faut l'obliger à rester au travail jusqu'à ce que sa tâche soit effectuée, même si cela doit durer jusque dans la nuit, et sans qu'il y ait de récupération d'heures ou paiement d'heures supplémentaires pour ce dépassement.*

— C'est dur, non ?

— C'est ce qui est juste. Laissez-moi vous donner *un exemple amusant de la valeur du travail à la tâche associé à la liberté de partir quand la tâche est finie,* ce que vous appelez le « fini parti ». *Un ami, qui dirigeait une fabrique de vis, se donnait beaucoup de mal pour obtenir des enfants, qui triaient les très petites vis, une journée de travail loyale. Il a finalement réussi en attribuant à chaque enfant une tâche journalière et en l'autorisant à rentrer à la maison et jouer dès que lors que cette tâche était accomplie. C'est que le temps de jeu gagné par chaque enfant était son gain propre, ce qui est très motivant, tandis que la plus grande partie de ses salaires allait à ses parents*[3].

— Et vous trouvez ça… amusant ?

— Oui, enfin, bon, disons que c'est instructif.

23
« Si on appliquait le code de la route »

« Hier matin, des facteurs de Bègles ont renouvelé une opération qu'avaient initiée, l'an passé, leurs collègues de Villenave d'Ornon, qui consistait à respecter… le code de la route. Comme cela fut le cas précédemment, il s'agit pour les facteurs mobilisés de démontrer que s'ils respectent toutes les règles de bonne conduite (ne pas circuler sur les trottoirs avec leurs véhicules à deux ou trois roues, notamment), ils se retrouvent dans l'incapacité de réaliser la tournée qui leur est attribuée dans sa totalité et le temps imparti. Face à cette problématique, la direction de La Poste avait nié, l'an passé, cette présentation des choses en indiquant que les tournées étaient préparées par des cadres en tenant compte de toutes les réalités du terrain. Elle indiquait aussi que La Poste exigeait des facteurs qu'ils respectent le code de la route. »

Sud Ouest, « Les facteurs font la grève du zèle au code de la route », 11 septembre 2018

Les médias nationaux n'en parlent pas car, depuis 1995, La Poste n'a pas connu de grand mouvement de grève engageant des agents de l'ensemble du territoire. La presse locale, en revanche, se fait l'écho d'un mouvement social rampant et dispersé qui traverse les centres de distribution du courrier. Au cours des dernières années, les grèves de facteurs se comptent en centaines. Ce sont toujours des conflits localisés, éparpillés, qui concernent rarement plus d'un ou deux centres de distribution du courrier, et affectent le service dans une poignée de communes. Des milliers de facteurs s'y sont engagés. Ils représentent une minorité des 70 000 facteurs que compte l'entreprise mais, dans les centres concernés, ces grèves emportent fréquemment la majorité des agents. Dans la plupart des cas, la grève est motivée par une « réorganisation », soit pour l'empêcher avant qu'elle soit mise en œuvre, soit pour dénoncer la dégradation des conditions de travail engendrée par le nouvel agencement des tournées[1]. À Nanteuil, il n'y a rien eu de tel. Certains facteurs l'avaient bien envisagé, mais ça n'a pas pris.

En mars 2018, à quelques centaines de kilomètres de Nanteuil, entre 200 et 300 facteurs de Gironde mènent une longue grève de six semaines. Leur objectif : empêcher ou peser sur les réorganisations à venir, qui annoncent classiquement des réductions d'effectifs, des tournées rallongées, l'extension des horaires vers l'après-midi avec la « pause méridienne » obligatoire, la séparation entre « préparateurs » et « distributeurs ». Malgré l'ampleur de la mobilisation et les plaintes des usagers, la direction départementale de La Poste refuse toute négociation. La fatigue, le manque de perspectives et d'argent font plier les grévistes, qui retournent au travail sans avoir rien gagné[2].

Les facteurs de Bègles laissent passer l'été, puis réfléchissent à une nouvelle offensive. Puisque la grève a échoué, quel moyen reste-t-il pour faire pression sur la direction, sans se mettre en faute et sans que la rémunération en soit affectée ? Ils pensent à la grève du zèle, ce que les anglophones appellent « travailler selon la règle »[3]. Il n'est pas même nécessaire de convoquer toutes les règles postales et de les appliquer systématiquement. Il suffit de s'attacher à respecter un corps de règles d'autant plus indiscutable qu'il n'est pas édicté par La Poste, quoiqu'il s'applique aux postiers. C'est ce que raconte l'un des facteurs de Bègles, Michaël : « On se rendait bien compte que ça créerait des problèmes si on appliquait le code de la route[4]. » Cela fait écho à une insistance nouvelle de la direction sur le port de chaussures de sécurité, du casque lorsqu'on roule, et du respect des règles de circulation sur la voie publique. Nouvelle, et exaspérante : chacun sait que circuler selon les règles, c'est se condamner à rester bien en deçà des prescriptions de cadence portées par cette même direction.

Bien que la moitié des logements à Bègles soient des maisons individuelles, comme à Nanteuil les facteurs y circulent majoritairement à vélo. Existe-t-il seulement un facteur en France qui accomplisse – qui puisse accomplir – sa mission en respectant l'entièreté du code de la route, quel que soit son mode de locomotion ? C'est douteux. Pour les cyclistes en tout cas, la principale transgression consiste à rouler sur les trottoirs, pour circuler d'une boîte aux lettres à l'autre plus vite qu'un piéton, tout en évitant de perdre du temps à naviguer entre la chaussée et le trottoir.

Les facteurs de Bègles, une quinzaine au sein du bureau, transmettent leur revendication à la direction de l'établissement : ralentir le rythme prescrit, prévoir qu'une tournée à vélo doit se faire à la vitesse d'un piéton. Éviter en tout cas que l'« outil » de l'organisateur local prévoie de parcourir des distances d'une dizaine de mètres en deux à trois secondes, comme c'est le cas sur ma tournée à Nanteuil. La direction ne répond même pas. Qu'est-ce qu'on fait du code de la route, dans ce cas, demandent des représentants du personnel ? Michaël se souvient de cette réponse : « "Je ne peux pas vous écrire que vous pouvez enfreindre le code de la route, mais vous pouvez rouler sur les trottoirs." » En l'absence d'écrit les couvrant, les facteurs refusent.

Ils font ce qu'ils n'ont jamais fait, ou même jamais vu faire : conduire et manipuler le vélo en suivant la procédure officielle. « Mais c'est épuisant, physiquement et psychologiquement, de se plier aux standards de la distribution à vélo. Par exemple, il faut garder les deux mains sur le guidon, il est interdit de prendre du courrier dans les sacoches en roulant. Ensuite, à l'arrêt – on doit s'arrêter pour mettre le courrier –, il faut mettre le stabilisateur ou la béquille. C'est totalement débile. »

Certes, ils rapportent du courrier. Des stocks se forment, du retard s'accumule sans que la direction puisse mettre en accusation des insuffisances professionnelles. Coincée, cette dernière propose un compromis : que les facteurs fassent chaque jour l'impasse sur une portion différente du parcours, remettant au lendemain la distribution du courrier correspondant. Cela conforte la posture des facteurs, comme l'explique Michaël : « L'objectif et le fondement de la chose, c'est leur faire admettre, en tout cas leur montrer, qu'il est impossible d'appliquer les organisations qu'ils conçoivent et d'assurer notre mission de service public. » C'est pourquoi la direction ne fait sa proposition que du bout des lèvres, sans l'écrire, puisqu'elle revient à s'affranchir des règles du service public universel pour compenser le refus des facteurs de continuer à transgresser le code de la route.

Pour mettre en relief ces contradictions, le prix est élevé. Très vite, les facteurs font le tri entre transgressions éliminées et maintenues. « À partir du premier point de distribution, on monte à pied sur le trottoir, et on distribue en marchant, détaille Michaël. Mais béquiller devant chaque point, c'est mission impossible, c'est épuisant, et on ne ferait même pas la moitié de la tournée. Marcher en poussant le vélo, respecter les feux, les stops, les sens de circulation, ça on le fait parce que c'est moins contraignant. Mais rester à pied, c'est 50 kg à pousser quand le vélo est chargé. Il faut être sportif. Dès qu'il y a un léger déséquilibre, tout part. Il n'y a pas eu d'accident, mais plusieurs chutes. » On découvre, ou on vérifie, que non seulement les règles ne sont pas compatibles avec les cadences prescrites, mais que, suivies presque à la lettre, elles sont mauvaises pour la santé. « La médecine du travail a pris la décision de nous suivre et a fait une étude de poste sur deux tournées, dont la mienne. Le docteur a fait des observations intéressantes en disant que pousser le vélo sur le trottoir entraîne une contrainte posturale – on n'est pas droit et ça a des effets sur la colonne vertébrale, les épaules –, que cela risque de générer des troubles musculo-squelettiques et des lombalgies. » La direction locale assure que ces constats ont été répercutés et sont scrutés à l'échelle nationale, mais rien n'en redescend.

Faisant face à une pénibilité accrue, à l'incompréhension des usagers, au sentiment de mal faire leur travail, et à l'indifférence de la direction, une majorité de facteurs abandonne la grève du zèle au bout de quelques jours. Une poignée d'irréductibles poursuit pendant plusieurs mois. Les dégâts productifs étant plus circonscrits, la direction retrouve des marges de manœuvre pour les réparer. « On est cinq, six à avoir continué, régulièrement. On ramenait presque tous les jours du courrier, qui s'amassait. La Poste envoyait quelqu'un tous les quinze jours pour faire du nettoyage. » La tournée redevenait propre, et le processus d'accumulation recommençait. « En attendant, les usagers étaient pénalisés et on avait l'impression de ne pas faire notre boulot de manière correcte. »

La grève du zèle a rendu saillants les contradictions et faux-semblants d'une direction qui prétend vouloir faire respecter le code de la route sans en donner les moyens. Mais il ne suffit pas d'avoir formellement raison pour sortir vainqueur du bras-de-fer. La direction de l'établissement ne cherche pas à argumenter. Elle prétend étudier la question mais ne communique aucun résultat, cependant qu'elle prépare la mise en place de son projet de réorganisation. À défaut d'emporter la conviction, elle obtient le découragement.

Il y aurait pourtant matière à un terrain d'entente. Les facteurs ne veulent pas marcher en poussant le vélo, c'est trop dur. La médecine du travail elle-même y voit un danger. Hormis dans certaines collectivités locales particulièrement strictes où les facteurs écopent d'amendes, il y a une tolérance possible des autorités. Les usagers eux-mêmes sont habitués à voir des facteurs rouler sur les trottoirs, et ne s'en offusquent pas, tant que leur sécurité n'est pas mise à mal. Il serait donc permis d'assumer une transgression mesurée du code de la route. Mais, pour qu'elle reste mesurée, pour qu'elle ne dérive pas vers des acrobaties périlleuses, elle doit trouver ses marques, délimiter ses bornes. Elle peut les puiser dans une déontologie professionnelle, collectivement élaborée, individuellement intériorisée, qui distingue ce qui se fait de ce qui ne se fait pas.

Cette déontologie professionnelle existe d'ailleurs déjà, soutenue par des réflexions et des discussions informelles, plus ou moins fragile selon la situation des centres de distribution. Mais elle est menacée par l'individualisation des facteurs (exacerbée lorsqu'ils sont précaires), confrontés à une prescription de cadence unilatérale et insoutenable, qui rend caduc leur sens de la mesure et disqualifie les régulations ordinaires de l'écart à la norme.

24

Le « fini parti », la moyenne et le fonctionnaire

« Vous avez commencé à quelle heure ?

— 6 h 30.

— Et là, vous aurez fini quand ?

— Je peux finir dans une quinzaine de minutes. Ou dans une heure ou deux, si j'ai le courage de m'occuper des rebuts et des réexpéditions en retard. »

L'homme qui m'interroge, c'est l'inspecteur du travail. Muni d'une feuille de présence fournie par Sandrine, la cheffe d'équipe, il attend le retour des facteurs et nous pose, un à un, ces mêmes questions, pour tenter de cerner les bornes de notre journée. Il est 13 h 40, je ne suis pas rentré très tard. Pour une fois, beaucoup de collègues arriveront après moi.

L'inspecteur était déjà là la semaine dernière, mais ne s'était adressé qu'à la hiérarchie, lui réclamant de mettre en place un relevé de nos horaires réels. Il déplore aujourd'hui auprès de Sandrine de ne pas avoir obtenu ce qu'il demandait : « Je l'ai dit clairement à votre direction la semaine dernière. J'étais un petit peu étonné que ce soit si facile mais bon, je me suis dit, juste avec la parole ça marche. Mais en fait, évidemment, bien mal m'en a pris, j'aurais dû écrire. » Car tout ce que Sandrine est en mesure de lui remettre aujourd'hui, c'est notre émargement quand nous commençons le matin, et le cahier où elle recense à la main nos heures supplémentaires. Or l'inspecteur a demandé un relevé systématique des heures de prise et de fin de service, un pointage effectué par les facteurs eux-mêmes.

Sa demande n'est pas inédite. Dans le cahier de CHSCT de Nanteuil, on peut lire : « Il a été dit le 31 mai [2017] au dernier CHSCT par l'inspecteur du travail qu'il devait y avoir une pointeuse ou une feuille avec l'arrivée et le départ des facteurs. » À Arpenay, qui dépend de la même direction, l'établissement a écopé il y a quelques semaines d'une amende administrative de plusieurs dizaines de milliers d'euros pour n'avoir pas adopté, malgré les relances répétées de l'inspection du travail, un dispositif de pointage des horaires.

Dans l'attente que la direction s'exécute, aujourd'hui l'inspecteur a décidé de rester sur place, guetter nos retours et nous interroger directement. Derrière l'insistance de l'inspecteur, derrière l'inertie de La Poste, il y a un débat juridique. L'inspecteur du travail voudrait connaître nos horaires effectifs pour vérifier que les heures supplémentaires nous sont bien payées. Mais, sans pointage, il ne dispose d'aucun moyen de vérification. Pour La Poste, il n'y a pas lieu de mettre en place un tel dispositif, car nous serions soumis à des « horaires collectifs » : comme des équipes d'ouvriers à l'usine, comme des brigades d'infirmières dans un service hospitalier, nous arriverions et partirions toutes et tous à la même heure. Un groupe commence à 5 h 45 et finit à 12 h 45, un autre travaille de 6 h 40 à 13 h 40, etc. C'est écrit et même affiché sur les panneaux de Nanteuil. L'inspecteur du travail ne peut contredire cette assertion que par le constat fastidieux que nos fins de service s'égrènent distinctement les unes des autres, en fonction de la charge des tournées et des péripéties du jour. Jamais il n'y a une sonnerie de fin de partie à 13 h 40, jamais on ne voit un flot de facteurs se déverser dans la rue à 13 h 41. Nous partons un à un, séparés par plusieurs minutes ou dizaines de minutes. Aucune chance que deux facteurs quittent le centre en même temps s'il n'y en a pas un qui a attendu l'autre.

Ce que veut dire La Poste en répétant que nous sommes soumis aux « horaires collectifs », c'est qu'elle n'a pas fixé par avance des horaires individualisés, prévoyant que Romuald finirait à 13 h 25 pendant que Ludivine terminerait à 13 h 43. Ce que voit l'inspecteur du travail, c'est qu'en pratique il n'y a pas deux individus qui finissent à la même heure. « J'ai constaté que de nombreux agents et salariés de votre établissement ne travaillaient pas selon le même horaire collectif », écrit-il plus tard à la direction. « En effet, poursuit l'inspecteur, ils accomplissent systématiquement des heures supplémentaires qui sont par ailleurs consignées jour par jour dans un cahier mais sans aucune référence à des horaires effectués. » Cela revient au même que si les horaires étaient notés, objecte la direction de Nanteuil : les heures supplémentaires ne sont que le résultat d'une soustraction, faite par la cheffe d'équipe, entre l'heure réelle et l'heure théorique de fin de service.

Encore faut-il que Sandrine soit présente et disponible quand nous revenons de tournée. Elle est parfois sortie, ou convoquée par la direction à Arpenay, ou encore accaparée par une tâche à l'autre bout du centre et nous ne la trouvons pas. J'ai vu Gabriel s'infliger des dizaines de minutes de présence supplémentaire, dans l'attente de Sandrine, pour lui faire enregistrer un dépassement d'une heure. Malgré son statut d'intérimaire, il ose, et insiste, pour que cela soit noté. Mais bien d'autres, même des permanents, jettent l'éponge, ou hésitent à mettre en relief leurs dépassements horaires, craignant qu'on leur reproche une lenteur coupable.

Pour ceux qui s'y risquent, il faut encore être vigilant, redoubler la déclaration à Sandrine par un registre personnel, vérifier sur la fiche de paie que le montant d'heures supplémentaires correspond bien à ce qu'on a décompté. Ce n'est pas toujours le cas, mais de l'avis général, l'établissement est beaucoup plus scrupuleux qu'il ne l'a jamais été. Depuis la réorganisation, les chefs pinaillent moins. Ils n'opposent pas aux prétentions du facteur un niveau de trafic supposément faible, ils ne prétendent pas que la surcharge temporaire est compensée par des périodes antérieures plus calmes.

Est-ce que cette posture nouvelle durera ? On peut y voir une indulgence conjoncturelle, le temps de faire passer la pilule de la réorganisation. Mais il y a aussi, officiellement du moins, un changement de régime. C'est la fin du « fini parti », qu'explique Ludivine : « Avant, il y avait des jours où tu pouvais finir plus tard que l'heure. Nous, on ne chipotait pas. On finissait plus tard, on n'était pas payé des heures supplémentaires, on s'en foutait. Et il y avait des jours où on finissait plus tôt, on pouvait rentrer chez nous, voilà. Ça faisait une sorte d'équilibre, une petite entente, il n'y avait pas de souci. À partir du moment où ils ont arrêté le “fini parti”, là ils sont obligés de payer les heures supplémentaires. » Cette fois, Stéphane, le directeur d'établissement, ne dit pas autre chose que Ludivine :

« Là, maintenant, on paie les heures sup'. Ce qui est normal, hein d'ailleurs, mais c'était quelque chose qu'on ne faisait jamais avant. Jamais. Parce qu'on considérait que la tournée était de tant [de temps], ben si le gars mettait deux heures de plus, et ben voilà, c'était pour lui. Ce qui pouvait se concevoir malgré tout. En tout cas ce n'est plus la tendance maintenant. Maintenant, on paie systématiquement les heures sup'.

— Qu'est-ce qui a changé ?

— Bon, on a eu l'inspection du travail qui est venue, donc bon... Par contre *a contrario*, alors pour l'instant ça ne se voit pas, mais on va être obligé de rester [au centre en rentrant de tournée], je vais dire stupidement, alors qu'avant, 80 % des facteurs en fait terminaient avant [l'heure de fin de service]. [...] C'est la contrepartie. »

La disparition du « fini parti », « ça ne se voit pas » pour l'instant, puisque personne ou presque ne parvient à rentrer avant l'heure. Mais si ça finit par arriver, les facteurs seront confinés au centre, contraints à une oisiveté forcée, à moins qu'on leur trouve des tâches à effectuer, comme réordonner des casiers ou aider à la distribution de recommandés. Encore faut-il que les directions parviennent à l'imposer : comme on l'a vu, même les facteurs les plus timides s'opposent aux tâches qui ne sont pas incorporées dans leur tournée, envisagée comme un tout nécessaire et suffisant.

À Nanteuil comme dans beaucoup d'autres centres en France, le « fini parti », c'est officiellement fini, mais la pratique est plus mitigée. Estelle et Cédric, qui distribuent des tournées « mixtes » curieusement allégées, l'ont déjà expérimenté. Il savent qu'avec Rachid, ou Sébastien lorsqu'il remplace les chefs, il est permis de s'en aller. Avec Sandrine, il faut négocier, parfois en vain. Il est alors plus efficace de s'esquiver discrètement, car elle peut (faire semblant de) ne pas s'en apercevoir.

*

De quoi souffre la direction de Nanteuil qui, même après la mise en demeure de l'inspecteur, peine à s'exécuter ? De mauvaise compréhension ou de mauvaise volonté ?

Depuis le début du siècle, La Poste ne recrute plus que des salariés de droit privé, couverts par le code du travail. Depuis le début des années 2010, ils sont majoritaires. D'ici quelques années, il n'y aura plus qu'eux. Et, avec eux, des procédures prud'homales pour réclamer le paiement d'heures supplémentaires, une inspection du travail qui réclame des pointages, et même des accusations de « travail dissimulé »[1]. Des termes, des documents, des démarches que La Poste ignorait, jusque-là réfugiée dans le giron du droit administratif.

Comme on l'a vu, La Poste subsume la variabilité de la charge de travail sous des durées théoriques qui sont conçues comme des moyennes. Abandonner l'organisation de la distribution à des durées moyennes ne peut se faire qu'en recourant au « fini parti », qui permet de partir plus tôt les jours où il y a moins d'activité, mais qui implique symétriquement de quitter plus tard lorsqu'il y en a davantage. Cela explique que La Poste demeure indifférente à l'égard de notre manière de travailler, ne se souciant pas d'améliorer l'économie de nos gestes. Peu importe que les facteurs suivent ou non les cadences, peu importent leurs techniques de travail, peu importe l'heure à laquelle ils rentrent au centre et finissent leur journée, tant que tout le courrier est écoulé. Cette indifférence de La Poste, incompréhensible pour un adepte de Taylor, tient non seulement à l'impossibilité pratique de contrôler les facteurs pendant leurs tournées de distribution, mais aussi à la solution qu'elle a historiquement trouvée à ce problème : c'est le temps des facteurs qui est la variable d'ajustement.

Vouloir préserver ce système tout en remplaçant les fonctionnaires par des salariés, c'était faire un pari risqué sur l'acceptabilité de ce choix organisationnel dans le droit du travail. Pour les presque 20 millions de salariés du privé, la question du temps concédé au patron est juridiquement centrale et par là strictement encadrée. Dans le droit public, qui régente l'activité des fonctionnaires, elle apparaît moins primordiale et fait l'objet de moins de garanties. La réglementation de la durée du travail des fonctionnaires n'est pas inexistante, mais elle est moins immédiatement contraignante et peut s'effacer à l'occasion derrière les nécessités et la continuité du service à accomplir, au nom de l'« intérêt général ». C'est ce qui explique que, si la durée de travail effective des fonctionnaires n'est pas supérieure à celle des salariés, en revanche leur disponibilité temporelle est plus grande, c'est-à-dire que leurs horaires sont plus variables et moins prévisibles[2].

Tout autre est la relation du patron à son salarié du point de vue du droit du travail. Formellement, c'est de la libre volonté de chacun, de l'accord temporaire de leurs intérêts particuliers, que naît le contrat de travail. Certes, ce contrat atypique prévoit la subordination d'un contractant à l'autre. Mais cette subordination n'est pas de principe et attachée à un service à accomplir, comme pour le fonctionnaire ; elle est limitée à un nombre d'heures pendant lesquelles le salarié met à la disposition de l'employeur ses moyens, sans obligation de résultat[3]. Chaque heure travaillée, c'est-à-dire chaque heure pendant laquelle le salarié ne peut disposer de sa personne, est due. Il appartient à l'employeur d'en tenir le décompte. À défaut, le relevé établi solitairement par le salarié peut faire foi.

Les dirigeants qui ont choisi de privatiser le statut des agents de La Poste avaient-ils ces distinctions en tête, ou ne pensaient-ils qu'à se débarrasser de fonctionnaires qu'ils jugeaient insuffisamment malléables et trop prompts à invoquer l'idéologie du service public[4] ? Les temps standard et leur application sous forme de moyenne, dans une organisation du travail qui fait du temps de travail des facteurs la variable d'ajustement, se branchaient avec bonheur sur les rationalisations du droit concernant la manière d'employer des fonctionnaires. Il en va autrement du droit du travail, qui se substitue progressivement au droit public et doit désormais s'appliquer à une organisation de la production qui a été bâtie sans lui.

Ce que La Poste a mis en place pour ses facteurs fonctionnaires, ces temps standard, ces « diagnostics » qui prétendent établir une dette, ces *moyennes* qui s'épanouissent dans le « fini parti », tout ce que le droit public ignorait superbement, s'appelle dans le droit du travail la quantification préalable du travail. Elle n'a rien de répréhensible si elle reste cantonnée au rôle de moyen de prévision et de gestion. Mais elle est juridiquement inapte à justifier le nombre d'heures rémunérées aux salariés[5]. Bien sûr, ce mode d'existence de la quantification préalable perdure malgré tout. Par exemple, beaucoup de femmes de chambre des hôtels ou de distributeurs de prospectus, comme les facteurs, sont rémunérés de manière forfaitaire pour une quantité de travail à écouler, corrélée à une durée fictive qui justifie le forfait sans être rectifiée par la durée effective[6]. Mais il suffit que le travailleur concerné note scrupuleusement ses horaires pour se les faire payer et ainsi contrarier la logique formelle de ce système.

Il n'est donc pas question que de rationalisation taylorienne et de chronométrages perdus, de cadences prescrites devenues injustifiables par la disparition de leurs fondements. Ce qui est en cause, pour ne pas dire en crise, c'est aussi le branchement historique entre l'objectif productif (écouler chaque jour tout le courrier du jour), la technique pour l'organiser (les durées théoriques moyennes obtenues par modélisation) et le régime juridique de mise au travail (« fini parti » permis par le statut de fonctionnaires).

Un dirigeant de La Poste reconnaît la contradiction et fait état d'échanges avec les autorités publiques compétentes. « Il y a eu des discussions avec le ministère du Travail parce que notre méthode… Le patron normalement est obligé de mesurer le temps de travail des agents. […] Eux nous disent : "C'est le début et la fin [de la journée de travail qu'il faut noter]", on répond : "Oui mais les facteurs ont de la liberté." […] Il y a quelques inspecteurs du travail zélés qui de temps en temps viennent mettre le doigt là-dessus, on refait une information à la Direction générale du Travail en disant : "On est un peu dans un angle mort du code du travail français, on a du mal à trouver l'adéquation complète." »

La Poste compte sur une tolérance des autorités, et espère faire communier les facteurs et factrices dans cette infraction discrète : « Sinon on basculerait dans la vérification par GPS, poursuit le même dirigeant, ce serait l'enfer technocratique, même si ce serait plus légal que ce qu'on fait. Ce qui fait qu'on est sur un consensus syndical en disant : "On n'applique pas le code du travail. Si vous allez au tribunal vous allez gagner, et du coup on mettra du GPS sur tout le monde." […] Il y a un consensus social et il y a suffisamment de facteurs avec une majorité d'accord pour ne pas chercher à trop compliquer, et avoir leur liberté opérationnelle. On ne va pas regarder dans le détail comment ils exécutent la tâche. » D'un côté, ce dirigeant se prévaut d'un « consensus social », qu'il surestime – si les inspecteurs du travail fréquentent davantage les centres de distribution du courrier, c'est notamment parce que des facteurs les sollicitent. De l'autre, il brandit la menace de solutions de contrôle alternatives dont il pense qu'elles seraient repoussées par les facteurs. Mais la légalité du suivi des facteurs par géolocalisation n'est peut-être pas moins discutable que l'absence de pointage[7].

Il ne faudrait pas exagérer la portée de la contradiction juridique et des contentieux qui la manifestent. Cette contradiction formelle, logiquement exacerbée devant un inspecteur du travail ou un tribunal, est bien souvent polie, étouffée par l'ordinaire des relations sociales dans un centre courrier : par l'argument des chefs, irrecevable juridiquement mais pratiquement efficace, selon lequel le niveau de trafic du jour ne justifie pas le dépassement de l'agent ; par les arrangements ou les menaces que ces mêmes chefs manient, et qui pèsent dans la balance d'une potentielle revendication ; par la timidité (ou l'orgueil) des facteurs qui ne réclament rien. « Ils savent que je fais des dépassements. J'ai dit : “Je vous taxe rien, mais un jour viendra” » : c'est par exemple la posture de Félix, un mélange de résignation et de défi.

En écoutant le dirigeant cité ci-dessus, on comprend que La Poste, se confrontant à l'irréductible autonomie des facteurs sur leurs tournées, n'y voit qu'un problème. Ce dirigeant n'envisage que deux façons de discipliner le facteur, d'obtenir de lui le rythme attendu, la « journée de travail loyale » pour parler comme Taylor : faire de lui un semi-indépendant, responsable de sa tournée, assumant seul les aléas et les dépassements, ou bien un exécutant assujetti à une surveillance permanente. Cette alternative signe la défiance de La Poste à l'égard de ses facteurs, soupçonnés d'aller boire un coup au milieu de leur tournée, ou d'allonger artificiellement leur journée pour gonfler leur rémunération.

C'est peut-être aussi que les dirigeants de La Poste sentent que les fils qui retiennent le facteur de verser dans de tels comportements opportunistes sont tour à tour fragilisés, voire sectionnés. C'est que la seule menace de la sanction disciplinaire ou du renvoi ne suffit pas. L'emploi à vie, la stabilisation d'une condition, la confiance dans l'avenir, la sociabilité avec des collègues entretenue par des rythmes partagés, l'échange avec des chefs ayant du répondant professionnel, la présence de syndicats et de représentants du personnel ayant quelque poids pour négocier, qui promeuvent en retour le goût du travail bien fait plutôt que le sabotage : tout cela n'a jamais pleinement existé, mais tout cela pourtant s'effiloche. Cela contribue à dégrader l'intériorisation individuelle d'une discipline, connue ordinairement sous le nom de « conscience professionnelle ».

25

« La cruauté raffinée de l'exploitation bourgeoise. » Taylor, sixième (et dernière) rencontre presque vraie

> « Un spirituel social-démocrate allemand des années [18]70 a dit de la poste qu'elle était un modèle d'entreprise socialiste. Rien n'est plus juste. [...] Les "simples" travailleurs, accablés de besogne et affamés, y restent soumis à la même bureaucratie bourgeoise. Mais le mécanisme de gestion sociale y est déjà tout prêt. Une fois les capitalistes renversés, la résistance de ces exploiteurs matée par la main de fer des ouvriers en armes, la machine bureaucratique de l'État actuel brisée, nous avons devant nous un mécanisme admirablement outillé au point de vue technique, affranchi de "parasitisme", et que les ouvriers associés peuvent fort bien mettre en marche eux-mêmes en embauchant des techniciens, des surveillants, des comptables, en rétribuant leur travail à tous, de même que celui de tous les fonctionnaires "publics", par un salaire d'ouvrier. »
>
> LÉNINE[1]

— Attendez voir une centiminute.

— Oui, M. Taylor ?

— Je n'ai pas dit mon dernier mot.

— Mais je n'ai plus de questions. Mon enquête est terminée. Vous avez bien voulu m'expliquer en quoi consiste votre système. Vous retirez aux travailleurs toute initiative, toute légitimité même à la réflexion et à l'intervention qu'ils voudraient déployer sur leur travail. Vous y substituez un nouveau socle, l'étude scientifique des temps et des mouvements. Et quand on gratte un peu, on n'y trouve que des approximations grossières ou, pire, dans le cas de La Poste, plus rien du tout. Vous bâtissez des cathédrales sur du sable mais, contrairement aux cathédrales, votre système tient quand même debout, par la croyance qu'il entretient et la crainte respectueuse qu'il inspire.

— C'est tout ce que vous en retenez ? Vous jetez un peu vite le poney avec l'eau de son auge. Ne croyez-vous donc pas en la rationalisation du travail, dans la capacité de le rendre plus productif, par une étude minutieuse et une discipline nécessaire ? Par l'application contrôlée des résultats les plus probants de nos études ? D'où croyez-vous que sortent toutes ces richesses produites pendant le siècle qui a suivi ma mort ?

— Le pétrole ? Les machines ?

— J'étais bien en dessous de la réalité quand je disais que *la généralisation du* scientific management *permettrait de doubler la productivité moyenne de chaque homme engagé dans le travail industriel. Pensez à ce que cela signifie, pensez à l'accroissement tant des productions essentielles que du confort de la vie, qui devient disponible pour toutes et tous. Pensez à la possibilité de réduire la durée de travail lorsque c'est souhaitable, pensez aux opportunités élargies que cela implique pour l'éducation, la culture, le loisir*[2].

— Et la politique ? La possibilité d'intervenir sur ses conditions de travail, sur l'utilité de ce que l'on produit, sur les manières dont on le produit ? Gagne-t-on vraiment en liberté si l'on accepte d'en être dépossédé pendant la plus grande partie de la journée ? Tout homme veut être sujet de ses normes.

— C'est de vous, cette dernière phrase, ou vous vous faites encore le perroquet d'un philosophe communiste ?

— Pardon ?

— Admettez.

— C'est d'un philosophe français, Georges Canguilhem[3]. Et alors ?

— Il y a un temps pour tout. Un temps pour obéir et produire, qui peut être progressivement réduit grâce à mon système, et un temps libre, où vous pouvez accomplir tout ce qui vous chante. Même de la politique, si c'est votre *hobby*. N'est-ce pas ce que préconisait votre Lénine ?

— « Mon » Lénine ?

— Vous avez bien dû vous moquer de moi, quand j'ai supposé que c'était le ministre d'un tsar. Mais je me suis renseigné, depuis.

— Et qu'est-ce que vous avez trouvé ?

— Qu'après ma mort, des socialistes se faisant appeler bolcheviks ont pris le pouvoir en Russie.

— Cela a dû vous faire frémir.

— Je le concède. Mais seulement dans un premier temps. Certes, si j'avais vécu en Russie à cette époque, j'aurais subi l'horreur d'une expropriation de tous les actifs que je détenais dans des entreprises florissantes. J'aurais été spolié de ma fortune.

— Durement acquise ?

— Disons patiemment attendue. C'était principalement un héritage.

— Mais… ?

— Mais j'ai ensuite découvert avec ravissement que le chef de ce nouvel État « socialiste » avait fait sienne ma doctrine. « Il faut organiser en Russie l'étude et l'enseignement du système Taylor, son expérimentation et son adaptation systématiques. » Vous vous rendez compte ? Peut-on rêver plus bel hommage posthume ?

— Relisez le passage entier, vous serez peut-être moins flatté : « Apprendre à travailler, voilà la tâche que le pouvoir des Soviets doit poser au peuple dans toute son ampleur. Le dernier mot du capitalisme sous ce rapport, le système Taylor, allie, de même que tous les progrès du capitalisme, la cruauté raffinée de l'exploitation bourgeoise aux conquêtes scientifiques les plus précieuses concernant l'analyse des mouvements mécaniques dans le travail, la suppression des mouvements superflus et malhabiles, l'élaboration des méthodes de travail les plus rationnelles, l'introduction des meilleurs systèmes de recensement et de contrôle, etc.[4]. »

— Je ne me crois ni cruel ni raffiné, mais je le prends encore comme un hommage du vice à la vertu. Songez surtout à ce que cela signifie.

— Oui ?

— Cet exemple historique montre une chose : il n'y a pas d'alternative. Même un homme comme Lénine, aussi peu suspect de sympathie à l'égard de quelqu'un comme moi, a dû admettre qu'il n'y avait pas d'autre voie vers l'efficacité. Ce n'est d'ailleurs pas qu'un exemple, mais un retournement historique. Le mouvement syndical qui m'a tant combattu a dû, en même temps ou à la suite de votre Lénine, se rendre à l'évidence de l'inéluctabilité de mon système[5].

— C'est cohérent avec la pensée de Lénine, mais ne vous surestimez pas. Vous n'êtes pour lui qu'une péripétie de l'histoire capitaliste. Il a aussi fait l'éloge de la poste allemande de l'époque impériale, en estimant que la mécanique de son organisation en faisait « un modèle d'entreprise socialiste ». Pour lui, ce n'est qu'un point de départ qu'il faut faire fructifier, jusqu'à vous faire disparaître : « C'est *nous-mêmes* les ouvriers, qui organiserons la grande production en prenant pour point de départ ce qui a déjà été créé par le capitalisme, en nous appuyant sur notre expérience ouvrière, en instituant une discipline rigoureuse, une discipline de fer maintenue par le pouvoir d'État des ouvriers armés. [...] Les fonctions de plus en plus simplifiées de surveillance et de comptabilité seront remplies par tout le monde à tour de rôle, pour ensuite devenir une habitude et disparaître enfin en tant que fonctions *spéciales* d'une catégorie spéciale d'individus[6]. » Votre système est conçu comme un mal transitoire, avant de parvenir à se débarrasser de tous vos homologues. Avec cette cible collée dans votre dos, vous y voyez toujours un hommage ?

— Et c'est ce qui s'est effectivement passé, en Russie ou ailleurs ? Après que Lénine a écrit cela, les contremaîtres, les chefs, les ingénieurs des temps et mouvements, les contrôleurs ont progressivement disparu ?

— Bon, vous me la montrez cette raquette en forme de cuillère ?

26

Nanteuil, et après ?

Guillaume, décidément, n'organisera plus de partie de foot. Il est parti sur la pointe des pieds. En quelques mois, il a dénoué tous les liens qui faisaient de lui un facteur, un professionnel mobilisé par les enjeux de son métier. D'abord en se portant volontaire pour redevenir rouleur, simple remplaçant, alors qu'il avait conquis chèrement sa place de titulaire. Ensuite, en assumant d'aviser d'office une partie de ses recommandés, de ramener du courrier, afin de ne plus offrir davantage que 35 heures hebdomadaires à La Poste. Enfin, en parsemant sa présence d'arrêts maladie de plus en plus fréquents. Les collègues de Nanteuil parlent de Guillaume au passé avant même qu'il n'obtienne sa rupture conventionnelle[1]. Six mois après la réorganisation, son ultime préoccupation tient dans cette question : comment organiser un pot de départ maintenant que les horaires officiels sont désynchronisés, et que les horaires effectifs sont encore plus brouillés ? Alors qu'il devient de plus en plus dur de retenir les collègues, après une intense journée de travail ? Alors que n'a cessé de se déliter le souci de maintenir une « ambiance » ?

S'il avait voulu, il aurait pourtant rapidement pu « racheter » une tournée, redevenir un titulaire avec « ses » clients, ses habitués. Plusieurs tournées sont en effet devenues « vacantes ». C'est que, à la suite de Guillaume, un quart environ de l'effectif permanent de Nanteuil a disparu. Par exemple, Teddy a profité de son statut de fonctionnaire pour obtenir un emploi en préfecture. Depuis des années, La Poste facilite ce genre de passerelles qui accélèrent la résorption de son contingent d'agents publics. Les deux syndicalistes du bureau sont partis, l'un dans un autre département, l'une pour un poste de guichetière en bureau de poste. Estelle, qui effectuait depuis la réorganisation une tournée « mixte », a obtenu sa mutation pour un bureau plus proche de chez elle ; le passage à des « horaires de bureau » avait considérablement augmenté son temps d'embouteillages.

Celui qui m'étonne le plus, c'est Sébastien, facteur qualité, c'est-à-dire remplaçant haut gradé. Lorsque je visite à nouveau Nanteuil, plus de deux mois après la réorganisation, il me fait un panorama désolé de la situation. Pourtant, quand j'ai connu Sébastien, il ne lésinait pas sur la bonne volonté. Il était intarissable sur la nécessité des réorganisations pour « sauver La Poste », sur l'inconscience, la paresse ou simplement l'impuissance de ceux qui contredisaient son point de vue. Aujourd'hui encore, il se moque d'un précaire, un nouveau que je n'ai pas connu, qui vient lui demander à qui il pourrait demander un manteau de La Poste pour se protéger. Sébastien lui répond sans rire qu'il ne fait pas froid – on est fin janvier – avant de me lâcher, à part : « Tu vois les gens qui ont pas l'habitude d'être dehors. Ça c'est des gens qui bougent jamais leur cul de chez eux. » Mais aujourd'hui, Sébastien n'est pas cruel qu'avec des inférieurs hiérarchiques. Il a la dent encore plus dure contre les « chefs », dont il semble avoir renoncé à rejoindre les rangs :

« C'est le merdier. Ils peuvent dire ce qu'ils veulent, c'est ni fait ni à faire. T'as des tournées, elles s'en sortiront pas. [...] Tu as vu le merdier qu'il y avait quand tu es parti, on va dire que sur une échelle de 1 à 10 on était à 10 de la merde, on est passé à 7. On descend un peu, on commence, tu vois, mais va falloir du temps. [...]

— Mais les précédentes réorg', c'était comme ça ?

— Non, non. Là ils ont tapé fort. Là, j'avoue qu'ils ont mis le paquet.

— Et ils veulent pas reconnaître, changer quelque chose ?

— Non ! Ah bah non.

— Qu'est-ce qu'ils disent ?

— Bah que c'est normal. Que c'est à nous de nous adapter. C'est toujours comme ça. C'est toujours à nous de nous adapter, c'est jamais à eux de revoir leurs plans. Ben non parce qu'en fait, revoir leurs plans ça voudrait dire qu'ils ont eu tort. Et c'est pas possible. La direction n'a jamais tort. Tu vois ? C'est malheureux, mais voilà. Les chefs n'ont jamais tort.

— Et Dominique [l'organisateur], il est revenu ?

— Dominique, on l'a pas revu ! Toutes les semaines il doit venir. "Je vais venir. Ouais, vous inquiétez pas, je vais venir." Ça fait deux mois qu'il dit ça. Deux mois qu'on l'attend. Ah, on l'attend, ça c'est sûr. »

On discute des tournées « mixtes », Sébastien souligne la situation des collègues dédiés à la distribution des recommandés.

« Eux, je vais pas te cacher, ils en chient. Ils ont 200 recommandés, 300 par jour. Ça pique. Avant la réorg', la direction disait qu'ils n'en auraient que 100 par jour maximum.

— Donc ils avisent ?

— Bah oui… Comme des porcs. Rien à foutre. Ça fait partie de ces conneries qu'ils [la direction] ont faites, qu'ils veulent pas reconnaître, ils viennent t'expliquer que tout est beau, tout est rose. Et voilà. T'as affaire à un mur. Le mur il est plus fort que toi, tu peux tapoter dessus autant que tu veux avec tes petites mains, pff…

— Stéphane [le directeur d'établissement] il est revenu, lui ?

— Non. Stéphane, Dominique, toute la direction… Ils viennent pas. Ou alors t'en as un qui descend pour dire que ce qu'a fait l'autre c'est de la merde, et qu'il va refaire par-dessus. Et puis t'en as un autre qui arrive et qui dit : “Non non, ce qu'il t'a dit c'est pas vrai. Ce que j'ai fait, c'est bien, et l'autre c'est de la merde.” […] Il y a longtemps qu'on a lâché l'affaire. Tout le monde se renvoie la balle, il y a rien qui avance. »

Quelques mois plus tard, j'apprends que Sébastien, qui lorgnait depuis des mois sur un poste de chef d'équipe, a jeté l'éponge et obtenu une mutation en centre de tri, la filière la plus industrielle de La Poste. Il aurait pourtant sans doute eu sa chance, car à la même période Rachid et Sandrine, les deux chefs d'équipe, sont à leur tour envoyés sur d'autres sites. Je ne parviens pas à démêler si c'est une récompense pour avoir fait passer la réorganisation envers et contre tout, ou une sanction pour tous les dégâts de production qui en ont découlé.

C'est Dominique, enfin, qui, après avoir conçu la réorganisation d'Arpenay, quitte l'établissement pour un autre département. Les facteurs et factrices de Nanteuil pourront donc l'attendre encore longtemps. Cela n'a rien d'extraordinaire, les organisateurs sont soumis au jeu des chaises musicales : tous les trois ou quatre ans, ils changent d'établissement. Cela leur permet de ne plus croiser des facteurs fâchés. Là où ils atterrissent, ils peuvent tolérer qu'on blâme leur prédécesseur, assurant qu'ils auront à cœur de faire mieux. Mais l'« outil » est le même partout, et soumet les organisateurs de la même manière.

L'effectif des précaires a également fondu. Finies les tournées effectuées à deux pour limiter les dégâts. La responsable de production avait averti, quand je travaillais encore à Nanteuil : « On ne peut quand même pas se permettre de mettre de manière durable deux personnes sur une même tournée. Quelques jours oui, mais derrière on a une direction financière qui regarde. » Alors Sandrine, la cheffe d'équipe, a dû faire des suggestions à sa direction pour décider qui serait congédié et qui se verrait proposer un CDI.

Gabriel ne fait pas partie des élus, malgré son ancienneté de dix-huit mois. Est-il parti de lui-même parce qu'il se sentait maltraité ? Ou l'a-t-on remercié parce que, malgré son efficacité, il était considéré comme trop ombrageux, même avec les chefs ? Les rumeurs sont contradictoires.

Oualid fait en revanche partie des précaires ayant conquis leur CDI, pour remplacer les permanents partis. Usé par la période précédant son embauche, il est déçu de découvrir qu'il va encore probablement passer des années à « rouler » sur des tournées chargées et qu'il connaît mal. Alors l'arrêt maladie suit de peu la fin de sa période d'essai. Astrid me raconte qu'un autre précaire, arrivé au centre après mon départ, a été moins prudent et, juste après avoir obtenu son CDI, a laissé fuiter auprès de Sébastien qu'il solliciterait de la médecine du travail une reconnaissance d'inaptitude. Christophe, le responsable ressources humaines, l'a appris et a mis fin à sa période d'essai.

*

Depuis quelques années, la presse, des communications syndicales, des lettres laissées par les premiers concernés ont mis en relief les suicides de dizaines de postiers. Ces différents acteurs ont dénoncé un scandale à tiroirs : il y eut bien sûr les suicides en eux-mêmes, revendiqués comme étant d'origine professionnelle, mais aussi l'impossibilité d'en faire un décompte exhaustif faute de transparence de l'entreprise, puis la révélation d'une « cellule de suivi des drames » qui pourtant tiendrait en secret une telle comptabilité (comprenant une cinquantaine de suicides pour la seule année 2016), et enfin les stratégies d'étouffement médiatique mises en œuvre lors de la survenue de ce genre de drame[2]. Il est difficile dans ces conditions de dire si les postiers (et *a fortiori*, parmi eux, les facteurs) se suicident plus que d'autres, d'autant qu'il faudrait s'entendre sur les « autres » pertinents pour la comparaison (la population du même âge ? L'ensemble des actifs, ou les ouvriers et employés ? Seulement ceux en emploi à durée indéterminée ?). Surtout, fabriquer une telle statistique, dont les commentateurs relativistes sont gourmands, a quelque chose de vain dès lors qu'une partie des suicidés ont explicité le lien entre leur geste et leurs conditions de travail. On ne s'abstient pas d'enquêter sur les meurtres commis dans une ville au prétexte que le taux de mortalité n'y est pas plus élevé qu'ailleurs.

À Nanteuil, on n'en est pas là. L'atmosphère n'est pas tragique, elle se contente d'être morose. Pour celles et ceux qui restent, on descend progressivement au niveau 7 du « merdier », puis plus bas. Mais l'atterrissage est long car, le temps passant, la direction ajoute les derniers étages de la réorganisation, qu'elle avait jusque-là réservés. La « sécabilité » revient, c'est-à-dire que les tournées sont augmentées d'une portion supplémentaire, prise à une tournée qui n'a dès lors plus besoin de facteur en propre, en début de semaine et en cas d'absence de collègues. C'est que l'absentéisme croît, comme partout à La Poste, sans que l'on puisse démêler ce qui tient au vieillissement des facteurs, aux effets de la dégradation des conditions de travail, ou à une résistance muette et individuelle qui pallie l'impossibilité d'intervenir collectivement[3].

Plusieurs facteurs me rapportent la rumeur selon laquelle la direction hésiterait à revenir sur la réorganisation. « Les grands patrons sont venus voir l'état des lieux et des soucis dans le bureau, m'écrit un ancien collègue, et ils envisagent de changer ou d'améliorer l'organisation car on fait des heures supplémentaires quasiment tous les jours. C'est vrai que le petit avantage c'est qu'on est payé, c'était pas le cas avant, mais l'inspecteur du travail veille. » Dans cette version de la rumeur, ce ne serait pas tant la surcharge subie par les facteurs qui interpellerait la direction, mais le fait qu'elle a des conséquences économiques inhabituelles pour La Poste, car la vigilance de l'inspecteur la contraint à rémunérer les heures en trop. La direction a-t-elle effectivement envisagé des amendements de l'organisation ? Ou a-t-elle laissé courir le bruit pour nourrir la patience des facteurs ? Il reste que, au final, rien ne bouge.

Certains symptômes de la dégradation de l'activité sont désormais entérinés comme des conditions normales. Ainsi les lettres suivies, trop nombreuses et volumineuses pour être portées en bandoulière avec les recommandés, sont systématiquement conservées dans les sacoches du vélo, c'est-à-dire pas mieux traitées que le reste du courrier. Tous les vélos sont désormais équipés d'un « *top case* », large coffre placé sur le porte-bagage, qui s'ajoute aux quatre sacoches à l'avant et à l'arrière, et permet d'emporter davantage de lettres et de colis. Il fut un temps, pas si lointain, où cet équipement était considéré comme devant rester exceptionnel, car il contribue à déséquilibrer les cyclistes.

Romuald, le facteur qui m'a formé, est victime d'un accident en tournée. Après plusieurs semaines sans jamais parvenir à rentrer à l'heure, sans jamais s'autoriser une pause, il manque d'être percuté par une voiture et chute en l'évitant. La fatigue accumulée a-t-elle joué un rôle ? « Peut-être, je ne sais pas. Quand j'ai fini la tournée ce jour-là j'étais serein, j'étais content. Pour moi j'avais fait un bon score. Je rentrais après l'heure, mais il y avait du retard à combler. Donc pour moi j'étais content. J'ai même photographié la feuille qu'on signe avec les recommandés. J'étais à 73 recommandés, quelque chose comme ça. Pour moi, dépasser d'une heure, ce jour-là, c'était une belle victoire. C'est paradoxal, parce que les autres jours il y avait encore des plaques de verglas et j'ai pas eu d'accident. Et le jour où il y avait plus rien… C'est le paradoxe. » Il est arrêté pendant plus d'un an, le temps de rééduquer son épaule. Il est impossible d'imputer un accident en particulier à une réorganisation, mais l'accélération du rythme et la perte de repères que cela implique y sont propices. Il n'existe aucune étude nationale publique sur la fréquence des accidents après des réorganisations[4].

Un an après celle de Nanteuil, la plupart des facteurs et factrices tiennent désormais leurs 35 heures hebdomadaires. Il ne reste plus que Fabrice et Ludivine qui dépassent encore régulièrement et s'en plaignent. La seconde récolte cependant les fruits de l'« accompagnement » qu'elle avait tant réclamé, et finalement obtenu. La direction adopte la solution qu'elle souhaitait : on lui retire quelques bouts de rue. Mais c'est aussi celle qu'elle redoutait : on les donne à un autre facteur, Laurent. Pour La Poste, c'est un jeu à somme nulle, pour Ludivine un soulagement, pour Laurent de la charge supplémentaire. Ce dernier refuse de s'en plaindre, mais commente : « Il y en a qui savent pleurer. Ce n'est pas mon genre, moi je ne réclame pas. » C'est un nouveau motif de discorde silencieuse. La solidarité contrainte qu'impose la direction – l'allègement d'une tournée ne se fait qu'au prix de l'alourdissement d'une autre – grignote un peu plus le sentiment de partager un même destin et le désir d'y faire face collectivement.

À Nanteuil comme ailleurs, un autre nœud de conflit grossit : la situation des facteurs reconnus par la médecine du travail comme inaptes à tout ou partie de l'activité de facteur. Pour avoir fréquenté une bonne dizaine de bureaux, je ferais l'hypothèse que les réorganisations, les nouvelles tournées et les accélérations qu'elles impliquent fabriquent des inaptes, et pas seulement chez les plus anciens – on voit des trentenaires trop abîmés pour continuer à rouler en extérieur. Mais il est difficile de dire combien ils sont et si leur effectif grossit, car leur recensement par La Poste est incertain et ambigu[5].

Dans les centres de distribution, leur maintien dans l'emploi est rendu de plus en plus délicat. Historiquement, ceux qui n'étaient que partiellement (ou temporairement) inaptes demeuraient dans les bureaux, mais sans être comptabilisés dans les effectifs « utiles », c'est-à-dire ceux considérés comme nécessaires pour répondre à la charge de travail modélisée par les organisateurs. Leur présence donnait localement des marges de manœuvre, du mou permettant d'absorber des péripéties du quotidien, un coup de main au tri, à la cabine, voire pour des distributions ciblées, en fonction du type de restriction d'aptitude reconnue. Mais elle n'affectait pas le nombre et la forme des tournées, car la force de travail des inaptes n'était pas supposée participer à l'absorption de la charge de travail théorique. Sur le papier des directions d'établissement, les inaptes étaient des excédents.

Depuis quelques années, ces mêmes directions reçoivent la consigne d'attribuer à ces personnels des tâches correspondant à la charge calculée par Dominique et ses homologues. C'est l'une des fonctions de la séparation entre le tri et la distribution, qui permet de « reclasser » des inaptes à la distribution dans des postes entièrement dédiés au tri. Du point de vue de La Poste, ces personnes cessent d'être superflues et deviennent « productives » ; pour les collègues, elles ne sont plus une source d'aide, mais une cellule protégée, une composante problématique de l'équipe.

Le statut d'inapte fait parfois naître le soupçon d'opportunisme. Certes, la reconnaissance d'une restriction d'aptitude dépend d'une décision médicale. Mais les visites périodiques auprès de la médecine du travail sont rares, et les examens peu poussés si les agents sont réticents. La décision du médecin dépend donc elle-même d'une demande, d'une initiative du facteur. Certains considèrent l'inaptitude comme un spectre et un risque – il se murmure que, faute de reclassement, La Poste procède de plus en plus à des licenciements pour inaptitude[6] –, mais d'autres la voient plutôt comme un refuge. De ces perspectives divergentes sourdent des tensions, certains facteurs voyant dans l'inaptitude de collègues une sinécure obtenue à leurs dépens.

Un an après, le bureau de Nanteuil n'est plus la zone sinistrée que j'ai connue, avec ses dizaines de bacs de courrier en retard, ses journées trop longues et ses pétages de plombs. Les effets de la réorganisation se sont estompés. Le brouillard se dissipe, mais on ne revient pas à la situation d'avant. Il y a des départs, des divisions, le sentiment d'être seul face à sa tournée, de ne pouvoir compter sur personne. Ceux qui n'ont pas quitté le centre ressentent ou fabriquent une nouvelle distance psychologique : « Maintenant tu viens juste pour avoir un salaire, alors que c'est un beau métier », commente Jack. Toutes ces choses existaient déjà, elles existent dans d'autres métiers, mais un an après la réorganisation, c'est comme si elles existaient un peu plus. Comme si leur présence poisseuse en avait profité pour s'aventurer un peu plus loin dans les travées du bureau.

Ceux qui exercent ce métier solitaire ont toujours navigué entre l'écueil de l'isolement et l'ancrage dans des activités, des plaisirs, des sociabilités extérieures à La Poste. Pour le facteur, la faiblesse du collectif de travail n'est pas toujours une source de souffrance. Mais à Nanteuil comme dans bien d'autres centres, l'autonomie perdue, la journée grignotée convertissent l'individualisme séculaire de la profession en quant-à-soi morose. Morose, quand les facteurs n'accordent plus aucune confiance aux plans et aux paroles de leur direction, mais qu'ils ne peuvent pas davantage compter sur un contre-discours commun élaboré entre collègues. Morose, quand le regard jaloux sur la tournée du voisin, le soupçon qu'il exagère la dureté supposée de sa tournée, devient la manière dominante de réfléchir à son métier[7].

Aux rancœurs du passé, à l'amertume du présent, se conjugue l'angoisse du lendemain. Un an s'est écoulé depuis la réorganisation ; cela veut dire qu'il y a un an d'ici la prochaine. Il faut d'ores et déjà préparer l'esprit au prochain choc : suppression de tournées, alourdissement des tournées restantes, déploiement, sinon généralisation, des horaires de bureau et des tournées « mixtes ». Il faut d'ores et déjà se projeter : est-ce qu'on se voit plutôt toute la journée au tri, ou toute la journée à la distribution, aux recommandés, ou au courrier ordinaire ? Il faut d'ores et déjà envisager le deuil du nouvel itinéraire que l'on commence tout juste à s'approprier. Si la tournée peut être comparée à un foyer domestique, alors chaque réorganisation est un déménagement : dans un an, il faudra à nouveau se convaincre que la nouvelle tournée est bien son nouveau foyer, un espace qui vaut le coup d'être ménagé et aménagé, plutôt qu'un trou sans fond pour des efforts démultipliés mais toujours vains.

Choc après choc, comment les facteurs de Nanteuil tiendront-ils ? Comment leur effectif pourra-t-il se maintenir ou se renouveler, préserver une forme de cohésion, de souci de soi et des usagers ?

*

Au début de l'année 2020, la geste taylorienne de La Poste se renouvelle par deux hauts faits. Ils rejouent une partition connue, mais le contexte et les arrangements diffèrent.

Il y a d'abord l'épidémie de covid-19. Surfant sur les injonctions contradictoires du gouvernement – restez chez vous mais allez travailler –, La Poste impose aux facteurs de continuer à distribuer le courrier. Pendant les premières semaines du confinement, sans gel, sans masques, alors qu'il est désormais connu que le virus survit des heures sur le papier ou le carton, les agents manipulent des plis manipulés par des dizaines de leurs collègues avant eux, ne serait-ce qu'au tri général. Aux facteurs qui préconisent une fermeture des établissements pour éviter leur infection, celle de leurs proches ou des usagers, à ceux qui plus modestement suggèrent de se concentrer sur la distribution des seules correspondances essentielles, les directions d'établissement opposent leur prétention au monopole de l'organisation du travail.

Ce monopole va jusqu'à la prise en charge (ou en otage) de la santé de celles et ceux qui travaillent. Ce qui se rejoue, c'est aussi une taylorisation de la sécurité, comme dans d'autres secteurs mais avec une brutalité singulière à La Poste. Les concepteurs décident ce qui est bon pour la sécurité des postiers ; ces derniers l'appliquent, ou du moins sont censés l'appliquer. Face au risque, massif et avéré, mais aussi face à l'incertitude radicale qui entoure encore bien des aspects du virus, la direction de La Poste ne recherche ni l'humilité ni le consensus. Lorsque des facteurs recourent au droit de retrait, l'un des seuls droits qui leur permettent de prendre en charge (individuellement) leur sécurité par eux-mêmes et pour eux-mêmes, La Poste menace de les requalifier en « absences irrégulières », synonyme de retrait de salaire, voire de sanctions. Ce n'est que deux semaines après l'instauration du confinement, que La Poste finit par réduire la semaine des facteurs à trois jours. Elle entreprend d'augmenter le nombre de jours travaillés dès avant le déconfinement[8].

La pandémie éclipse le scoop de ce début d'année 2020 : La Poste a de nouvelles « normes et cadences »[9].

Deux ans auparavant, elle a lancé une double campagne de mesures échantillonnées des temps, en traçant les déplacements de facteurs par le biais de smartphones géolocalisés, mais aussi en les faisant plus classiquement accompagner par des humains munis de chronomètres. Toute la distribution en extérieur est ainsi recalibrée par de nouvelles cadences théoriques : les vitesses de déplacement, les temps de « séjour » et de remise. Cette fois, ce sont les conditions de travail du facteur du XXIe siècle qui ont fait l'objet d'un relevé, tandis que jusque-là les modélisations des réorganisations machinaient des cadences des années 1990. En revanche, les cadences de tri sont révisées sans qu'aucune nouvelle observation, aucun nouveau chronométrage ne soit effectué : La Poste s'est contentée d'exploiter des tables de temps génériques, élaborées ailleurs, dans d'autres bureaux, d'autres industries, par d'autres ingénieurs de filiation taylorienne.

Dans cette vaste opération de révision, ce ne sont pas seulement les valeurs qui sont rectifiées, mais les nomenclatures qui les organisent, si bien qu'il est impossible d'évaluer par simple comparaison si ces nouvelles « normes et cadences » constituent une accélération ou un ralentissement de la prescription. Seule une simulation d'ampleur sur un échantillon représentatif de tournées pourrait fournir la réponse. Seule La Poste possède les données qui permettraient une telle simulation. Si elle s'y est risquée, elle n'en a rien laissé fuiter.

Ce nouvel « investissement de forme », de grande ampleur, devrait permettre à La Poste de ne plus avoir à avancer l'excuse burlesque de la disparition des documents source, quand des tribunaux lui demandent sur quoi elle a fondé ses vitesses et ses durées. Et pourtant, au fond, qu'y a-t-il de vraiment nouveau ? Certes, qu'elles prescrivent une accélération ou un ralentissement – et il est probable que leur effet ne sera pas le même dans toutes les zones de distribution, avec tous les types de moyens de locomotion –, les nouvelles « normes et cadences » auront un impact sur les conditions de travail des facteurs. Mais cet impact, comme celui de ce que l'on peut désormais nommer les « anciennes normes et cadences », demeure imposé unilatéralement, défini en respectant strictement la frontière entre ceux qui sont supposés savoir et ceux qui sont sommés d'appliquer.

Taylor est toujours là, indéboulonnable.

Conclusion

Mesurer le travail, organiser la mesure : un enjeu de démocratie

On se souvient peut-être de Teddy rajoutant une particule ironique au nom du directeur de Nanteuil. Il moquait ainsi la prétention du « patron » à monopoliser l'appréciation raisonnée des durées des nouvelles tournées, et de leurs conséquences sur les conditions de travail des facteurs. Cette référence à l'aristocratie n'est ni farfelue ni anodine.

Dans les mois qui précèdent les États généraux et la Révolution de 1789, partout en France on rédige des cahiers de doléances. Provenant de différentes régions, une demande s'y fait insistante : l'abolition du privilège féodal sur la définition des poids et mesures. Parce que les seigneurs ont le pouvoir d'étalonnage, non seulement les quantités se traduisent difficilement d'un domaine, d'un territoire à l'autre, mais les seigneurs, juges et parties, maîtres de la mesure des choses et percepteurs des impôts en nature, révisent les étalons, déforment les référents à leur profit.

La demande est double. D'une part, uniformiser la mesure, pour qu'une distance, un poids, un volume soient partout les mêmes. Le pouvoir royal aurait pu se satisfaire d'une telle centralisation, c'est même dans la logique du monarque absolu. Mais ce dernier a trébuché plusieurs fois en tentant d'imposer sa seule mesure. C'est la Ire République qui parvient à définir et imposer le mètre comme étalon unique des distances, des volumes, des poids et même de la monnaie[1].

D'autre part, il s'agit de garantir à la mesure stabilité et objectivité, ce qui passe par la publicité et la réplicabilité de son mode de fabrication. C'est pourquoi le mètre a nécessité des années d'études, le meilleur des sciences de son époque, au lieu d'être décrété à partir de rien. Ce n'est pas la science confidentielle qui s'élève contre les opinions ordinaires, c'est au contraire la science au service d'un projet démocratique. Sans doute la multitude n'ira pas fourrer son nez dans les nombreux relevés, dans les calculs savants qui ont présidé à l'invention du mètre. Mais quiconque voudrait parcourir à nouveau le chemin qui y a mené trouverait les marques d'un balisage public.

L'urgence de délier le pouvoir féodal ne pouvait attendre le résultat de patientes recherches. Il faut les dix années de la Révolution pour établir un mètre définitif. Mais dès le 15 mars 1790 paraît un décret dont le titre consacré aux « droits seigneuriaux qui sont supprimés sans indemnité » abolit les « droits d'étalonnage » (article 17) et commande la remise des appareils servant à l'opération « aux municipalités des lieux, qui [...] pourvoiront à l'avenir gratuitement à l'étalonnage et vérification des poids et mesures » (article 18). Pendant un intervalle de plusieurs années, donc, l'uniformisation des mesures n'est pas encore acquise, mais leur administration est confiée à des institutions supposées représenter des citoyens.

Aujourd'hui que le mètre-étalon est enfermé à Sèvres, consensuel en France et bien au-delà, on a logiquement oublié cet entre-deux et les enjeux qu'il mettait en relief.

Le mètre est désormais symbole d'uniformité plus que de démocratie, il met en relation des milliards de personnes sans s'exposer à la controverse, éteinte depuis bien longtemps.

De cet épisode révolutionnaire fondateur, je voudrais tirer deux fils. D'une part, la métrologie, la science des mesures, c'est de la politique : toute mesure contribue à fabriquer le collectif qui la manipule, et les formes de ce collectif (hiérarchiques ou égalitaires, autoritaires ou dialogiques) dépendent de la manière dont cette mesure est constituée et discutée. D'autre part – et c'est ce que fait oublier le mètre une fois dissipée la mémoire de sa genèse –, l'uniformité et la crédibilité de la mesure sont deux dimensions distinctes. Certes, la diversité est un refuge pour l'arbitraire, et la prolifération des poids et mesures sous l'Ancien Régime facilitait le déguisement des tricheries seigneuriales. Mais l'exemple des durées des tournées établies par La Poste montre qu'on peut avoir éliminé la diversité, déployé l'uniformisation, sans éliminer l'arbitraire.

Le cas postal est exemplaire, peut-être même caricatural. Par l'envergure de son dispositif de mesure, tout d'abord, qui affecte 70 000 facteurs et factrices[2]. Mais surtout par sa vacuité méthodologique : qui remonte la chaîne des opérations à l'origine des modélisations des tournées tombe dans un trou noir, ce que La Poste justifie par l'égarement des documents qui auraient pu le combler. Sans doute les postiers, leurs représentants ou leurs alliés qui se lancent dans une telle recherche sont-ils peu nombreux, mais ils sont les porte-parole, ou plutôt les porte-enquête, de nombreux facteurs percutés et interloqués par des durées fantaisistes et les injonctions contradictoires qui en découlent. Contrairement au chemin qui mène au mètre, le balisage est ici défaillant, la route est coupée. En ce sens, la prescription postale n'est ni démocratique – La Poste n'a jamais prétendu le contraire – ni scientifique

– ce qu'en revanche ses cadres intermédiaires affirment quotidiennement.

Pendant une quinzaine d'années, La Poste a réduit les effectifs des facteurs et prescrit leur travail en se reposant sur des cadences dont elle ne sait plus dire comment elle les a conçues. On pourrait comparer le modèle de La Poste à un bâtiment en permanente construction. Ses fondations sont anciennes, ce sont des postulats établis dès la fin des années 1990. Sur cette base dont La Poste préfère ne pas sonder la solidité, l'entreprise a empilé les étages et les annexes, fabriquant un monument exubérant mais fragile, prisonnier de postulats et d'approximations de plus en plus nombreuses, insuffisamment démontrées et parfois carrément fausses. Si le bâtiment tient malgré tout (certes au prix d'une augmentation du nombre de réclamations), c'est parce qu'on n'a pas affaire à des modélisations de la matière, mais du travail d'êtres humains. Des humains qui absorbent et résolvent les contradictions, notamment par une augmentation de l'intensité de leurs efforts. Mais jusqu'à quand, et à quel coût pour leur santé et leur sécurité ?

*

J'ai choisi de raconter cette histoire postale, ancrée dans les deux premières décennies du XXIe siècle, sous le patronage ancien de la posture taylorienne. Posture, plutôt que « théorie » ou « système », parce qu'utiliser ces termes serait exagérer la cohérence de la réflexion et des préconisations de Taylor. Les apories, les inconsistances de la pensée de ce dernier retrouvent cependant leur unité et leur force dans l'affirmation d'un commandement indiscutable, légitimé par un tiers, nommé la « science », supposément extérieur aux groupes que génèrent le processus de production et la division du travail.

En ne me contentant pas de retranscrire les dispositifs organisationnels imaginés par Taylor, en faisant revivre sa voix, son ton, sa manière de les illustrer et de convaincre le lecteur, en mettant en relief son racisme, son mépris de classe, son apologie du travail des enfants, son infantilisation des travailleurs adultes, son obsession de la comparaison avec des animaux (c'est-à-dire des êtres qui ne peuvent le contredire), je n'ai pas voulu peindre un méchant ridicule – du moins je n'ai pas voulu faire que ça –, mais restituer la logique globale de la posture taylorienne. Ce ne sont pas que les outrances rhétoriques d'un propagandiste, ce ne sont pas que les archaïsmes d'un homme du XIXe siècle, ce sont aussi les implicites du *scientific management*. Pour appréhender le « système Taylor », il faut comprendre la manière dont il conçoit les êtres humains qui y seraient soumis, c'est-à-dire comme des autres inférieurs.

Aujourd'hui, il est peu d'ingénieurs, à La Poste ou ailleurs, qui endosseraient l'entièreté des propos de Taylor. Pourtant, son ombre est partout. De multiples dispositifs actualisent sa posture, quand bien même leurs concepteurs ne le revendiqueraient ou ne s'en apercevraient pas. La modélisation des tournées des facteurs en est un, qui adosse la prescription à la prétention scientifique, la consigne à une représentation revendiquant le monopole de la « réalité ». Il ne s'agit pas seulement d'instaurer une séparation et une hiérarchisation entre ceux qui sont supposés savoir et les autres, entre ceux qui conçoivent et ceux qui doivent appliquer. D'ailleurs, une partition aussi nette semble encore dessiner deux camps, laissant ouverte la possibilité du conflit et de la négociation. L'apport taylorien, que reprend le dispositif postal de modélisation des tournées, c'est de prétendre que la norme instaurée par l'un des deux camps est la seule possible, profitable à tous. C'est pourquoi Taylor, dans ses écrits, n'est pas même agressif vis-à-vis des syndicats et des grèves. Il se contente de les ranger dans le rayon des anomalies rendues inutiles et obsolètes par son système. Si les travailleurs peuvent suggérer l'existence d'une encore meilleure *one best way*, ils sont bienvenus, mais il n'y a pas de place pour la négociation collective sur les conditions de travail[3].

On peut alors reformuler autrement le projet taylorien et sa traduction postale : abolir aussi bien l'*incertitude* que la *politique* relatives aux méthodes et au rythme de travail.

L'incertitude tout d'abord. La multiplicité, la variabilité et l'évolution des conditions d'exercice des facteurs, dont le métier est soumis aux aléas du monde extérieur, sont difficilement maîtrisables par La Poste. Pour augmenter la prévisibilité et le contrôle des activités qu'il espère diriger, l'état-major de l'entreprise s'est doté d'une mesure des coûts standard, ultérieurement convertie en « normes et cadences » auxquelles les facteurs sont supposés se soumettre. Ce qui se présentait comme une description approximative devient une prescription impérative. Dans un premier temps, les vitesses et durées standard n'étaient qu'un support rudimentaire de l'information destinée à l'état-major et ses scrutateurs. Puis elles ont changé de fonction, devenant un instrument pratique et idéologique au service de la direction nationale dans son rapport avec les directions locales, puis avec les facteurs. Plus encore que les temps tayloriens, ceux de La Poste réduisent l'incertitude économique de la mise au travail des facteurs. Pas parce qu'ils permettraient de dissiper le brouillard sur les conditions effectives de la distribution du courrier, d'éliminer les mouvements inutiles, de fixer dans le détail la manière de trier et remettre le courrier, de dompter l'imprévisible. Mais parce que ces temps, ces « normes et cadences », valent solde de tout compte dans le rapport entre les agents et leur employeur. Un solde de tout compte qui signifie aux facteurs et factrices : voici le périmètre à distribuer pour le temps qui vous est payé, débrouillez-vous-en. Si la quantification taylorienne des temps de travail n'a rien de spécifique à La Poste (qui en est devenue une adepte des décennies après que d'autres entreprises et industries l'eurent adoptée), elle y prend une signification particulière du fait que les temps calculés ne sont même plus présentés comme un objectif, mais comme une facture définitive.

La politique ensuite. Si l'on admet qu'il y a dans le travail de l'incertitude, des aléas qui ne se laissent pas approcher par des probabilités solides, des dimensions que les modèles ne parviennent pas à enserrer, alors on ne renonce pas à organiser, mais on est forcé de reconnaître que cette organisation passe par des tâtonnements, des essais et erreurs, des ajustements, des arbitrages hésitants et réversibles. Qui décide, qui arbitre, si la « science » taylorienne n'est plus que d'un maigre secours ? Taylor voulait extirper la politique de l'entreprise, c'est-à-dire la question du pouvoir de décider, de qui s'en saisit et qui en est exclu ; c'est-à-dire aussi la conflictualité, le dissensus que cette question ne manque pas d'engendrer ; c'est-à-dire, enfin, les modes de résolution toujours provisoires, les accommodements à inventer. On se souvient de Taylor assénant que le *scientific management* est une « véritable démocratie », puisque plus personne, patrons compris, n'y décide rien, tout le monde se soumettant aux lois transcendantales révélées par la « science ». Cependant, poussé dans ses retranchements par une commission parlementaire, Taylor doit admettre que, dans son système, la « vieille manière d'avoir un dictateur » ne fait que laisser la place à une nouvelle[4].

La Poste rejoue cette partition en l'accompagnant d'un mécanisme organisationnel redoutable : la dépossession des directions locales de la conception des réorganisations, et même de la connaissance sur la manière dont elles sont conçues. Dans les centres de distribution du courrier, la polémique est éteinte, plutôt que désamorcée, par l'impossibilité du dialogue, parce que les facteurs demandeurs d'un tel dialogue ne trouvent pas d'interlocuteurs compétents (au sens technique, c'est-à-dire que les cadres locaux n'en ont pas la faculté, et au sens juridique, puisqu'ils n'ont pas de mandat pour s'engager dans la dispute).

Il y a pourtant matière à discuter et arbitrer. Ce refus du dialogue et de la délibération, cette négation de la politique n'ont pas pour seul effet de contrer les revendications des facteurs. La question n'est pas seulement de savoir qui prend à l'autre, qui perd et qui gagne, dans un jeu à somme nulle dont les coordonnées seraient bien établies. Organiser le travail des facteurs est une affaire complexe et compliquée[5], à propos de laquelle les premiers concernés n'ont pas que des intérêts communs à défendre, mais des réflexions et des opinions hétérogènes à mettre en débat.

*

Il faut pourtant prendre au sérieux Taylor quand il prétend avoir rompu avec la vieille dictature. Elle était trop fragile, trop friable, le roi était trop vite nu. Dans le taylorisme, un arsenal de concepts et de méthodes, de mesures et de calculs, appuie la prétention à diriger. Ce serait tomber dans un réductionnisme politique, symétrique au réductionnisme technique du geste taylorien, que de considérer l'étude des temps et des mouvements de Taylor ou les modélisations de La Poste uniquement comme des instruments d'assujettissement, comme une arme servant exclusivement à peser dans le rapport de forces entre employeur et salariés. C'est un empilement de raccourcis qui entend répondre à une multiplicité de questions, à des montagnes d'incertitudes. C'est le moyen de nouer et dompter un ensemble de rapports de forces hétérogènes, dont les enjeux ne se réduisent pas à obtenir le maximum de travail des facteurs.

C'est que la production du courrier est une affaire *complexe*, c'est-à-dire qu'elle soulève simultanément une multitude d'enjeux. La Poste a plusieurs fers au feu, la discipline, et la productivité, des facteurs n'en est qu'un parmi d'autres. Il y a la baisse des volumes de courrier, qui pose à l'entreprise une question économique. Il y a aussi que cette baisse ne concerne pas tous les objets que La Poste achemine : les colis, les recommandés, les « petits paquets » ne sont pas concernés. Le ciseau des courbes pose des problèmes pratiques redoutables. Il y a la contradiction entre la tentative de s'adapter à ces évolutions, et la nécessité d'une stabilité relative des organisations, des manières de travailler, comme condition de leur efficacité. Il y a des délais à respecter, il y a des dizaines d'étapes d'acheminement, d'un point à l'autre, à faire se succéder avec le moins de frottement possible. Il y a la concurrence qui rôde, s'invitant sur les segments lucratifs, délaissant les autres que La Poste est contrainte d'entretenir au nom du service public universel. Il y a le développement de la *silver* économie, des réseaux numériques et de leur sécurité, sur lesquels La Poste se veut en pointe, en même temps qu'elle cherche à devenir un géant de la banque et de l'assurance.

Et il y a, tour à tour considérés comme des poids morts ou des alliés de cette stratégie, 70 000 facteurs. Qui font tous le même métier, mais tellement différemment, en ville et en campagne, dans des zones d'activité et dans des zones résidentielles, dans des quartiers riches et des quartiers pauvres, en plaine et en montagne… Comment organiser leur travail ?

La Poste articule, ou tente d'articuler, les différents enjeux par un ensemble de dispositifs qui s'emboîtent les uns aux autres. Aucun n'est difficile à comprendre, mais leur emboîtement rend l'ensemble *compliqué*. Tellement compliqué que les dirigeants ou les ingénieurs de La Poste eux-mêmes ne peuvent plus en justifier certains morceaux, pourtant essentiels à la bonne tenue de l'ensemble, comme le montre le cas des « normes et cadences ». Le résultat est un modèle de quantification du temps de travail fragile, incomplet, trop homogène, et dont l'usage est encore dégradé par les tricheries de directions locales sur les paramètres qui devraient être moins incertains, comme le niveau de trafic. En regard de ces défaillances, pour certaines inévitables, Dominique et ses homologues utilisent leur « outil » comme si les mesures qu'il produit intégraient tout ce qui est susceptible d'avoir un impact sur la durée des tournées. Tout ce qui n'est pas aisément chiffrable (comme la relation de contact avec les usagers), ou qui serait mesurable mais n'a tout simplement pas été mesuré par La Poste (comme l'impact des variations saisonnières), est évacué du calcul.

Je n'ai fait ici que reprendre, parfois prolonger au moyen d'une documentation supplémentaire, des arguments recueillis auprès de facteurs et de factrices, à Nanteuil et ailleurs en France. Il ne s'agit pas d'attaquer les modélisations de La Poste au nom d'une apologie « humaniste » et romantique de l'incommensurable. Ce n'est pas une bataille entre la rationalité froide (des ingénieurs et de leurs chiffres) contre la chaleur des relations sociales (et leurs descripteurs professionnels et « littéraires » que seraient les sociologues). C'est plus simplement une critique, qui s'espère rationnelle, de l'irrationalité du modèle imposé par les ingénieurs de La Poste.

Le monde (postal) est trop complexe, et les dispositifs pour l'arraisonner trop compliqués, pour que l'on abandonne la mise en organisation du travail aux seuls experts rattachés à l'état-major de l'entreprise. Ceux-ci ne peuvent être que conduits à habiller les intérêts de la direction d'une science approximative. En disant cela, ce n'est pas leur compétence qu'on remet en question, mais leur position. Il ne faut pas contraindre les ingénieurs à revoir leur copie, mais à la mettre en commun.

L'entreprise est une citadelle autocratique, où la propriété du capital détermine le pouvoir de direction. Elle résiste aux assauts de la démocratie, elle parvient même depuis quelques décennies à faire reculer des contre-pouvoirs institutionnalisés, comme ceux permettant une représentation du personnel. En suivant les facteurs, par le détour des techniques de métrologie du travail, on finit par buter à nouveau sur les murs de la citadelle. On revient à la lancinante question de la démocratisation de l'entreprise ou, plus modestement, de l'élargissement de l'intervention des travailleuses et travailleurs sur les conditions de leur activité, au-delà du cercle des dirigeants et de leurs ingénieurs. Cette question est longtemps restée éclipsée par le conflit sur la répartition de la valeur ajoutée et des gains de productivité, mais elle ne s'y est jamais dissoute. Même en sourdine, elle a continué d'être posée par des courants minoritaires du syndicalisme, dans des périodes d'agitation sociale comme les années 1970, ou dans des cercles militants ou intellectuels comme c'est de plus en plus le cas depuis quelques années[6]. Mais aussi et surtout, au quotidien, dans les ateliers comme dans les bureaux, elle est soulevée par des travailleurs qui ne se résolvent pas à n'être que ce que l'on attend d'eux – ne serait-ce que, on l'a vu avec la grève du zèle, parce que la production serait entravée s'ils se résignaient à n'être que les supports inertes d'une prescription.

Je me suis attaché dans ce livre à décrire l'activité de distribution du courrier tout autant que la prescription qui l'encadre, le point de vue de la direction comme celui des facteurs. J'ai oscillé entre la perspective du patron, qui organise la production, et celle des travailleurs, qui la réalisent. Ce n'est pas par souci de proposer une analyse dont l'objectivité commanderait de se tenir à égale distance de ces deux pôles, mais plutôt au nom d'un idéal autogestionnaire selon lequel les travailleurs doivent se préparer collectivement à devenir leurs propres patrons.

Dans le cas de la distribution du courrier, une démocratisation de la prise de décision supposerait une prise en charge élargie d'enjeux indissociablement techniques et politiques. Se demander comment répartir au mieux le travail de distribution du courrier entre des dizaines de milliers de facteurs, c'est réfléchir à une méthode qui permette de prendre en compte les aspérités territorialisées du réel, mais aussi de fabriquer des équivalences pour minimiser les inégalités de conditions d'exercice ; qui donne droit de cité aux intelligences locales, tout en décidant quand et comment celles-ci doivent s'effacer derrière des directives ou des standards nationaux ; qui allie la vivacité de la démocratie, à tous les niveaux où elle est souhaitable et possible, avec la rigueur du contrôle d'égalité.

Cet exercice ne partirait pas de rien. Les facteurs raisonnent déjà, plus ou moins solitairement. Ils élaborent déjà des déontologies partielles, dans le secret de leurs consciences professionnelles, parfois dans un cadre plus élargi de réflexion collective, nourri entre autres de discussions de café ou d'heures d'information syndicale. Ils arbitrent déjà, de manière contrainte, entre leur préoccupation de bien distribuer le courrier, bien servir les usagers, et leur souci d'eux-mêmes. Ce qui manque, c'est une organisation de la confrontation de ces réflexions et de ces opinions, c'est une forme élargie, égalitaire, de délibération. C'est destituer la prescription unilatérale et fallacieuse de leur employeur.

Mais les postiers eux-mêmes ne sont pas les seules parties prenantes de leur travail. Si le lecteur n'est pas facteur, ni même familier de La Poste, il aura peut-être, à travers ce livre, compris la source de certains dysfonctionnements dans la distribution de son courrier, et il aura peut-être envie d'aller plus loin, de donner son avis à son tour. Les enjeux de l'organisation du travail des facteurs concernent aussi le reste de la population, c'est-à-dire les usagers dont la présence pourrait se faire sentir, non pas seulement par l'amoncellement de réclamations individuelles, mais par une intervention collective et institutionnalisée. Ce « reste de la population » ne peut d'ailleurs être réduit à des usagers. Il s'agit aussi de contribuables qui devraient être associés à cette question : puisque les volumes de courrier baissent alors que le nombre de boîtes aux lettres augmente, puisque la productivité (en valeur) des facteurs et factrices ne peut que diminuer sauf à accroître encore l'intensité de leur travail, peut-on exiger de La Poste qu'elle soit rentable sur ce segment de son activité ? À quelles conditions maintenir le service public postal ? Ce « reste de la population », ce sont aussi des habitants d'une planète menacée, de villes polluées, en même temps que des destinataires de publicités surabondantes, de colis par centaines de millions. Des habitants qui devraient pouvoir trouver un cadre où s'interroger, et trancher : quelles sont les correspondances véritablement utiles ? Quelles sont celles qui devraient passer par des réseaux numériques, celles qui devraient être livrées à domicile, celles dont on peut s'abstenir ? Quelles sont les livraisons essentielles, surpassant les dégâts qu'elles causent à notre environnement ? Quel serait le coût écologique de telle ou telle solution, et que sommes-nous prêts à assumer ? Par quelles modalités, qui respecteraient d'un côté le principe de la décision démocratique, de l'autre les apports et limites de savoirs spécialisés, d'un côté les droits des travailleurs, de l'autre ceux des usagers, ces questions peuvent-elles être tranchées[7] ?

Partant d'une question apparemment infime – comment Dominique a-t-il pu estimer que ma tournée durait 3 heures, 43 minutes et 59 secondes ? –, on débouche sur des considérations vertigineuses. Mais le vertige n'a pas à être le monopole d'une poignée d'experts accrédités par les actionnaires d'une entreprise. Il est notre affaire à toutes et tous.

Lexique

Aviser

Laisser un avis de passage dans une boîte aux lettres pour un objet qui n'a pu être remis en mains propres à son destinataire. L'objet est renvoyé dans un bureau d'instance*, dont l'adresse est indiquée sur l'avis. Les objets en question sont principalement des lettres recommandées*, mais il peut aussi s'agir de colis qui ne rentrent pas dans la boîte aux lettres.

Bureau

Voir centre de distribution du courrier*.

Bureau d'instance

Guichet ouvert au public où les destinataires d'objets avisés* peuvent retirer ces derniers. Il s'agit principalement des bureaux de poste, mais aussi de « Carré pro » pour les entreprises (qui se trouvent dans les mêmes locaux qu'un centre de distribution du courrier), d'« agences postales communales » ou de « points relais » dans des commerces ayant passé un accord avec La Poste.

Cabine

Service intégré à un centre de distribution du courrier, s'occupant notamment de la réception des recommandés*, de leur « flashage » (inscription électronique), de leur tri et de leur remise aux facteurs. En sens inverse, la cabine reçoit les recommandés non distribués par les facteurs et les trie pour envoi aux bureaux d'instance*. La cabine peut comprendre un guichet ouvert au public (« Carré pro » s'il est réservé aux institutionnels).

Cabinard

Agent de la cabine*.

Centre de distribution du courrier

Établissement où travaillent les facteurs. Souvent nommé « bureau » dans le langage quotidien, même s'il est la plupart du temps physiquement séparé du bureau de poste ouvert au public.

Couper

Dans le langage des « normes et cadences », le coupage est une opération consistant à répartir le courrier d'une tournée dans les différentes cases du casier de tri, et qui précède le piquage (classement du tri de chaque case dans l'ordre de la tournée). Mais dans le langage ordinaire des centres de distribution*, cela désigne l'ensemble des opérations de tri* d'une tournée individuelle.

Décaser

Une fois que l'ensemble des lettres d'une tournée sont triées dans le casier, opération consistant à les retirer des cases pour former des liasses avant de partir en distribution.

Facteur d'équipe

Doté d'un grade supplémentaire par rapport aux autres facteurs, le facteur d'équipe se voit attribuer une tournée, mais il n'en est pas titulaire. Certains jours (programmés par avance, mais aussi « inopinés » en fonction des absences dans l'équipe), cette tournée, dite « d'équipe » ou « sécable », est démembrée, chacun des autres facteurs de l'équipe en distribuant un morceau (portion « sécable »). Cela libère le facteur d'équipe qui remplace alors l'absence d'un collègue.

Facteur qualité

Doté d'un grade supérieur au facteur d'équipe*, hiérarchiquement immédiatement inférieur au chef d'équipe, le facteur qualité occupe une fonction de rouleur* pendant la grande majorité de ses journées, mais consacre le reste du temps à des fonctions relatives à la « qualité de service ». En pratique, selon les bureaux*, ce sont des tâches disparates (répondre à des réclamations, réagencer des casiers, négocier avec le client dont le chien est menaçant, gérer les plannings des collègues en l'absence de chef d'équipe, etc.). Mais le facteur qualité doit partout, en théorie, mettre à jour le système d'information recensant les caractéristiques géographiques et postales des tournées.

Petits paquets internationaux (PPI)

Cette expression désigne le plus souvent des petits paquets qui ont un statut ordinaire, c'est-à-dire que l'expéditeur ou le destinataire n'en demandent aucun suivi ou traçage particulier.

Rebut

Un rebut est un pli qui n'a pas pu être remis à son destinataire, supposément parce qu'il n'habite pas ou plus à l'adresse indiquée. Le pli est alors renvoyé à l'expéditeur si celui-ci est connu.

Recommandé

Pli devant être remis en mains propres au destinataire, sous forme contradictoire (c'est-à-dire que le facteur emporte avec lui une preuve de distribution, voire un accusé de réception, signé par le destinataire).

Restes

Courriers que le facteur n'a pas pu distribuer et ramène au centre en retour de tournée.

Rouleur

Le facteur rouleur remplace ses collègues sur différentes tournées, au gré des absences programmées (par exemple repos de cycle) et « inopinées ». Il s'agit en théorie de facteurs en CDI en début de carrière, le poste de rouleur étant un sas vers le statut de « titulaire » d'une tournée.

Sécabilité, (tournée ou portion) sécable

Voir facteur d'équipe*.

Taux d'instance

Pourcentage de lettres recommandées n'ayant pu être remises en mains propres à leurs destinataires et donc envoyées et retirées dans les bureaux d'instance*.

Tri général

Opération consistant à répartir le courrier parvenu au centre de distribution* « en vrac » (c'est-à-dire trié seulement par code postal) entre les différentes tournées du centre.

Tri

Les opérations de tri se partagent entre un premier tri effectué collectivement (tri général*) et un tri individuel de chaque facteur sur sa tournée (voir couper*).

Bibliographie

ADAM, Hélène (2010). « Privatisation réalisée et privatisation en cours : des télécommunications à La Poste », *in* PELLETIER, W. ; BONELLI, L. (dir.), *L'État démantelé*, Paris, La Découverte.

ASPLAN (2012). « La grève des sans-papiers en France : le salariat bridé révélé par ses mobilisations », *in* FORTINO, S. *et al.* (dir.), *Travail, modes de vie et résistance en France et en Espagne*, Nîmes, Champ social, p. 223-240.

BARD, Jonathan F. ; BINICI, Canan ; DESILVA, Anura H. (2002). « Staff scheduling at the United States Postal Service », *Computers & Operations Research*, n° 30, p. 745-771.

BARREAU, Jocelyne (1995). *La Réforme des PTT. Quel avenir pour le service public ?*, Paris, La Découverte.

BAUDELOT, Christian ; ESTABLET, Roger ; TOISER, Jacques (1979). *Qui travaille pour qui ?*, Paris, Maspero.

BERLAND, Nicolas ; CHIAPELLO, Ève (2004). « Le rôle des réformateurs sociaux dans la diffusion de nouvelles pratiques de gestion : le cas du contrôle budgétaire en France (1930-1960) », *Comptabilité – Contrôle – Audit*, 2004/3, tome 10, p. 133-160.

BERNARD, Stéphane ; GOMEZ, Caroline ; MARTIN, Lise ; ROY, Bernard (2010). « Détermination de l'impact du format et du poids des objets postaux sur les coûts des processus manuels.

Une approche expérimentale », *in* BOLDRON F. *et al.* (dir.), *Libéralisation et services publics*, Paris, Economica, 2010, p. 435-455.

BOUFFARTIGUE, Paul (2008). « Précarités professionnelles et action collective », *Travail et Emploi*, n° 116, p. 33-43.

BOUFFARTIGUE, Paul ; BOUTEILLER, Jacques ; GIRAUD, Baptiste (2018). « L'émiettement et la localisation des conflits du travail. Le cas des grèves de facteurs (2013-2018) », communication aux *Journées internationales de sociologie du travail*, 9-11 juillet 2018.

BRAS, Bénédicte (1995). *La Poste entre le service public et le marché*, Thèse, Paris-X.

BRYGO, Julien ; CYRAN, Olivier (2016). *Boulots de merde !*, Paris, La Découverte.

CALLON, Michel ; LASCOUSMES, Pierre ; BARTHE, Yannick (2001). *Agir dans un monde incertain*, Paris, Seuil.

CANGUILHEM, Georges (1947). « Milieu et normes de l'homme au travail », *Cahiers internationaux de sociologie*, vol. 3, p. 120-136.

CARLIER, Alexandre ; TENRET, Élise (2007). « Des conflits du travail plus nombreux et plus diversifiés », *Premières Synthèses Informations*, Dares, février 2007.

CARTIER, Marie (2000). « Le calendrier du facteur. Les significations sociales d'un échange anodin », *Genèses*, n° 41, p. 63-84.

CARTIER, Marie (2003). *Les Facteurs et leurs tournées*, Paris, La Découverte.

CAZALS Catherine ; DE RYCKE Marc, FLORENS Jean-Pierre, ROUZAUD Séverine (1997). « Scale economies and natural monopoly in the postal delivery », *in* CREW, M.A. ; KLEINDORFER, P.R. (dir.), *Managing Change in the Postal and Delivery Industries*, Boston, Kluwer, p. 65-80.

CAZALS Catherine ; FÈVE Frédérique ; FLORENS Jean-Pierre ; ROY Bernard (2005). « Delivery costs II : Back to parametric models », *in* CREW, M.A. ; KLEINDORFER P.R. (dir.), *Regulatory and Economics Challenges in the Postal and Delivery Sector*, Boston, Kluwer, p. 189-202.

CHATRIOT, Alain (2003). « Fayol, les fayoliens et l'impossible réforme de l'administration durant l'entre-deux-guerres », *Entreprises et histoire*, 2003/3 (n° 34), p. 84-97.

CHATZIS, Konstantinos (1999). « Searching for standards : French engineers and time and motion studies of industrial operations in the 1950s », *History and Technology*, vol. 15, p. 253-261.

CONSTANT, François (1987). « La politique française de l'immigration antillaise de 1946 à 1987 », *Revue européenne des migrations internationales*, n° 3, p. 9-30.

CORIAT, Benjamin (1979). *L'Atelier et le Chronomètre*, Paris, Christian Bourgeois.

COTTARD, Robert (2019). *Les Calendriers*, Paris, Éditions de l'Olivier.

COUTROT, Thomas (2018). *Libérer le travail*, Paris, Seuil.

CROZIER, Michel (1955). *Petits Fonctionnaires au travail*. Paris, CNRS.

CUKIER, Alexis (2018). *Le Travail démocratique*, Paris, PUF.

CURIEN, Nicolas (2005). *Économie des réseaux*, Paris, La Découverte.

DEJOURS, Christophe (2013). *Travail vivant*, tomes 1 et 2, Paris, Payot, 1re éd. 2009.

DEMAZIÈRE, Didier ; MERCIER, Delphine (2003). « La tournée des facteurs. Normes gestionnaires, régulation collective et stratégie d'activité », *Sociologie du travail*, vol. 45, p. 237-258.

DEMAZIÈRE, Didier (2005). « Au cœur du métier de facteur : "sa" tournée », *Ethnologie française*, vol. 35, p. 129-136.

DEVETTER, François-Xavier (2004). « Le temps de travail des agents publics : un régime temporel spécifique », *Politiques et management public*, vol. 22, n° 1, p. 47-69.

EBCT [Empresa Brasileira de Correios e Telégrafos] (2011). *Sistema de Distritamento. Manuel do Usuário*, EBCT/DECAR.

EMMENEGGER, Camilla ; GALLINO, Francesco ; GORGONE, Daniele (2019). « Entre complicité et souffrance. Penser la servitude volontaire dans le monde du travail », *Travailler*, n° 42, p. 103-118.

FAYOL, Henri (1921). *L'Incapacité industrielle de l'État : les PTT*, Paris, Dunod.

FÉDÉRATION DÉMOCRATIQUE DES TRAVAILLEURS DES PTT – CFDT (1975). *Des « idiots » par milliers. Du démantèlement des PTT à la grève de 1974*, Paris, Maspero.

FLIPO, Fabrice ; DOBRÉ, Michelle ; MICHOT, Marion (2013). *La Face cachée du numérique. L'impact environnemental des nouvelles technologies*, Montreuil, Éditions L'Échappée.

FONTENELLE, Sébastien (2013). *Poste stressante*, Paris, Seuil.

FRIDENSON, Patrick (1987). « Un tournant taylorien de la société française (1904-1918) », *Annales ESC*, 42e année, n° 5, p. 1031-1060.

GADREY, Jean ; GHILLEBAERT, Edwige ; GALLOUJ, Faïz ; DUPLAA, Delphine (1998). « Formes et coûts de la production de cohésion sociale dans les relations de service public : le cas des guichets à la Poste », *Lien social et Politiques*, n° 40, p. 75-87.

GADREY, Jean (2000). *La Productivité du travail à La Poste (1970-1998)*, Paris, Mission recherche de La Poste.

GUEDJ, Denis (2000). *Le Mètre du monde*, Paris, Seuil.

HANIQUE, Fabienne (2004). *Le Sens du travail, chronique de la modernisation au guichet*, Paris, Érès.

HATZFELD, Nicolas (2005). « Du règne du chronomètre au sacre du temps virtuel. Une histoire de successions aux usines Peugeot (1946-1996) », *in* Danièle LINHART *et al.*, *Le travail nous est compté*, Paris, La Découverte.

GIMPEL, Jean (2002). *La Révolution industrielle au Moyen Âge*, Paris, Seuil (1re éd. 1975).

HALLBAUER, Rosalie C. (1978). « Standard Costing and Scientific Management », *The Accounting Historians Journal*, vol. 5, n° 2, p. 37-49.

HENRY, Emmanuel (2017). *Ignorance scientifique et inaction publique. Les politiques de santé au travail*, Paris, Presses de Sciences Po.

JOIN-LAMBERT, Odile (2005). « Au nom de l'usager : les transformations du travail des receveurs des Postes entre 1965 et 1974 », *Revue d'histoire moderne et contemporaine*, n° 52-4, p. 183-204.

JOUNIN, Nicolas (2006). « La sécurité au travail accaparée par les directions », *Actes de la recherche en sciences sociales*, n° 165, p. 72-91.

JOUNIN, Nicolas (2008). *Chantier interdit au public*, Paris, La Découverte.

JOUNIN, Nicolas (2017). « Le caché de La Poste. La genèse de temps virtuels pour organiser le travail des facteurs », *Revue de l'IRES*, n° 93, p. 25-51.

Jounin, Nicolas (2019). « Le calcul de La Poste faisant foi. La prescription du travail des facteurs et ses contradictions », *La Nouvelle Revue du travail* [En ligne], n° 14.

Jouzel, Jean-Noël (2012). *Des toxiques invisibles*, Paris, Éditions de l'EHESS.

Le Roux, Muriel (dir.) (2002). *Histoire de La Poste*, Paris, Éditions rue d'Ulm.

Le Roux, Muriel ; Richez, Sébastien (dir.) (2016). *Brève Histoire de La Poste en France*, Bruxelles, Peter Lang.

Lénine, Vladimir Ilitch Oulianov (1917). *L'État et la révolution*, Les classiques des sciences sociales [En ligne], <http://classiques.uqac.ca/classiques/lenine/Etat_et_revolution/lenine_Etat_et_revolution.pdf> [consulté le 21 mars 2020]

Lénine, Vladimir Ilitch Oulianov (1918). « Les tâches immédiates du pouvoir des Soviets », *Pravda*, 28 avril 2018, reproduit sur <https://www.marxists.org/francais/lenin/works/1918/04/vil19180428.htm> [consulté le 21 mars 2020]

Linhart, Robert (2010). *Lénine, les paysans, Taylor*, Paris, Seuil (1re éd. 1976).

Lomba, Cédric (2018). *La Restructuration permanente de la condition ouvrière*, Vulaines-sur-Seine, Éditions du Croquant.

Lüdtke, Alf (2000). *Des ouvriers dans l'Allemagne du XXe siècle*, Paris, L'Harmattan.

Maggi-Germain, Nicole (2004). « Statut et contrat : deux modes de construction de la relation de travail », *Revue de l'IRES*, n° 45, p. 103-117.

Mahouche, Bruno (2005). « Approche rationnelle des normes productives des employés », *Histoire et mesure* [En ligne], XX-3/4.

Mahouche, Bruno (2010). *Les Centres de tri de la région parisienne dans la tourmente de l'histoire, 1946-1989*, Paris, L'Harmattan.

Mahouche, Bruno (2014). « Femmes téléphonistes et employées des chèques postaux aux PTT : une stratégie syndicale de mise en visibilité des atteintes à la santé au travail (1950-1960) », *La Nouvelle Revue du travail* [En ligne], 2014/4.

Marichalar, Pascal (2017). *Qui a tué les verriers de Givors ?*, Paris, La Découverte.

Marie, Claude-Valentin (2014). « Des “Nés” aux “Originaires” Dom en métropole : les effets de cinquante ans d'une politique publique ininterrompue d'émigration », *Informations sociales*, n° 186, p. 40-48.

Marry, Catherine (2004). *Les Femmes ingénieurs. Une révolution respectueuse*, Paris, Belin.

Maruani, Margaret ; Meron, Monique (2012). *Un siècle de travail des femmes en France*, Paris, La Découverte.

Marx, Karl (1985). *Le Capital, livre 1 sections 5 à 8*, Paris, Flammarion (1re éd. 1867).

Maynard, H. B. ; Stegemerten, G. J. ; Schwab J. L. (1953). *MTM. Méthodes de travail et tables de temps*, Paris, Gauthier-Villars.

Miller, Peter ; O'Leary, Ted (1987). « Accounting and the construction of the governable person », *Accounting, Organizations and Society*, vol. 12, n° 3, p. 235-265.

Miller, Peter ; Napier, Christopher (1993). « Genealogies of calculation », *Accounting, Organizations and Society*, vol. 18, n° 7/8, p. 631-647.

Morgana, Laurence (2003). *L'Invention du contrôle de gestion à la Poste (1923-2003)*, Paris, L'Harmattan.

Moutet, Aimée (1997). *Les Logiques de l'entreprise. La rationalisation dans l'industrie française de l'entre-deux-guerres*, Paris, Éditions de l'EHESS.

Mumford, Lewis (2016). *Technique et civilisation*, Marseille, Parenthèses (1re éd. 1934).

NALC [National Association of Letter Carriers] (2018). *The 2018 NALC Guide to Route Inspectors*, NALC.

Naville, Pierre (1972). *Temps et Technique*, Genève & Paris, Droz.

Nelson, Daniel (1980). *Frederick W. Taylor and the Rise of Scientific Management*, Madison, The University of Wisconsin Press.

Nelson, Daniel (1984). « Le taylorisme dans l'industrie américaine, 1900-1930 », *in* de Montmollin, M. ; Pastré, O. (dir.), *Le Taylorisme*, Paris, La Découverte, p. 51-66.

Oeser, Alexandra (2015). « Penser les rapports de domination avec Alf Lüdtke », *Sociétés contemporaines*, n° 99-100, p. 5-16.

PATTIEU, Sylvain (2016). « Un traitement spécifique des migrations d'outre-mer : le BUMIDOM (1963-1982) et ses ambiguïtés », *Politix*, n° 116, p. 81-113.

PEAUCELLE, Jean-Louis (2005). « Raisonner sur les épingles, l'exemple d'Adam Smith sur la division du travail », *Revue d'économie politique*, vol. 115, p. 499-519.

POIROT-DELPECH, Sophie (1996). « Règles prescrites et règles auto-instituées dans le contrôle du trafic aérien », *in* GIRIN J. ; GROSJEAN M. (dir.), *La Transgression des règles au travail*, Paris, L'Harmattan, p. 39-50.

PONTET, Marc (2007). « La sacoche du facteur », *Médium*, n° 10, p. 153-164.

POUGET, Émile (1914). *L'Organisation du surmenage (le système Taylor)*, Paris, Marcel Rivière.

PUECH, Isabelle (2004). « Le temps du remue-ménage. Conditions d'emploi et de travail de femmes de chambre », *Sociologie du travail*, vol. 46, n° 2, p. 150-167.

PRUVOST, Geneviève (2007). *Profession : Policier. Sexe : féminin*, Paris, Éditions de la MSH.

REID, Donald (1986). « Genèse du fayolisme », *Sociologie du Travail*, vol. 28, n° 1, p. 75-93.

RIBEILL, Georges (1984). « Les organisations du mouvement ouvrier en France face à la rationalisation (1926-1932) », *in* DE MONTMOLLIN, M. et PASTRÉ, O., *Le Taylorisme*, Paris, La Découverte, p. 127-140.

RICHEZ, Sébastien (2007a). « Postiers et facteurs en France depuis deux siècles », *Flux*, n° 70, p. 88-92.

RICHEZ, Sébastien (2007b). « Le facteur rural des postes en France avant 1914 : un nouveau médiateur au travail », *Le Mouvement social*, n° 218, p. 29-44.

RIVOAL, Haude (2017). « Virilité ou masculinité ? L'usage des concepts et leur portée théorique dans les analyses scientifiques des mondes masculins », *Travailler*, n° 38, p. 141-159.

ROY, Bernard (1999). « Technico-economic analysis of the costs of outside work in postal delivery », *in* CREW, M.A. ;

KLEINDORFER, P.R. (dir.), *Emerging Competition in the Postal and Delivery Services*, Boston, Kluwer, p. 101-122.

SALAÜN, Mickaël (2008). *Le Métier de facteur à l'épreuve des nouvelles organisations du travail à La Poste*, Thèse de sociologie, Université Paris Est – ENPC.

SAMZUN, Tanguy (2007). *La Fin d'un patronage d'État. Consentement et conflit au travail : le cas des facteurs de la Poste dans les Bouches-du-Rhône*, Thèse de sociologie, Aix-Marseille-I.

SIROT, Stéphane (2002). *La Grève en France. Une histoire sociale (XIXe-XXe siècle)*, Paris, Odile Jacob.

SLAMA, Serge (2014). « Emplois fermés : une exclusion illégitime », *Plein droit*, n° 103, p. 20-23.

STRUM, Shirley ; LATOUR, Bruno (1987). « Redefining social link : from baboons to humans », *Social Science Information*, 26 (4), p. 783-802.

SUPIOT, Alain (2002). *Critique du droit du travail*, Paris, PUF, 1re éd. 1994.

TAYLOR, Frederick W. (1896). « A Piece-Rate System », *Economic Studies*, vol. 1, n° 2, p. 89-129.

TAYLOR, Frederick W. (1911a). *Shop Management*, New York & London, Harper & Brothers (1re éd. 1903).

TAYLOR, Frederick W. (1911b). *Principles of Scientific Management*, New York & London, Harper & Brothers.

TAYLOR, Frederick W. (1912). *Taylor's Testimony Before the Special House of Representatives Committee*, New York & London, Harper & Brothers.

TEIXEIRA, Tadeu G. (2013). *Os Correios em Transformação : reestructuração, organização do trabalho e políticas de gestão do trabalho (1994-2011)*, Thèse, Université de Campinas.

THÉVENOT, Laurent (1986). « Les investissements de forme », *in* THÉVENOT, L. (dir.), *Conventions économiques*, Paris, PUF, p. 21-71.

TRENTIN, Bruno (2012). *La Cité du travail. Le fordisme et la gauche*, Paris, Fayard.

TRINQUET, Pierre (1996). *Maîtriser les risques du travail*, Paris, PUF.

UFC – Que choisir (2015). *Hausse massive des tarifs aux fondements opaques et critères de qualité en berne*, Service des études.

Vandewattyne, Jean ; Cultiaux, John ; Deruyver, Rebecca (2017). « De La Poste à bpost : histoire d'une mutation (1991-2015) », *Courrier hebdomadaire du CRISP*, n° 2326-2327, p. 5-104.

Vézinat, Nadège (2012). *Les Métamorphoses de La Poste. Professionnalisation des conseillers financiers (1953-2010)*, Paris, PUF.

Vézinat, Nadège (2015). « Stratégies, formes et acteurs de la modernisation postale. Regard sur la financiarisation des PTT », *Sociétés contemporaines*, n° 97, p. 25-48.

Wrege, Charles D. ; Perroni, Amedeo G. (1974). « Taylor's pig-tale : A historical analysis of Frederick W. Taylor's pig-iron experiments », *The Academy of Management Journal*, vol. 17, n° 1, p. 6-27.

Yon, Karel (2012). « Constitution et contestation d'un dispositif de mesure atypique : la quantification préalable du temps de travail dans le secteur de la distribution directe », *XIIIes Journées internationales de sociologie du travail*, Bruxelles.

Film

Faure, Nina (2015). *Dans la boîte*, CP Productions.

Notes

Notes du chapitre 1

1. *Cf.* Bouffartigue (2008) et Salaün (2008), p. 601-616. Le 3 novembre 2004 est signé un « accord-cadre sur la relation sociale au courrier » qui prévoit ainsi la transformation de 10 000 CDD en CDI entre 2004 et 2006. D'après les *Rapports sociaux* de La Poste, à l'échelle du groupe le nombre de CDD (en équivalents temps-plein) a augmenté de 15 % entre 2013 et 2017, pendant que les effectifs intérimaires ont triplé, alors que globalement les effectifs de postiers ont diminué. Le taux de précarité, c'est-à-dire la part des effectifs en CDD et en intérim, est passé de moins de 7 % à plus de 11 %. À Nanteuil, pendant les trois années précédant mon arrivée, d'après le fichier de la direction, 59 contractuels en CDD sont passés par le centre, c'est-à-dire davantage que l'effectif permanent. 83 contrats ont été signés, ce qui signifie que la majorité de ces facteurs n'ont signé qu'un seul contrat, d'une durée d'un mois et demi en moyenne. En cumulé, d'une année à l'autre ils ont représenté entre 3 et 6 équivalents temps-pleins. Mais c'est sans compter sur les intérimaires, à propos desquels je n'ai pas d'information systématique. Sur les 59 agents recrutés en CDD, trois sont encore au centre quand j'y travaille, ayant obtenu entre-temps un CDI.

2. Dans le centre de Nanteuil, avant la réorganisation, la « durée journalière de travail », c'est-à-dire le temps pendant lequel les facteurs se mettent à disposition de La Poste, est de 6 h 21, soit 38 h 06 par semaine (les facteurs travaillant du lundi au samedi). La durée théorique totale de la tournée 21 selon l'organisateur est de 4 h 23 min 59 s. J'y retranche les 40 minutes affectées au tri général, puisque, en tant que CDD, Ahmed et moi en sommes exemptés. Cela explique que je parle de 3 h 43 min 59 s. En revanche, pour affirmer que La Poste considère que le facteur ne travaille que 24 heures au lieu de 35 heures, je me suis fondé sur le ratio entre la durée théorique de l'ensemble de la

tournée (4 h 23 min 59 s) et la durée réglementaire de la journée de travail (6 h 21). Se référer aux 35 heures signifie parler d'une moyenne sur un cycle de plusieurs semaines, puisque la durée hebdomadaire de travail est de 38 h 06, ce qui est compensé par des « repos de cycle ».

Notes du chapitre 2

1. Cité par CFDT (1975), p. 153.

2. *Cf.* Marie CARTIER (2003), p. 5-6, à propos des oraux des tout derniers concours de facteurs fonctionnaires. La bataille de vocabulaire est ancienne, puisque la CFDT notait déjà dans son livre-bilan de la grève de 1974 que « le terme d'"usager" est aujourd'hui rayé du vocabulaire autorisé par le ministère [des PTT], qui lui préfère de très loin celui de "client" » (CFDT, 1975, p. 48). Cette bataille est largement perdue, car seuls quelques facteurs militants et minoritaires évitent encore de dire « clients ».

3. Source : rapports annuels de l'Autorité de régulation des communications électroniques et postales (Arcep).

4. De la même manière que j'ai anonymisé les lieux et noms de personnes, je ne précise pas de quel Noël il s'agit. Il suffit au lecteur de savoir que c'était dans la seconde moitié des années 2010, car au cours de cette période les réorganisations des centres de distribution du courrier se suivent et se ressemblent : les mêmes dispositifs organisationnels sont déployés un peu partout, les mêmes logiciels et les mêmes paramètres de détermination de la charge de travail sont utilisés.

5. J'ai pris des notes de terrain quotidiennement, à l'ordinateur le soir en rentrant chez moi, mais également manuscrites pendant le travail même. Je noircissais un carnet sans me cacher, en jouant de ma posture de débutant qui souhaite, pour bien faire, retenir certaines informations. Bien qu'inhabituelle, cette attitude ne semblait pas étrange. Je n'ai pas, comme certains journalistes, utilisé de « caméra cachée » au cours de mon observation. Les descriptions visuelles passent donc par le filtre de mon œil et de ma mémoire. En revanche, j'ai utilisé différents dispositifs d'enregistrement : une géolocalisation, qui restitue mes parcours en tournée, et notamment leurs distances ; un cardiofréquencemètre, qui permet d'enregistrer les variations de ma fréquence cardiaque en fonction de l'activité et des variations journalières de la charge de travail ; et enfin un enregistreur audio. Si le lecteur a pu s'étonner dans le premier chapitre de la précision des dialogues rapportés, c'est grâce à ce dernier outil. Si le même lecteur s'offusque d'une captation à l'insu des agents, il n'a pas tort, mais ce n'est qu'un prolongement de la dissimulation qu'implique l'observation participante à couvert. Je renvoie sur cette question à la discussion méthodologique et déontologique dans mon livre portant sur les chantiers du bâtiment (JOUNIN, 2009, p. 259-264). Le fait d'être mieux équipé, et donc moins dépendant de ma mémoire, ne permet que d'être plus fidèle aux propos tenus par les personnes se trouvant sur le terrain d'enquête. Cela n'atténue pas, ni n'aggrave, la question de la dissymétrie d'information entre ces dernières et l'enquêteur.

6. J'ai d'ailleurs parfois versé certains de leurs propos dans la bouche de facteurs de Nanteuil, lorsqu'ils me semblaient instructifs et localement

plausibles. C'est surtout pour brouiller les pistes : sachant certaines directions d'établissement adeptes des représailles, je ne voudrais pas que celle de Nanteuil puisse, en lisant ce livre, croire savoir qui a dit quoi.

7. Les conditions d'exercice du métier de facteur sont extrêmement variables, et le récit précis et situé que je ferai de mon expérience n'est donc pas représentatif. Par exemple, je n'évoquerai pratiquement que des tournées à vélo, qui constitue avec la voiture l'un des deux principaux modes de locomotion des facteurs (à côté des tournées piéton, ou en Staby, un scooter à trois roues, ou encore en Quadeo, une voiturette). Mais l'objet de ce livre est de montrer comment La Poste tente de réduire et représenter sous une forme standardisée la variété des conditions d'exercice, comment le réel résiste à cette capture symbolique, mais aussi comment il est façonné par elle. Derrière ces abstractions du symbolique et du réel, ce sont des luttes sociales entre groupes sociaux engendrés par la division du travail postal, des opérations de pouvoir et des résistances qui sont en jeu. Les particularités de l'environnement et des circonstances de Nanteuil sont donc considérées ici comme un révélateur de la tentative d'homogénéisation de la prescription entreprise par La Poste.

8. La figure du facteur héros a existé mais a été mise au rebut avec le Second Empire, remplacée par le facteur honnête (RICHEZ, 2007b, p. 43).

9. Sébastien Richez (dans LE ROUX [2002], p. 112-113) rappelle que ce sont à la fois les principes de la distribution du courrier *et* leur transgression qui ont traversé les siècles : « La distribution du courrier, pratique atemporelle, a traversé les époques selon deux modalités toujours en vigueur aujourd'hui : le facteur n'a pas le droit d'effectuer la distribution ailleurs qu'au domicile du destinataire et ne peut relever de main à main les plis à expédier. Manœuvres proscrites en théorie par les règles élémentaires de sécurité au cours de la distribution, elles appartiennent pourtant à une coutume de travail ancrée dans la culture du métier et participent à l'élargissement du contenu de service public, dans son sens premier où le facteur rend service. »

10. Cité par RICHEZ (2007a), p. 91.

11. Richez, dans LE ROUX (2002), p. 109-120.

12. RICHEZ (2007b), p. 35.

13. RICHEZ, (2007b), p. 38 ; Léon et Maurice BONEFF, « Les facteurs ruraux et leurs quarante-six sous », *L'Humanité*, 29 août 1910.

14. *Cf.* CARTIER (2003), MAHOUCHE (2010), LE ROUX et RICHEZ (2016).

15. Les « auxiliaires » pouvaient ainsi dans les années 1970 distribuer la publicité non adressée, ce à quoi se refusaient les facteurs (CFDT, 1975, p. 70), tandis qu'ils sont aujourd'hui contraints de l'accepter comme partie intégrante de leur tournée. La titularisation des auxiliaires était une des grandes revendications de la grève de 1974.

16. « En banlieue parisienne, le taux de ceux qui quittent volontairement l'emploi de préposé par démission ou abandon de fonction passe de 2 % pour les recrues de la période 1939-1958 à 40 % pour les recrues de la période 1959-1974 », écrit Marie CARTIER (2003, p. 71). Voir aussi Cartier dans Le Roux et RICHEZ (2016), p. 42.

17. HENRI et RICHEZ dans LE ROUX et RICHEZ (2016).

18. CARTIER (2003), p. 182-189.

19. CARTIER (2000).

20. SALAÜN (2008), p. 582-585.

21. CARTIER (2003), p. 60.

22. D'après le *Rapport social* 2017 de La Poste, les femmes représentent 48 % des agents de maîtrise et exécution du courrier. À côté de cette statistique exhaustive mais trop large (car la catégorie est plus large que celle des seuls facteurs, et le rapport n'offre rien de plus précis), on peut se reporter au (petit) échantillon de facteurs de l'enquête emploi (*cf.* ci-dessous note 45) qui donne pour la même année à peu près le même pourcentage.

23. Sur les évolutions comparées du sex-ratio des métiers, voir MARUANI et MERON (2012). Il semble que les modalités et les conséquences de la féminisation de l'effectif des facteurs, jusqu'à la quasi-parité, n'ont pas fait l'objet d'étude approfondie, à la différence d'autres professions pourtant moins féminisées, comme les policiers (PRUVOST, 2007) ou les ingénieurs (MARRY, 2004). C'est peut-être que le métier de facteur, malgré ses origines militaires, était dans l'imaginaire moins pourvu de qualités considérées comme « viriles », associées à la performance, la prise de risque et/ou le succès, ce qui inviterait à distinguer sex-ratio, masculinité et virilité (RIVOAL, 2017).

24. En 2001 déjà, avant la fin du recrutement de fonctionnaires, plus d'un quart des facteurs étaient contractuels (SALAÜN, 2008, p. 582).

25. SALAÜN (2008), p. 601-616.

26. SLAMA (2014).

27. Pour un aperçu de cette politique qui visait simultanément à apaiser la contestation sociale dans les départements d'outre-mer, on peut lire CONSTANT (1987) et MARIE (2014), et plus particulièrement pour le cas des postiers, PATTIEU (2016) et la mention qu'en fait CARTIER (2003, p. 59).

28. LA POSTE, *Voyage au centre du courrier*, 2002 ; et LA POSTE, *Document de référence 2018*, p. 31.

29. C'est une approximation par une évaluation purement visuelle, car je ne connais l'âge que de certains facteurs et je n'ai pas eu accès au fichier du personnel. De plus, le fichier du personnel exclurait les CDD et intérimaires, bien qu'ils représentent un quart de l'effectif, et comprendrait en revanche des agents absents (préretraite, congés longue maladie).

30. J'ai isolé dans l'enquête emploi, effectuée par l'INSEE, un échantillon de facteurs (*cf.* ci-dessous note 45). Leur âge moyen est de quarante-cinq ans en 2017. Il était d'un peu plus de quarante-trois ans en 2011. D'après le *Rapport social 2017* de La Poste, 45 % des agents de la branche courrier ont plus de cinquante ans.

31. « "Notre modèle n'est plus viable, on doit se transformer" », *Libération*, 27 janvier 2015.

32. COTTARD (2009), p. 226.

33. *Cf.* PONTET (2007) : où l'on constate que l'auteur, présenté comme « directeur de la stratégie du courrier », était encore très optimiste sur la capacité du courrier à résister à Internet (voire à en bénéficier), comme cela avait été le cas avec le téléphone.

34. Terme mystificateur, la « dématérialisation », c'est-à-dire ici le remplacement du papier par Internet, implique en réalité deux choses. D'une part, le changement du type de matières nécessaires et d'industries qui les produisent : aux forêts, aux scieries, aux papeteries, aux imprimantes, aux véhicules qui transportent le courrier et au carburant

qui les alimente, se substituent les terminaux, les câbles et surtout les serveurs abrités dans des centres de données, impliquant une consommation de minerais divers, de « terres rares » (qui ne sont rares que parce que polluantes à extraire), et surtout de beaucoup d'électricité (dont l'origine, fossile, nucléaire ou plus rarement renouvelable, dépend du mode de production qui alimente les appareils). D'autre part, un changement de lieu : tandis que le facteur circule et éventuellement pollue près des destinataires, la « dématérialisation » implique en fait la possibilité de repousser loin des consommateurs la production et la pollution qui en dérive (même si le réchauffement climatique induit par la production d'électricité concerne toute la planète). Au final, quel est le solde écologique du remplacement progressif du courrier papier par Internet ? C'est difficile à établir, car cela nécessiterait une appréhension globale, internationale, alors que les statistiques sont souvent nationales. La comparaison est d'autant plus malaisée que les usages changent avec les technologies. Passer par Internet pour déclarer ses revenus et recevoir ses avis d'imposition ne semble pas écologiquement aberrant ; mais dans le même temps, on partage des vidéos sur les réseaux sociaux, et cette pratique inédite, qui s'ajoute plutôt qu'elle ne remplace, réclame d'importantes capacités de stockage. *Cf.* FLIPO *et al.* (2013).

35. GADREY (2000), SALAÜN (2008), p. 573-574.

36. GADREY (2000), p. 42-44.

37. DIRECTION GÉNÉRALE DES POSTES, *Évaluation de l'organisation extérieure de la distribution* (Archives nationales, 19930274/6), p. 13. *Cf.* note 9 du chapitre 12, qui revient sur cette étude et (l'incertitude sur) les méthodes qu'elle a utilisées.

38. *Documents de référence* annuels de La Poste.

39. *Ibid.* Les chiffres présentés dans ces documents sont approximatifs et parfois peu cohérents dans les évolutions d'une année sur l'autre. Mais sur plusieurs années, la tendance est claire. Il n'y a pas de moyen de vérifier autrement le nombre de boîtes aux lettres, que La Poste est seule à recenser. Mais on observe que sa tendance d'évolution converge avec celle du nombre de logements (un peu moins de 33 millions en 2011, plus de 35 millions en 2018, source : INSEE, recensement de la population) et d'établissements exerçant une activité économique (passant de 4 à 5 millions dans la même période, source : INSEE, Répertoire des entreprises et établissements), la grande majorité de ces logements et établissements disposant d'une boîte aux lettres en propre.

40. La réforme de 1848 est déterminante en ce qu'elle institue deux choses. D'une part, un tarif unique pour tout le territoire national, indépendamment des coûts d'acheminement de tel ou tel pli ; la péréquation des coûts entre les lettres doit simplifier la comptabilité de la poste mais aussi et surtout favoriser, par le développement des échanges épistolaires, la construction nationale et l'épanouissement du commerce. D'autre part, et suivant le même objectif, la réforme de 1848 institue le timbre-poste, qui signifie que l'expéditeur peut acquitter intégralement le prix de son envoi, sans charge pour le destinataire.

41. Demeurée une administration jusqu'en 1991, La Poste est ensuite devenue une entreprise publique

autonome (séparément de France Télécom, les « PTT » étant alors scindés). Moins de vingt ans plus tard, en 2010, elle a été transformée en société anonyme, ouvrant la possibilité juridique d'une privatisation, partielle ou totale. Toutefois, à l'heure actuelle, La Poste demeure entièrement détenue par des capitaux publics, pour un tiers directement par l'État et pour le reste par le biais de la Caisse des dépôts et consignations. Cette absence de privatisation (au sens de cession à des acteurs non étatiques) est-elle le résultat d'une volonté politique, ou d'une contrainte, la rentabilité actuelle et les perspectives d'avenir de La Poste intéressant trop peu d'opérateurs privés ? On peut observer parallèlement que des biens ou entreprises publics autrement plus rentables ont été privatisés (autoroutes, aéroports...), et notamment l'entreprise cousine France Télécom qui, à la différence du courrier, trouvait dans Internet et la téléphonie mobile de nouveaux relais de croissance (ADAM, 2010). Toutefois, La Poste cherche classiquement, comme toute société anonyme, à gagner de l'argent et à faire de la publicité sur l'argent qu'elle gagne à travers des rapports et communiqués de presse réguliers.

42. Le montant des recettes dépend aussi des tarifs appliqués. Au cours des années 2010, l'augmentation des prix des prestations courrier de La Poste a accéléré, dépassant largement l'inflation : + 80 % pour le tarif de la lettre prioritaire entre 2010 et 2019, et environ 60 % pour les plis moins urgents, pendant que l'inflation était d'un peu plus de 10 %. Ce qu'on gagne en recette unitaire, pour chaque lettre, ne le perd-on pas en volume (si les hausses de tarif incitent davantage les clients à se tourner vers d'autres moyens de communication), et donc en recette globale ? C'est un débat. En principe, La Poste n'est pas entièrement libre de fixer ses tarifs : ils sont encadrés par l'Autorité de régulation des communications électroniques et postales (Arcep) qui, depuis la libéralisation du secteur, doit veiller simultanément à l'entretien d'une libre concurrence et à la viabilité du « service universel postal » dont La Poste est seule à assumer la charge (se traduisant par un certain nombre d'obligations comme la distribution du courrier six jours sur sept, la prise en charge des plis et colis en tout point du territoire, etc.). L'Arcep autorise des augmentations de prix au-dessus de l'inflation au nom de la règle de l'Union européenne selon laquelle les prix du service universel postal doivent s'approcher des coûts, dans un contexte de baisse du trafic : « Dans une industrie marquée par des déséconomies d'échelle et par le poids des missions de service public sur le dimensionnement de l'appareil productif, cette baisse des volumes implique un arbitrage entre, d'une part, les efforts réalisés par l'opérateur, fondés nécessairement sur des réductions substantielles de charges et, d'autre part, les efforts demandés aux utilisateurs en matière tarifaire », écrit l'Arcep dans un récent avis concernant les tarifs (décision n° 2017-1252 du 26 octobre 2017, p. 4). L'association UFC-Que choisir (2015) observait dans une étude dédiée que la hausse des tarifs affectait davantage le courrier des particuliers que celui des entreprises. Pour l'Arcep, cela s'explique par des structures de coût différentes entre les différents envois. Comme on le verra plus loin (chapitre 15), pour produire ce genre d'argumentaires, l'Arcep se

repose sur des conventions comptables qui intègrent elles-mêmes des données fournies par La Poste (notamment les cadences qui permettent à l'entreprise d'obtenir davantage de travail des facteurs).

43. CAZALS *et al.* (1997, 2005), ROY (1999).

44. Source : communiqués de presse sur les résultats annuels de La Poste. L'entreprise rend publics des chiffres détaillés par « branche » depuis 2009. En indiquant un taux supérieur à la marge d'exploitation du groupe tout entier, on risque de laisser penser que le courrier est plus rentable que les autres branches. Mais la mesure des « performances » de chaque branche est biaisée notamment par le fait que la branche nommée « Enseigne » ou « Réseau » (c'est-à-dire les bureaux de poste) se contente de facturer ses services aux autres (notamment le courrier et la banque) et n'a donc pas vocation à faire du profit en propre. De la même manière, le colis express ayant été isolé dans une branche distincte (Géopost), la livraison des Chronopost par les facteurs est refacturée à cette dernière par la branche « courrier colis » ; ou bien encore la distribution d'imprimés publicitaires sans adresse par les facteurs est refacturée à Mediapost. Les chiffres par branches sont donc le fruit de conventions comptables internes au groupe et pas seulement de leurs résultats respectifs, difficiles à distinguer.

45. De nombreux facteurs seraient d'accord avec l'affirmation selon laquelle eux et leurs collègues travaillent de manière plus intense, et plus longtemps qu'auparavant, mais leurs directions refusent ordinairement d'en convenir, et les personnes extérieures à La Poste n'ont peut-être pas d'avis. Alors, comment l'attester ou le réfuter ? En ce qui concerne l'intensité, c'est à peu près impossible : il aurait fallu des études dédiées, sur plusieurs années, mesurant par exemple les symptômes corporels d'une mobilisation plus intense (du type de la fréquence cardiaque). Or rien de tel n'a été mené ou, du moins, rendu public. Pour la durée du travail, c'est également compliqué, mais moins impossible. Il s'agit en effet d'un élément plus fréquemment demandé, noté, enregistré. Toutefois, on le verra (chapitre 24), il n'y a pas de pointeuse pour les facteurs, et l'enregistrement des heures supplémentaires est variable d'un centre à l'autre, ou, au sein d'un même centre, d'une période à l'autre. Ce n'est donc pas La Poste, quand bien même elle y consentirait, qui pourrait fournir une évaluation fidèle de l'évolution de la durée effective du travail de ses facteurs. En l'absence de pointage, les données les plus fiables sont fournies par les déclarations des facteurs eux-mêmes, les grandes enquêtes de la statistique publique qui portent sur l'activité professionnelle posant toujours la question de la durée du travail (indépendamment du décompte et de la rémunération par l'employeur des heures effectuées). Parmi ces enquêtes, seule celle sur l'emploi, parce qu'elle interroge un grand nombre de salariés, permet d'isoler un échantillon relativement important de facteurs (environ 200). J'ai constitué ce dernier en ne retenant que les individus qui sont à la fois comptés comme « employés de La Poste » selon la nomenclature française des catégories socioprofessionnelles (qui mélange les facteurs avec, entre autres, les guichetiers des bureaux de poste), et comme « employés du service du courrier »

selon la nomenclature internationale intégrée à l'enquête emploi au début des années 2010. Les variables utiles à la saisie de la durée du travail ont changé de définition au cours des années 2000, si bien qu'il n'est possible de constituer une série homogène qu'à partir de 2013, et pour les seules variables correspondant aux questions de la durée moyenne du travail (à l'exclusion, donc, de la durée déclarée durant la « semaine de référence »). L'ensemble de ces préventions et précautions doit amener à prendre le résultat avec des pincettes. Il reste toutefois que, en 2017, les facteurs déclarent travailler 5,6 jours par semaine en moyenne (contre 5 jours pour les autres employés et ouvriers), ce qui traduit le fait d'être occupé souvent du lundi au samedi, et un peu plus de 37 heures (contre un peu moins de 38 heures pour les autres employés et ouvriers). Surtout, alors que les autres employés et ouvriers ont vu leur durée du travail hebdomadaire stagner, voire diminuer entre 2013 et 2017, celle des facteurs a augmenté de 36 minutes par semaine. La Poste a donc bel et bien obtenu que les facteurs travaillent plus longtemps, sans que la durée légale du travail ait changé.

Notes du chapitre 3

1. *Cf.* Christophe DEJOURS (2013), notamment p. 34-36.

Notes du chapitre 4

1. En 1993, la direction du courrier qualifie ce fonctionnement d'« artisanat de masse », au moment où elle se propose de le remplacer par une organisation « industrielle », qui permettrait que « les éléments subjectifs liés à l'expérience du VEDA [vérificateur de la distribution et de l'acheminement] [soient] représentés par des chiffres et [possèdent] une force de persuasion plus importante vis-à-vis des facteurs lors des réorganisations des tournées » (projet *Distribution*, mai 1993, cité par BRAS, 1995, p. 376-378). SALAÜN (2008, p. 193-194) décrit comment les cadres de direction qu'il a rencontrés, d'un côté craignaient la connivence entre facteurs et « vérif' », et de l'autre s'agaçaient de ce que de nombreux facteurs contestaient les évaluations du temps des tournées produites par les mêmes « vérif' ». Du fait du grand nombre de tournées (des dizaines de milliers pour toute la France), les chronométrages demeuraient espacés : « Cinq à dix ans s'écoulent parfois avant qu'une tournée soit de nouveau chronométrée » (DEMAZIÈRE, 2005, p. 131).

Notes du chapitre 5

1. Frederick Winslow Taylor est né en 1856, décédé en 1915. *Cf.* NELSON (1980), sa biographie de référence, pour en savoir davantage sur sa vie entre ces deux dates. J'en extrais les éléments biographiques qui ne sont pas contenus dans les écrits de Taylor lui-même.

2. Dans ces dialogues imaginaires, dès lors que les mots prêtés à Taylor sont une citation ou une paraphrase, ils apparaissent en italique, et j'indique en note la source et reproduis la version originale (en anglais, les traductions étant de mon fait) sur : <https://talp.hypotheses.org/9>. J'ai puisé dans les trois principaux écrits de Taylor sur la question du *management* (en laissant donc de côté ce qui a trait à l'ingénierie mécanique) : *A Piece Rate System* (1896), *Shop Management* (1911a, mais le texte a été présenté pour la

première fois en 1903), *Principles of Scientific Management* (1911b). J'ajoute à ce corpus son témoignage (intégralement retranscrit) devant la commission de la Chambre des représentants des États-Unis, en 1912, alors que des organisations syndicales s'en prennent au « système Taylor » et notamment à son introduction dans des établissements publics. C'est de ce témoignage qu'est issu l'extrait ici reformulé, dans lequel Taylor (1912, p. 6-7) se défend d'avoir voulu donner son nom à son « système ».

3. Taylor a considérablement accru sa fortune (déjà élevée par héritage) grâce aux brevets de l'acier rapide. *Cf.* NELSON (1980), p. 87.

4. TAYLOR (1911b), p. 59.

5. NELSON (1980), p. 28.

6. *Ibid.*, p. 113.

7. *Ibid.*, p. 22-28.

8. *Ibid.*, p. 93.

9. La fonte brute est un produit intermédiaire, à partir duquel on peut obtenir différents fers ou aciers. Elle est coulée dans des moules grossiers. Une fois refroidies, ces masses de fonte, nommées « gueuses », font plusieurs dizaines de kilos.

10. TAYLOR (1911b), p. 40.

11. NELSON (1980), p. 93-98. Voir aussi WREGE et PERRONI (1974) qui, à l'issue d'une enquête dans les archives de différents protagonistes, parlent de « conte » pour caractériser la manière dont Taylor a progressivement embelli l'histoire.

12. TAYLOR (1896), p. 99-100.

13. TAYLOR (1911b), p. 53-54.

14. TAYLOR (1911b), p. 40-41.

15. TAYLOR (1911b), p. 140.

16. Cette idée est avancée plusieurs fois par Taylor, et ce passage paraphrase et synthétise deux sources : TAYLOR (1911b), p. 103-104, et TAYLOR (1912), p. 235.

17. TAYLOR (1911b), p. 104.

18. Voir NELSON (1980), p. 33, pour le récit de ces difficultés, mais aussi Taylor lui-même qui théorise comment son origine de classe (bourgeoise) était un avantage (TAYLOR, 1911b, p. 50-51). La recommandation principale de Taylor, la division entre le « *brainwork* » et le « *manual labor* » (TAYLOR, 1911a, p. 66), prend sous cet éclairage un relief particulier : elle serait d'autant plus forte et efficace qu'elle se superposerait à une division des existences qui dépasse largement le champ de l'usine, en intégrant la ségrégation des logements, des pratiques, des destins sociaux, et *in fine* des sentiments.

19. TAYLOR (1911a), p. 121 Cette recommandation va plus loin que de (prétendre) retirer aux ouvriers toute réflexion sur leur propre travail, puisqu'elle implique d'en déposséder leurs supérieurs hiérarchiques immédiats (*ibid.*, p. 98-99).

20. Puisque Taylor sera un personnage récurrent de ce livre, précisons le rôle que j'entends lui faire tenir. Bien qu'apparemment étranger au processus de production postal, Taylor, on l'a vu, est venu sous la forme de son « -isme » dans la bouche d'un organisateur de La Poste. Cela n'explique rien, mais cela crée une connexion stimulante. Le « taylorisme » est un spectre qui hante toute la littérature sur l'organisation de la production, et notamment la sociologie du travail française qui s'est en partie construite contre ce qu'il représente. Il est possible qu'on lui ait fait porter un chapeau trop large, en lui reprochant depuis les années 1970 une bonne part des maux du travail salarié. On a sans doute également

perdu beaucoup de temps à vouloir démontrer l'hégémonie du taylorisme dans les entreprises ou au contraire sa faible implantation. C'est qu'il faudrait au préalable identifier dans la pensée de Taylor ce qui ferait le cœur du taylorisme, alors que ses « recettes » touchent à différents aspects de la production, mais aussi que la cohérence de son œuvre est discutable. C'est toutefois à cette œuvre seule que je me réfère quand je parle ici de taylorisme, et non aux formes d'organisation du travail que l'on a décrites, revendiquées ou dénoncées sous ce nom.

PILLON et VATIN (2007, p. 183) circonscrivent le taylorisme comme « un mode d'organisation fondé sur une conception additive de la production, un découpage analytique des tâches et une bureaucratisation généralisée des procédures ». Les deux premiers aspects correspondent bien à la manière dont La Poste conçoit le travail des facteurs, si l'on retient que la décomposition « analytique » des tâches doit être distinguée de la division du travail entre ceux qui les exécutent. Contrairement à ce que l'on pense souvent, la « parcellisation » des tâches n'est pas une préoccupation majeure de Taylor. C'est pourquoi le métier de facteur peut bien être « taylorisé » sans que le faisceau de tâches qu'il renferme soit modifié. À l'égard du troisième aspect (la « bureaucratisation », qui nécessite un encadrement au plus près des exécutants), le métier de facteur représente en revanche un grand pas de côté, un défi même, car les agents sont éloignés de tout chef pendant une bonne part de leur journée (*cf.* chapitre 24). J'utiliserai ainsi la pensée de Taylor comme un révélateur, en la faisant dialoguer avec les transformations de la prescription adressée aux facteurs.

Aux principes d'organisation que relèvent Pillon et Vatin, il me semble utile d'ajouter deux principes supérieurs qui, selon Taylor, guident l'ensemble. Le premier, c'est qu'il faut lever les secrets de fabrication et mettre à nu les réserves d'énergie jalousement camouflées par les travailleurs. À La Poste, ce n'est pas un objectif crucial des directions : les savoir-faire génériques sont connus de tous, il n'y a pas de métier caché ; en revanche, les stratagèmes d'adaptation des facteurs à l'environnement de leurs tournées sont innombrables, mais les directions s'en soucient peu. Le second principe est susceptible d'expliquer la postérité de la doctrine taylorienne (notamment parmi les ingénieurs), et il constitue la principale raison pour laquelle je convoque Taylor comme éclairage de la posture de La Poste. Il s'agit de l'introduction (mystificatrice) de la « science » dans l'organisation du travail, pas seulement comme outil d'appréhension du réel, mais comme tiers incontestable des relations entre directions et travailleurs.

Notes du chapitre 7

1. MARX (1985 [1867]), p. 296.

Notes du chapitre 8

1. TAYLOR (1911a), p. 73-74.
2. MARX (1985 [1867]), chapitre XXI, p. 38.
3. Dans les traductions françaises de Taylor, c'est le terme « flânerie » (et parfois « nonchalance ») qui est ordinairement utilisé pour traduire *soldiering*. C'est pourquoi je le conserve, quoiqu'il renvoie à un imaginaire de désœuvrement solitaire et agréable, tandis que

le terme *soldiering* fait référence à la manière dont des conscrits rechignent à exécuter les ordres de leurs supérieurs. Le terme choisi par Taylor en anglais associe une dimension objective, la restriction de production, et une dimension subjective, qui se rapproche de l'*Eigensinn* théorisé et mis en relief par Alf LÜDTKE (2000, p. 25), « que l'on traduit par entêtement, opiniâtreté, obstination, et qui réfère à cette vertu première, et irréductible, qu'a chaque être humain d'être, aussi, auteur de sa propre histoire ». « Rappelons également qu'en allemand, le mot *Eigensinn* est utilisé pour caractériser (et critiquer en même temps) un comportement jugé par les adultes "raisonnables" comme étant à la fois infantile et "irrationnel" » (*ibid.*, p. 46-47).

4. MUMFORD (2016 [1934]), p. 37-38 ; NAVILLE (1972), p. 111. Sur l'histoire de l'horloge, comme partie de la « révolution industrielle au Moyen Âge », voir GIMPEL (2002 [1975]).

5. Il n'y a pas de référence en particulier puisque la notion parcourt toute l'œuvre de Taylor.

6. Taylor recourt plusieurs fois à cette comparaison avec les chevaux, notamment dans *Shop Management*. Mais dans tout ce passage c'est son témoignage devant la chambre des représentants qui est paraphrasé (TAYLOR 1912, p. 157 et 173-174).

7. TAYLOR (1912), p. 18.

8. TAYLOR (1912), p. 174.

9. TAYLOR (1911a), p. 30.

10. TAYLOR (1911b), p. 20-21.

11. TAYLOR (1911b), p. 47-48.

12. TAYLOR (1911b), p. 61-62.

13. TAYLOR (1911a), p. 54-55.

14. TAYLOR (1911b), p. 43-44. Pour décrire Schmidt, Taylor parle de « *little Pennsylvania Dutchman* », ce qui désigne des descendants d'immigrés allemands (et non hollandais) arrivés aux États-Unis principalement aux XVIIe et XVIIIe siècles.

15. *Cf.* note 14 du chapitre 5, et TAYLOR (1911b), p. 46.

16. TAYLOR (1911a), p. 48-49.

17. GUEDJ (2000), p. 328-335.

18. TAYLOR (1911a), p. 32-33.

19. TAYLOR (1896), p. 91.

Notes du chapitre 9

1. Ce raisonnement, quoique routinier chez les encadrants de La Poste, est illicite, du moins pour Aurélie (et la majorité des facteurs de France désormais) qui est salariée, donc soumise au code du travail. J'y reviens au chapitre 24.

2. Cette expression appelle quelques précisions. D'une part, peut-on parler de *plus-value* dès lors que La Poste appartient à l'État et se voit encore dotée, malgré l'ouverture à la concurrence, de missions relevant d'un « service public universel » ? Une première réponse, trop rapide, consiste à rappeler que La Poste est depuis 2010 une société anonyme vouée à faire du profit, ce qu'elle parvient à faire de manière constante depuis lors (*cf.* chapitre 2) ; le fait que le bénéficiaire des dividendes versés soit l'État ne modifie pas la structure et la logique capitalistes de l'entreprise. Mais cette réponse est trop rapide en ce qu'elle demeure concentrée sur la forme du profit individuel obtenu par un propriétaire des moyens de production en particulier. Or le profit ne se confond pas avec la plus-value, cette notion étant plus abstraite et collective. Il s'agit en effet du surplus de travail humain obtenu à travers le processus de production, dont la captation et la

répartition (sous la forme de profits) font dans un second temps l'objet d'une compétition et de rapports de forces entre capitalistes. Si La Poste ne faisait pas de profit, cela signifierait qu'elle est davantage dominée dans son rapport avec les autres groupes capitalistes, ceux-ci s'appropriant par une pression accrue sur les tarifs postaux l'essentiel de la plus-value générée par La Poste sur le travail de ses agents. Mais cela ne signifierait pas qu'aucune plus-value n'est extraite du travail des facteurs. Même lorsqu'elle était une administration, La Poste représentait déjà un formidable gisement d'« effort humain », d'« énergie sociale » (BAUDELOT *et al.*, 1979), générant une plus-value dont le bénéfice était capté notamment par les usagers privés.

D'autre part, peut-on parler de plus-value *absolue* aussi bien pour désigner l'allongement de la journée de travail que l'intensification du rythme de travail ? Chez Marx, le classement de la question de l'intensité du travail dans la nomenclature de la plus-value (absolue ou relative ?) est ambigu. À première vue, dans *Le Capital*, l'augmentation de la plus-value absolue correspond au simple allongement de la journée de travail, tandis que la plus-value relative correspond à la réduction du temps de travail nécessaire à la reproduction de la force de travail (conduisant à une augmentation de la productivité, c'est-à-dire une production accrue pour une même quantité de force de travail). « L'intensification du travail » est abordée dans la section sur « la production de la plus-value relative », en tant que, à l'intérieur d'une même durée (de location de la force de travail), elle permet de produire davantage. Mais Marx opère une nouvelle distinction au sein de la plus-value relative : d'un côté, ce qui relève du « progrès technique » et de la transformation des « combinaisons sociales » (par exemple l'abaissement du coût des marchandises nécessaires à la reproduction de la force de travail des salariés, indépendamment du processus de production particulier dans lequel ces derniers sont engagés), qui n'impliquent pas nécessairement un surcroît d'effort du travailleur ; et, de l'autre, une intensification du travail qui peut être menée toutes choses égales par ailleurs, c'est-à-dire une accélération du rythme. Marx présente ainsi des hypothèses de conversion de la durée en intensité, laissant imaginer des équivalences possibles entre étirement et compression de l'activité. « On commence à évaluer la grandeur du travail doublement, d'après sa durée ou son extension, et d'après son degré d'intensité, c'est-à-dire la masse qui en est comprimée dans un espace de temps donné » (MARX 1985, t.1, p. 296). On pourrait alors rassembler allongement de la journée et intensification du travail dans le même concept de plus-value absolue (quand bien même les deux situations ne sont pas saisissables de la même manière sur un plan statistique [*cf.* note 45 du chapitre 2] ni conceptualisées de manière équivalente d'un point de vue juridique [*cf.* chapitre 24]). C'est ce que fait par exemple Benjamin Coriat dans *L'atelier et le chronomètre*, qui voit dans la « réduction des temps morts » recherchée par le taylorisme, la « forme déguisée » d'un « allongement de la *durée* du travail » (CORIAT, 1979, p. 63).

Dans le cas de La Poste, considérer qu'intensité et durée du travail sont les deux faces d'une même pièce a d'autant plus de sens que l'organisation de la distribution du courrier suppose que la durée des journées est variable, car dépendante des circonstances, si bien que la conversion entre durée et intensité est chaque jour remise en jeu. Cette conversion n'est pas qu'une hypothèse conceptuelle, mais une observation que l'on peut faire chaque jour en comparant les facteurs entre eux, en relevant la variété de leurs arbitrages et de leurs possibilités, en décrivant les assemblages de propriétés idiosyncrasiques qui font de chaque facteur un modèle particulier de dosage entre durée et intensité. Même à l'échelle individuelle, on constaterait des variations d'un jour à l'autre, un même facteur ne parvenant ou ne souhaitant pas comprimer les « pores » de sa journée de manière stable et homogène.

Notes du chapitre 10

1. Il y a en effet une hypothèse forte derrière ce modèle de la tournée du facteur : le tout est égal à la somme des parties. Cette hypothèse était contestée par une étude de la Direction du courrier elle-même au début des années 1980 (*cf.* chapitre 12).

2. Article 2.6 de l'*Accord sur l'amélioration des conditions de travail et sur l'évolution des métiers de la distribution et des services des factrices/facteurs et de leurs encadrantes/encadrants de proximité*, 7 février 2017. Du côté des organisations syndicales, l'accord est signé par la CFDT, FO et la CFTC ; la CGT et Sud ont refusé.

3. Direction du courrier, *Doctrine Géopoints V4*, p. 5. Source syndicale.

4. Source : Insee, recensement de la population et répertoire des entreprises (Sirene).

5. Il y a sur ce point une différence entre le tri (au sein du centre de distribution) et les autres tâches, notamment la distribution en extérieur. À la différence des autres cadences qui font l'objet de normes uniques (pour chaque cas de figure, une seule cadence possible), la vitesse de tri est comprise dans un intervalle (par exemple pour le tri général, entre 1 300 et 1 700 objets par heure). Ce sont les directions régionales qui décident, pour l'ensemble des établissements pour lesquels elles sont compétentes, où placer le curseur. Cela signifie que l'organisateur local, comme Dominique, n'a pas plus la main sur cette cadence que sur les autres.

Notes du chapitre 11

1. Les « ventes », qui ont lieu en règle générale deux fois par an, permettent à des rouleurs en CDI d'« acheter » une tournée laissée vacante par le départ du titulaire, voire à des titulaires de changer de tournée. La règle de priorité est fondée sur l'ancienneté (c'est cette même règle qui a renvoyé Dany, titulaire d'une tournée avant la réorganisation de Nanteuil, au statut de rouleur, car il y avait davantage de tournées supprimées que de tournées vacantes). L'origine des notions de « vente » et « achat » pour l'attribution de tournées à des titulaires est obscure (CARTIER, 2003, p. 103-104).

Notes du chapitre 12

1. Contemporain français de Taylor, Henri Fayol est considéré comme l'un des penseurs français de l'organisation des entreprises et des administrations. Il met moins l'accent sur la rationalisation du travail que sur ce que l'on appellerait aujourd'hui les structures de gouvernance, recommandant notamment

une centralisation de l'autorité (tandis que Taylor imaginait, avec les « contremaîtres fonctionnels », des hiérarchies parallèles ayant leurs prérogatives et fonctions propres) et imaginant les moyens d'information dont cette autorité pourrait se doter. Fayol met donc surtout l'accent sur l'infrastructure administrative dont peut disposer l'état-major d'une organisation (REID, 1986 ; et pour la comparaison avec le taylorisme : FRIDENSON, 1987). C'est à la demande du sous-secrétaire d'État que Fayol étudie les PTT et rédige un jugement sévère (FAYOL, 1921). Celui-ci a connu une faible diffusion, et son impact sur la loi de 1923 instituant le budget annexe est discuté (CHATRIOT, 2003 ; MORGANA, 2008, p. 43-49).

2. Cela se traduit par la transformation des missions de métiers traditionnels, comme celui de « receveur » (JOIN-LAMBERT, 2005), mais aussi par la création de nouvelles fonctions, comme celle de « conseiller financier » (VÉZINAT, 2012 et 2015).

3. Corollaires du plan Marshall, les « missions de productivité » ont, à la fin des années 1940 et au début des années 1950, emmené environ 4 000 cadres et dirigeants d'entreprises et d'administrations français aux États-Unis, pour s'instruire sur les techniques « matérielles » et « sociales » (BOLTANSKI, 1982, p. 157-164 ; BERLAND et CHIAPELLO, 2004). Si la rationalisation taylorienne avait tôt franchi l'Atlantique, étant mise en œuvre dans quelques usines dès avant la Première Guerre mondiale, puis déployée plus largement dans le cadre de l'économie de guerre et après le conflit, on ne trouve pas trace dans la littérature de l'importation de ce modèle au sein de La Poste. La somme d'Aimée MOUTET (1997) sur « la rationalisation dans l'industrie française de l'entre-deux-guerres », quoique couvrant de nombreux secteurs d'activité, ne mentionne pas les postes et télécommunications. Après la Seconde Guerre mondiale en revanche, c'est la figure de l'administrateur des PTT André Chassaing qui apparaît, pour les services administratifs comme le disciple de Fayol, et pour la rationalisation des travaux en atelier comme un adepte de Taylor (MAHOUCHE, 2005, 2010).

4. Dans les années 1950, une note de la direction des chèques postaux relève ainsi « les frappantes analogies avec les organismes industriels ou commerciaux où des méthodes rigoureuses de travail ont été couronnées de succès » (MAHOUCHE, 2014). Sur le plan de leur composition sociale, les effectifs des centres de tri et des chèques postaux sont proches des profils auxquels, dans les autres industries, la rationalisation taylorienne la plus brutale est imposée : provinciaux déracinés (pour les centres de tri) et femmes (pour les chèques postaux).

5. Dans les centres de tri, « contrôle, pointage, chronométrage, la "chasse aux temps morts" sont devenus le lot quotidien des trieurs. Des contrôles quantitatifs et qualitatifs sont fréquemment mis en place par les encadrants », note Bruno MAHOUCHE (2005). Aux chèques postaux, dans les années 1950, « l'encadrement subalterne est très abondant », de six à huit « surveillantes » pour moins de cent employées (CROZIER, 1955, p. 12). Tandis que Michel Crozier parle donc de « surveillantes », Bruno MAHOUCHE (2014), qui se fonde sur des archives et des témoignages, évoque plutôt un « encadrement spécifiquement masculin [...] souvent méprisant ». On retrouve en tout cas la

trace de ce que Robert LINHART (2010, p. 105) appelait la « conséquence la plus visible de l'application du système Taylor, un *énorme gonflement de l'appareil d'encadrement du procès de travail* ».

6. J'emprunte l'expression « temps virtuels » (pour désigner les temps standard) à Nicolas HATZFELD (2005), qui est l'un des seuls chercheurs français à en avoir étudié la mise en œuvre dans une industrie, en l'occurrence automobile. Le présent chapitre ainsi que le chapitre 15 reposent sur un travail d'archives, principalement aux Archives nationales (quand le document cité en provient, j'écris « AN » suivi du numéro de carton), à la Bibliothèque historique des postes et télécommunications (BHPT) et dans des archives syndicales.

7. DIRECTION GÉNÉRALE DES POSTES, *La Poste face à la mécanisation du tri*, 1972, p. 31 (AN 19930274/6).

8. LA POSTE, *Études d'organisation de la distribution postale*, 1987, p. 6 (BHPT).

9. Il manque les détails de l'opération statistique. Le document (AN 19930274/6) parle d'une « recherche préliminaire (analyse factorielle des correspondances) portant sur l'identification des variables explicatives de la durée de distribution », qui aurait « mis en évidence le rôle prépondérant » de la longueur du parcours, du nombre de points de distribution et de remise (*cf.* chapitre 2, note 37). La mise en lumière de « variables explicatives » évoque cependant davantage la technique de la régression et, de fait, l'auteur de l'étude (mais non du document final), répondant à mes questions trente-cinq ans plus tard, se souvient plutôt d'une « régression multilinéaire », c'est-à-dire une technique devant permettre, parmi différentes variables caractérisant les tournées, de déterminer lesquelles ont une forte corrélation avec la durée de celles-ci. Administrateur des PTT, énarque et statisticien diplômé de l'École nationale de la statistique et de l'administration économique (ENSAE), terminant sa carrière comme « directeur chargé de la mesure de l'activité » de la Direction générale du réseau (les guichets), il n'a alors qu'un vague souvenir de son « étude dans le domaine de la distribution » (AN 20020187/7). Il se passe deux ans pour que cette étude (un rapport de stage ronéotypé daté de 1981, qui n'évoque nulle part une analyse factorielle des correspondances) devienne une brochure officielle de la Direction générale des Postes, moyennant quelques reformulations qui obscurcissent la démarche méthodologique. En recoupant les deux documents, on peut faire l'hypothèse que, dans une première étape, une régression a permis de délimiter un petit nombre de variables ayant un fort pouvoir d'explication de la durée des tournées ; et que, dans une seconde étape, une méthode plus descriptive, peut-être une analyse factorielle des correspondances, a ouvert la voie à une typologie des tournées, combinant différentes modalités des trois variables retenues à l'issue de la première étape (longueur du parcours actif, nombre de points de distribution et nombre de points de remise).

10. DIRECTION GÉNÉRALE DES POSTES, *Évaluation de l'organisation extérieure de la distribution*, *op. cit.*, p. 15.

11. Plus précisément, ce ne serait pas à Dominique, mais à ses supérieurs de comparer « ses » durées à celles du « modèle statistique explicatif ». Quoique la méthode le permette (et

même le requière comme une étape intermédiaire), l'étude de 1983 ne préconise pas que son modèle serve à évaluer la justesse d'une tournée prise isolément. C'est un repère, un moyen de contrôle à un niveau agrégé, celui d'un établissement, c'est-à-dire de plusieurs dizaines de tournées, pour voir si, globalement, il n'y aurait pas un écart préoccupant entre les durées retenues par les « vérificateurs » (dont sont déduits le nombre total de tournées et les besoins en effectifs) et celles indiquées par le « modèle statistique explicatif » construit par l'étude. Le modèle est en effet à destination « des chefs de service départementaux et régionaux », afin qu'ils évaluent le travail de leurs subordonnés, c'est-à-dire l'ensemble de l'organisation conçue par un « vérificateur » et validée par son directeur d'établissement.

Notes du chapitre 13

1. C'est ce que revendique TAYLOR (1911b), p. 74.
2. NELSON (1980), p. 98 et 224.
3. TAYLOR (1912), p. 41.
4. TAYLOR (1912), p. 40.
5. LINHART (2010), p. 105.
6. TAYLOR (1912), p. 217.
7. TAYLOR (1911a), p. 49.
8. TAYLOR (1911a), p. 59.
9. TAYLOR (1911a), p. 168.
10. TAYLOR (1911a), p. 168.
11. TAYLOR (1911a), p. 174-175.
12. TAYLOR (1911a), p. 64.

Notes du chapitre 15

1. *Cf.* chapitre 12 sur cette ancienne position de La Poste et sur le « modèle statistique explicatif ».
2. LA POSTE, *Études d'organisation de la distribution postale,* 1987, p. 2-3 (BHPT).
3. Les cadences ne concernent en effet que les « travaux intérieurs » (le tri des plis au sein de l'établissement avant le départ en tournée), les « temps forfaitaires » (vérification de sécurité sur le véhicule, reddition des comptes...) et la remise des « objets spéciaux » (lettre recommandée, mandat...). Les temps de parcours, d'arrêt, et la remise des « objets ordinaires » (c'est-à-dire le tout-venant des lettres), qui constituent le plus gros de l'activité, ne font l'objet d'aucun calibrage.
4. LA POSTE, *Études d'organisation de la distribution postale,* 1987, p. 13 (BHPT).
5. Entre 1987 et 1999, il s'est bien sûr passé des choses. Si le mouvement d'ensemble est compréhensible, déterminer d'après les archives ce qui relevait du projet, ce qui a été élaboré et ce qui a été mis en œuvre n'est pas évident. Ainsi, au début des années 1990, un projet vise à « mettre au point un indicateur permettant d'apprécier les performances » des différentes organisations de la distribution. Le document qui en fait état semble dater de 1993, mais il ne mentionne ni la date ni le service qui en est l'auteur (*L'Unité de charge distribution,* AN 20060660/14). Comme dans l'étude de 1983, il s'agit de forger un indicateur permettant de mesurer un écart entre le dimensionnement actuel et le dimensionnement théorique des tournées (et donc des effectifs). En revanche, sur le plan technique, le document annonce la généralisation de la méthode du guide de 1987, que l'étude de 1983 remettait en cause : la « décomposition des activités des préposés en tâches élémentaires ». Au lieu de calculer une durée globale pour la tournée, elle la diviserait en « unités d'œuvre », appelées ici « unités de charge distribution » (ou « UCD »,

l'acronyme désignant en même temps le logiciel qui en manipulerait les informations). Pour les travaux intérieurs, ce sont les cadences de tri qui sont utilisées ; pour les « travaux extérieurs » (la distribution), il s'agirait d'une combinaison de « vitesses moyennes de déplacement selon le moyen de locomotion » et de « temps de remise » (qui font l'objet de « standards différents selon le type d'objet distribué »). Le document indique que cette « modélisation des travaux intérieurs et extérieurs » aurait été réalisée en 1987, mais les standards utilisés (s'ils existent) n'y sont pas reproduits. À ce stade, il ne s'agit toujours que d'un moyen de contrôle de second degré, et non d'un outil employé directement au découpage des tournées. « L'approche n'est pas concurrente des calculs d'organisation, lit-on dans le document. Elle ne prétend pas être un outil d'organisation mais bien une aide à la gestion. [...] L'UCD ne doit pas être un jugement dans l'absolu mais corroborer d'autres approches. » Cela explique que le compte-rendu d'une réunion de 1994 ayant pour objet de « fixer le contenu de la formation à l'UCD » indique que les cibles de la formation sont le « personnel impliqué dans l'arbitrage d'un contrat de gestion », c'est-à-dire « en priorité » les « responsables départementaux de la distribution », et dans un second temps les « inspecteurs de l'organisation », qui sont en quelque sorte les vérificateurs des vérificateurs (*UCD. Compte-rendu de la réunion du 17 février 1994*. AN 20060660/14). À l'instar du « modèle statistique explicatif » de 1983, l'UCD n'est encore considérée que comme un moyen d'éprouver les découpages opérés par les vérificateurs (qui demeurent fondés sur des chronométrages) et les besoins en force de travail qui en découlent. Pourtant, rapidement, tant le statut des « vérificateurs » que le contenu de leur activité sont repensés. Un nouveau métier, celui d'« organisateur », est créé et supplante progressivement les « vérif' ». Alors que l'UCD était conçue, en 1994, comme un moyen de contrôler le travail du vérificateur, elle apparaît dès 1995 comme un outil de l'« organisateur » lui-même : « L'organisateur doit être capable d'analyser les résultats de l'UCD » (*Organisateurs distribution. Compte-rendu de la réunion du 22 novembre 1995*, AN 20060660/14). S'il faut qu'il en soit capable, c'est parce qu'il doit désormais « effectuer les calculs du temps nécessaire aux travaux intérieurs et extérieurs des facteurs, en exploitant les données théoriques et celles recueillies sur le terrain ». Nouveau glissement : les « données théoriques » ont quitté le statut de « correctifs », de « pondérations » qu'elles avaient en 1987, et sont désormais à égalité avec les chronométrages.

6. Direction Courrier, *Guide méthodologique de l'organisation de la distribution*, 1999, p. 62. Source syndicale.

7. Taylor avertit fréquemment ses lecteurs de ne pas considérer à la légère le coût de cet investissement, ni de l'abréger ou le bâcler afin de réduire les frais. Il se désole parallèlement de l'incomplétude de nombre d'études de temps et mouvements, et de la faiblesse des effectifs ou des qualifications de ceux qui les mènent. Il souligne que ce détour de production, ce sacrifice économique temporaire, ne peut produire ses résultats que s'il est accompli entièrement, de même qu'une machine ne peut réaliser la production attendue si elle est montée à moitié.

Quoique l'établissement de temps standard ne débouche que sur des symboles, et non de nouveaux terrains, de nouveaux produits ou de nouvelles machines, Taylor l'identifie à un investissement. C'est d'ailleurs en explorant à nouveaux frais le « modèle taylorien » que Laurent THÉVENOT (1986) introduit la notion d'« investissement de forme ».

8. Pour avoir une idée de la mobilisation des comptables de La Poste dans les années qui entourent la réforme de 1990, on peut se référer à la recherche de Laurence MORGANA (2008), qui se limite toutefois au seul aspect du contrôle budgétaire, quoique les liens avec la comptabilité analytique soient importants. Sur la réforme des PTT considérée dans son ensemble, *cf.* BARREAU (1995) et FONTENELLE (2013).

9. Le plan comptable général désigne un ensemble de normes d'enregistrement et de présentation des comptes qui s'imposent aux entreprises domiciliées en France.

10. La « subvention croisée » est un concept économique que Nicolas CURIEN (2005, p. 60) définit ainsi : « Au sens économique précis, un segment de marché est la source d'une subvention croisée s'il paye davantage que son coût de fourniture isolée. » Pour être saisi empiriquement (notamment par l'autorité de régulation), ce concept économique est tributaire de sources comptables qui compromettent le respect complet de la définition. « On n'échappe pas à cette alternative : ou bien, définir des subventions croisées économiquement signifiantes mais inaccessibles à la mesure comptable ; ou bien, calculer des transferts comptables dont l'interprétation exige quelque précaution » (*ibid.*, p. 61-62). En se reposant sur des données comptables (parce qu'il n'y a rien d'autre), l'appréciation des « subventions croisées » en incorpore les incertitudes et les points aveugles : « À défaut de disposer d'une estimation économétrique fiable de la fonction de coût, on peut chercher à se reposer sur un système de prix de revient des différents segments de marché déterminé à partir d'une comptabilité analytique et, par conséquent, sujet à l'arbitraire des clés d'allocation des coûts fixes et communs » (*ibid.*, p. 61). Dans le cas de la distribution postale, le déplacement du facteur sur sa tournée représente un coût fixe, qu'il opère au bénéfice aussi bien de la lettre simple que du recommandé (pour s'en tenir à une seule distinction de produits), et il faut donc définir une « clé d'allocation » conventionnelle de la durée correspondante entre les deux types d'objets. Nicolas Curien suggère en creux que les coûts variables imputables à un produit en particulier sont certains, à la différence des « coûts fixes et communs ». Autrement dit, les 3,38 centiminutes que La Poste attribue à la remise d'une lettre dans une boîte seraient moins « arbitraires ». Comme on le verra, ce n'est pas forcément le cas, même s'il est vrai que l'Arcep, l'autorité de régulation en charge notamment de La Poste, les a admis sans discussion (*cf.* note suivante).

11. Même une fois que, au début des années 2010, l'ensemble des biens et services fournis par La Poste a été ouvert à la concurrence, cette logique a persisté. En effet, La Poste se voit imposer des obligations spécifiques, auxquelles ne sont pas soumis ses concurrents. Ces obligations sont liées à ce que l'on appelle le « service public universel » (distribution du courrier six jours sur sept, aide à l'acheminement

de la presse, aménagement du territoire...). La Poste bénéficie de compensations financières de la part de l'État. Je n'entre pas dans le débat de savoir si ces compensations couvrent les coûts induits. Il suffit ici de comprendre que la coexistence d'obligations de service public attribuées à La Poste *et* l'ouverture à la concurrence de l'ensemble de ses prestations implique l'examen et la correction (par l'Autorité de régulation des communications électroniques, des postes et de la distribution de la presse, l'Arcep, institution publique constituée comme indépendante) des distorsions que les premières feraient subir à la seconde. L'Arcep examine donc les conventions de la comptabilité analytique de La Poste et parfois ordonne leur modification. Son œuvre consiste à établir des conventions de coût sur les différents produits de La Poste. Par exemple, dans sa décision n° 2008-0165 du 12 février 2008, l'Arcep conteste la répartition des coûts qu'a établie La Poste entre les lettres dites J + 1 (distribuées un jour après leur expédition), J + 3 et J + 7, l'Arcep rehaussant la part supposée des J + 3 et J + 7 (sur lesquelles la concurrence est plus vive, et afin de la rendre encore plus vive) et réduisant celle des J + 1. En revanche, cette même décision valide rapidement, sans discussion approfondie, les temps standard utilisés par La Poste pour évaluer le coût du travail des facteurs (ensuite réparti par type de produit).

12. *Présentation du schéma directeur de la comptabilité analytique de La Poste* (AN 19980486/5).

13. *Schéma directeur de la comptabilité analytique. Projet*, p. 27 (AN 19980486/5).

14. Courrier du 6 juillet 1992, annexé à l'*Étude sur les travaux extérieurs de la distribution des objets ordinaires*, La Poste, Direction du courrier, septembre 1994 (Source syndicale).

15. *Cahier des charges : durées des travaux extérieurs à la distribution*, annexé à l'*Étude...*, *op. cit.* La datation est curieuse. Elle fait écho peut-être aux tentatives que critiquait l'étude de 1983, mais semble oublier la « modélisation des travaux intérieurs et extérieurs » de 1987 sur lesquelles l'UCD (*cf.* ci-dessus note 5) était supposée se reposer (à moins que cette modélisation n'ait été qu'un projet que la présente étude viendrait justement actualiser).

16. *Cf.* CHATZIS (1999), p. 242, et chapitre 17.

17. *Étude sur les travaux extérieurs de la distribution des objets ordinaires*, *op. cit.*, p. 6.

18. Les connexions historiques entre le *scientific management* de Taylor et la méthode des coûts standard (qui se développe dans les premières décennies du XXe siècle) sont discutées (HALLBAUER, 1978). La parenté (idéo-) logique est cependant incontestable (MILLER et O'LEARY, 1987) : de même que, dans le *scientific management*, il faut faire table rase des registres du passé et établir « scientifiquement » la durée standard requise par l'exécution d'une tâche, à l'aune de laquelle sont évalués (et sanctionnés) les rythmes effectifs des ouvriers, dans la méthode des coûts standard il s'agit de cesser de simplement enregistrer des coûts constatés et travailler à l'établissement de normes de coût par rapport auxquelles des écarts peuvent être repérés, analysés et combattus. Taylor lui-même s'est frotté à la comptabilité et a fait des propositions pour en rénover les pratiques. Il semble toutefois que, vers la fin de sa vie, il estimait que les progrès du *scientific management* rendraient l'outil

comptable moins crucial (HALLBAUER, 1978, p. 44). Il est vrai que dans le rêve du *scientific management*, l'établissement (« scientifique ») des temps standard permettrait de déduire des coûts standard, tandis que la sélection, l'entraînement et le contrôle rigoureux des travailleurs réduiraient à rien l'écart entre les temps standard et les temps effectifs, entre le prescrit et le réel. Mais puisque ce rêve est illusoire, puisque les écarts à la norme demeurent, la gestion taylorienne et la comptabilité nouvelle manière ne sauraient entièrement se confondre. Si l'on peut, à un niveau très général, considérer qu'elles participent d'un même « complexe de pratiques de gouvernement » (MILLER et NAPIER, 1993, p. 643), elles ont des fonctions distinctes qui conduisent à envisager différemment les écarts à la norme. Un temps standard inatteignable peut bien être maintenu à titre d'objectif et d'incitation, comme un aiguillon de l'effort des travailleurs. Les écarts à la norme sont alors discrètement admis : la hiérarchie ne croit pas que la marge doit être comblée, et au contraire sa persistance peut être le moyen d'entretenir une tension, un jeu d'attentes et de rétributions partielles. Un coût standard parfaitement irréaliste conduit en revanche à dégrader l'information à destination de la direction de l'entreprise, qui ne sait plus si et où il faut traquer le gaspillage que sont supposés révéler les écarts à la norme. Dit autrement, le standard est ambivalent. Si les temps standard opposés aux travailleurs sont différents des coûts standard qui renseignent l'état-major, les premiers se dévoilent comme pure incitation, comme simple moyen tactique d'extorsion de surtravail, et perdent le statut honorable que Taylor entendait leur conférer, c'est-à-dire de juge de paix des rapports entre capitalistes et salariés. Mais si l'on refuse de disjoindre ces deux abstractions, dans la mesure où le standard demeure un instrument de manipulation des efforts des salariés, il risque de dériver jusqu'à intoxiquer l'information qu'obtient l'état-major de l'entreprise sur les opérations qu'il entend diriger.

19. DIRECTION COURRIER, *Guide de références de l'organisation de la distribution*, 2005, p. 35 (Source syndicale).

20. D'après SAMZUN (2007, p. 355-356), la direction de La Poste souhaite alors compenser intégralement le passage aux 35 heures par une augmentation de la productivité de 10 %.

Notes du chapitre 16

1. LA POSTE, communiqué de presse du 22 janvier 2020.

2. Cette liste non exhaustive est issue à la fois d'entretiens avec les facteurs racontant les prestations qu'ils ont eu à effectuer, et des offres commerciales proposées sur le site Internet de La Poste.

3. Préambule de l'*Accord sur l'amélioration des conditions de travail et sur l'évolution des métiers de la distribution et des services des factrices/facteurs et de leurs encadrantes/encadrants de proximité*, 7 février 2017.

4. LA POSTE, *Rapport financier annuel 2019*.

5. Pour esquiver les réticences des facteurs aussi bien que les incertitudes du cadencement, pour économiser sur la formation tout en uniformisant les prestations, La Poste a choisi, depuis 2017, de dédier certains facteurs à ces « nouveaux services ». Ces « facteurs de

services expert » n'ont pas de tournée à eux. Ils sont des bouche-trous gradés, remplaçant des titulaires sauf lorsqu'ils sont requis par des « nouveaux services » nécessitant au moins deux jours de formation (selon les termes de l'accord du 2 février 2017 cité ci-dessus). Ce que La Poste gagne en fiabilité, elle le perd en productivité des déplacements, puisque ce ne sont plus les facteurs ordinaires qui, à l'occasion de leur tournée, au sein d'un même parcours, accomplissent un « nouveau service », mais le facteur dédié qui effectue un trajet exprès supplémentaire.

Notes du chapitre 17

1. Pour un panorama des usages des « temps standard » dans l'industrie, voir CHATZIS (1999). HATZFELD (2005) fournit une étude de cas plus précise pour les usines Peugeot, montrant comment, après la généralisation du chronométrage pendant les « Trente Glorieuses », l'usage des temps standard s'est développé dans les années 1970 et 1980, à la faveur notamment du développement de l'informatique. On retrouve des évolutions et des débats similaires à ceux qui agiteront La Poste plus tard : une hostilité des ouvriers à l'égard des chronométreurs, des tentatives de la direction pour crédibiliser l'impartialité de ces derniers, puis leur remplacement partiel par des « agents d'étude des temps » dont l'outil principal est un ordinateur qui manipule des tables de temps. Jusqu'à la « transformation paradoxale », le « renversement d'image » qui conclut l'étude de Hatzfeld (p. 71-72) : « Ce sont alors les représentants du personnel qui tiennent à conserver le temps chronométré en cas de contentieux, la référence à un temps concret face aux tables abstraites » ; « le chronomètre est devenu un recours ouvrier et syndical contre des temps standard vus comme trop menaçants parce qu'insaisissables ».

2. TAYLOR (1911a), p. 49.

3. TAYLOR (1911a), p. 158-159 ; MAYNARD *et al.* (1953), p. 181.

4. MAYNARD *et al.* (1953), p. 181.

5. TAYLOR (1911b), p. 57.

6. *Ibid.*

7. TAYLOR (1911b), p. 57-59.

8. TAYLOR (1911a), p. 166.

9. MAYNARD *et al.* (1953), p. 168.

10. Sur la « loi du travail de force » et les périodes de repos, voir WREGE et PERRONI (1974), p. 19-25, qui qualifient l'ensemble de « *hoax* » (mystification).

11. DIRECTION COURRIER, *Guide méthodologique de l'organisation de la distribution*, 1999, p. 52. Source syndicale.

12. MAYNARD *et al.* (1953), p. 303.

13. *Ibid.*, p. 302.

14. *Ibid.*, p. 305. Maynard *et al.* concluent leur ouvrage en inventant une nouvelle expression, celle de « temps correct » (p. 315) : « Finalement, en connaissant le temps correct pour exécuter toutes les opérations de base et en conséquence toutes les opérations industrielles, une fois pour toutes, l'embarrassant problème de l'étude des temps “Qu'est-ce que l'activité moyenne ?” sera éliminé. »

15. Taylor (1912), p. 260-261.

Notes du chapitre 18

1. Les instances de représentation du personnel de La Poste demeurent cependant mixtes. Il n'y a ni comité d'entreprise (ni, donc, d'établissement) ni délégués du personnel, mais un « comité technique » comme dans

la fonction publique. Les CHSCT de La Poste conquièrent toutes les prérogatives du privé mais gardent du public les règles de désignation de leurs membres (par les organisations syndicales en fonction de leur audience aux élections du comité technique et non, comme dans le privé, par un vote des autres élus du personnel). Depuis le 1er janvier 2020, en vertu d'une des « ordonnances Macron » de l'automne 2017, dans le secteur privé tous les délégués du personnel, les CHSCT et les comités d'établissement et d'entreprise ont disparu, fondus dans une instance unique, le Comité social et économique (CSE). Cela réduit drastiquement le nombre de représentants du personnel, et donc le temps dont ils disposent pour (faire) enquêter. La réforme n'a pas encore touché La Poste, qui conserve jusqu'aux élections professionnelles de 2022 son système hybride de représentation du personnel.

2. Lorsque les élus du CHSCT ne mènent pas l'enquête par eux-mêmes et recourent à des cabinets d'experts externes, la facture de ces derniers est acquittée par l'employeur, le CHSCT ne disposant pas de budget de fonctionnement.

3. Article L. 4614-9 du code du travail antérieur aux « ordonnances Macron » (donc au 1er janvier 2018), qui demeure en vigueur pour La Poste puisqu'elle conserve pour l'instant ses CHSCT (*cf.* note 1 ci-dessus).

4. « Conclusions en réponse » de la société La Poste, TGI de Paris, audience du 9 mai 2017, n° RG : 17/51830. Source syndicale.

5. « Facteur chance », *Le Canard enchaîné*, 21 juin 2017.

6. CALLON *et al.* (2001, p. 145-146) l'ont bien documenté et formulé dans leur « essai sur la démocratie technique », pour des modèles qui sont pourtant plus rigoureux et mieux suivis que le modèle postal de représentation de la durée des tournées.

7. Cour d'appel de Paris, arrêt du 25 mai 2018, n° RG : 17/19288 – 18/06031. Une décision de la Cour de cassation du 1er juillet 2020 va dans le même sens, et avec les mêmes termes. C'est alors la seule qui dépasse le stade des cours d'appel.

Notes du chapitre 19

1. TAYLOR (1911b), p. 38. Cette citation fait partie des rares expressions de Taylor sur cette question, dont il ne fait pas une préoccupation. Elle ne fait d'ailleurs que reprendre un argumentaire ancien parmi les économistes et les organisateurs de la production, puisqu'il remonte au moins au XVIIIe siècle, à Adam Smith et son fameux exemple de la manufacture des épingles. Smith déduit trois avantages de la division du travail, dont découle une augmentation de la productivité : l'accroissement de l'habileté des ouvriers sur les courtes tâches qui leur sont dévolues ; le gain de temps que l'ouvrier utilise pour passer d'une étape à l'autre de la production ; la mécanisation facilitée par la réduction et la simplification des tâches. Comme pour la manutention de gueuses de fonte chez Taylor, l'exemple est trop beau pour être vrai (PEAUCELLE, 2005).

2. À Nanteuil, on continue de venir chercher notre courrier là où il est trié. Mais dans des zones plus dispersées, péri-urbaines ou rurales, le dispositif s'accompagne d'une délocalisation de la prise de service des distributeurs, plus près de leur zone de distribution.

Ils reçoivent par voiture ou camion le courrier trié ailleurs. C'est pourquoi, après avoir reçu différents noms, ce dispositif est aujourd'hui appelé « îlots » – les îlots étant ces locaux de taille réduite, sans casiers, où les facteurs distributeurs attendent leur courrier. Mais dans le cas de Nanteuil, où la séparation du tri et de la distribution ne s'accompagne d'aucune délocalisation, l'expression antérieure de « tournée sacoche » paraît plus indiquée. À Nanteuil, les six tournées concernées sont appelées « mixtes », mais ce terme renvoie plutôt, pour la direction de La Poste, aux horaires appliqués, avec la mise en œuvre d'une pause déjeuner obligatoire de 45 minutes coupant la journée – cette « pause méridienne », non rémunérée, se substituant à la traditionnelle pause rémunérée de 20 minutes. Les six tournées concentrant les innovations organisationnelles du moment (pause méridienne, séparation du tri et de la distribution, mais aussi séparation des objets ordinaires et des recommandés), toutes ces innovations sont confondues, dans les échanges ordinaires, sous le terme de « mixtes ».

3. Si l'on se réfère à Smith, La Poste en attend donc un gain du deuxième type, relatif au temps de passage d'une tâche (le tri) à l'autre (la distribution). Le troisième type, la mécanisation, avait déjà amplement grignoté la tâche de tri. Quant à l'accroissement de l'habileté des facteurs dédiés à des tâches subdivisées, La Poste ne fait pas cette hypothèse, maintenant les mêmes cadences de tri et de distribution. Mais elle ne fait pas non plus l'hypothèse inverse (qui semblerait logique) d'un ralentissement du distributeur du fait qu'il n'a pas trié (et repéré) le courrier qu'il distribue.

4. Adam Smith n'en fait pas un avantage de la division du travail, alors même que cet aspect était présent dans la manufacture d'épingles qu'il prend en exemple (PEAUCELLE, 2005). Séparer des tâches, c'est se donner la possibilité de les rémunérer différemment, en fonction du niveau de formation requis par chacune (mais aussi en fonction des hiérarchies sociales, par exemple de sexe, d'âge ou d'origine, qui se superposent à la division du travail). En revanche, dans un faisceau de tâches non fractionné, c'est la tâche la plus qualifiée qui donne le ton de la formation (et de la rémunération) nécessaire.

5. Là encore, la parenté avec le salaire aux pièces est intéressante. Après avoir examiné ses avantages pour le capitaliste (notamment le sentiment d'autonomie qu'il donne au salarié, la croyance que son revenu dépend de ses efforts), Marx souligne le revers de la médaille : le tarif de la pièce devient une convention à laquelle s'accroche le salarié, qui refuse la réduction du tarif quand la productivité augmente (MARX, 1985 [1867], p. 37-41). C'est pourquoi le salaire au temps peut être préféré par le capitaliste, puisque le salarié est purgé de l'illusion qu'il fait autre chose que louer sa force de travail pendant une durée déterminée. De manière analogue, faire de la tournée une quasi-propriété du facteur, c'est lui donner un sentiment de responsabilité qui accroît la somme d'efforts qu'il consent à son entretien ; mais cette fiction de la propriété devient suffisamment forte pour qu'il considère illégitime le moindre aménagement du périmètre des tâches associé.

Notes du chapitre 20

1. LA POSTE, DIRECTION DU COURRIER, *Temps de remise des OS (LR)*, source syndicale. S'il indique que l'objectif de l'étude est de « déterminer la durée de distribution ou de mise en instance d'un OS [objet spécial] avec signature », le document ne dit rien de la préoccupation qui la motive, ou de l'usage qui pourrait en être fait. Il ne dit rien, non plus, de la méthodologie employée, des difficultés rencontrées et éventuellement résolues (la première d'entre elles étant de déterminer quand, dans l'activité mixte et continue du facteur, on considère qu'il commence à se charger d'un recommandé, et quand il en a fini).

2. Source : INSEE, recensement de la population.

3. Pourtant, comme pour les recommandés, La Poste a dédié une étude, dans la seconde moitié des années 2000, aux durées de tri et de distribution de ces « petits paquets ordinaires ». Cette étude a été commandée par l'Arcep, c'est-à-dire l'autorité publique de contrôle et de régulation du secteur. Un compte-rendu public a été rédigé par des économistes de La Poste (BERNARD *et al.*, 2010), montrant sans surprise que ces objets particuliers requièrent davantage de temps de travail que les lettres simples. Comme pour les recommandés, il est difficile de savoir à quels usages et quelles traductions ce constat a donné lieu. Il reste que, jusqu'en 2018, cela n'a rien changé aux « normes et cadences » appliquées. Cela prouve qu'il peut bien y avoir déconnexion entre des « temps standard » et des « coûts standard » (*cf.* note 18 du chapitre 15).

4. Au-delà des exemples présentés ici, j'ai exposé de manière plus approfondie les sources de cette accélération du rythme prescrit dans JOUNIN (2019).

Notes du chapitre 21

1. « À la coordination (prescrite), les travailleurs répondent par la coopération (effective) », écrit Christophe DEJOURS (2013, t.2, p. 35) à qui j'emprunte cette distinction. C'est la transposition à l'échelle du collectif de la distinction classique entre tâche (prescrite) et activité (réelle). Ce n'est pas qu'un décalque, puisque le passage à l'échelle collective introduit une nouvelle nécessité : la délibération (plus ou moins autoritaire et unilatérale).

2. Voir chapitre 19. Sur Maxime, voir aussi chapitres 13 et 14.

Notes du chapitre 22

1. TAYLOR (1911b), p. 36.

2. LA POSTE, *Travaux intérieurs distribution. Mesure de la cadence de fusion sur CHM*, 2012. Source syndicale.

3. TAYLOR (1911a), p. 72-73.

Notes du chapitre 23

1. Par le biais de la presse locale enregistrée dans la base de données Europresse, j'ai recensé sur une période de deux années, entre l'été 2015 et l'été 2017, 150 grèves et 40 préavis supplémentaires. 70 % étaient explicitement liés à une « réorganisation ». Le reste tient pour 22 % à des problématiques de conditions de travail et de manques d'effectifs : une partie survient probablement suite à une « réorganisation », mais les articles de presse ne permettent pas de l'attester. Un autre recensement, prenant en compte une période plus étendue et reposant sur des sources plus variées (notamment les tracts

syndicaux), compte plus d'un millier de conflits localisés entre début 2013 et mi-2018, dont 60 % ont pour objet une réorganisation (BOUFFARTIGUE *et al.*, 2018).

2. Un mouvement équivalent est lancé à la même période dans le département des Hauts-de-Seine, avec les mêmes revendications, auxquelles s'ajoute la réintégration d'un facteur syndicaliste licencié. Ce mouvement-là durera plus d'un an et obtiendra le report de plusieurs réorganisations.

3. La « grève du zèle » est un ralentissement de la production obtenu par l'application stricte des règles qui encadrent le travail. Contrairement à la grève perlée, qui consiste simplement à ralentir la production, l'employeur ne peut sanctionner licitement une grève du zèle, puisque ses salariés ne font qu'obéir à des prescriptions. La grève du zèle est souvent citée par les sociologues, ergonomes, psychologues, psychodynamiciens du travail, comme la preuve *a contrario* que le travail ne peut s'effectuer qu'au prix d'une transgression ordinaire des règles qui l'encadrent. Mais les modalités et les conséquences de grèves du zèle effectives sont rarement étudiées, étant souvent exclues des études sur la grève (par exemple SIROT, 2002). Les cas concrets les plus fréquemment évoqués sont les plus spectaculaires, quand un effectif réduit de salariés parvient à générer d'importantes complications, par exemple les douaniers (EMMENEGGER *et al.*, 2019, p. 114) ou les contrôleurs aériens (POIROT-DELPECH, 1996, p. 42). Dans les deux cas, il s'agit d'agents qui doivent respecter et mettre en œuvre des règles de sécurité ou de contrôle, et qui en même temps ont la responsabilité de la fluidité d'un trafic. Par exemple, si les contrôleurs aériens respectaient strictement les règles internationales d'espacement entre les avions, l'écoulement du trafic serait beaucoup plus lent et embouteillé. C'est pourquoi, lorsque la grève leur était interdite, la grève du zèle était un moyen de pression courant et efficace. Toutefois, à l'échelle du monde du travail dans son ensemble, et bien que ce mode d'action semble être de plus en plus utilisé, les salariés y recourent moins qu'à l'arrêt de travail, la pétition, la manifestation, ou le refus d'heures supplémentaires (CARLIER et TENRET, 2007).

4. Ce chapitre repose sur les articles de la presse locale publiés à l'époque, un entretien avec un syndicaliste du département, et un entretien avec un facteur, syndicaliste, au sein du bureau de Bègles.

Notes du chapitre 24

1. Précisons que ce mouvement est lent. Plusieurs syndicalistes et inspecteurs que j'ai rencontrés témoignent que le regard de l'inspection du travail a longtemps été détourné de La Poste, par confort (le statut de l'entreprise et de ses agents étant compliqué à saisir) mais aussi sur recommandation hiérarchique. Quant à l'accusation de « travail dissimulé », qui va plus loin que la demande de paiement des heures supplémentaires puisqu'elle pointe une infraction pénale de dissimulation systématique de ces heures, elle n'a à ma connaissance été portée jusque devant un tribunal qu'une seule fois, à Besançon. En juillet 2018, La Poste a été relaxée. En revanche, les procédures prud'homales pour le paiement des heures supplémentaires sont plus souvent couronnées de succès : l'enregis-

trement solitaire de leurs heures par les facteurs ne s'affronte à aucun décompte concurrent de La Poste, puisque justement elle ne met pas en place de relevé systématique des horaires effectifs.

2. *Cf.* sur ces aspects MAGGI-GERMAIN (2004) et DEVETTER (2004).

3. La *Critique du droit du travail* d'Alain SUPIOT (2002 [1994]) est une référence essentielle pour qui veut comprendre la rationalité juridique propre au droit du travail salarié.

4. Dans l'introduction de son livre sur *Les Facteurs et leurs tournées,* Marie CARTIER (2003, p. 5-6) observe des oraux des derniers concours de facteurs. Son récit illustre la méfiance des cadres de La Poste à l'égard des facteurs attachés au statut de fonctionnaire ou à la référence du « service public ».

5. Dans l'ordre judiciaire, la Cour de cassation a refusé que « la quantification préalable de l'ensemble des missions confiées et accomplies par le distributeur » puisse « à elle seule satisfaire aux exigences de l'article L. 3171-4 du code du travail », qui dispose qu'« en cas de litige relatif à l'existence ou au nombre d'heures de travail accomplies, l'employeur fournit au juge les éléments de nature à justifier les horaires effectivement réalisés par le salarié » (décision du 16 juin 2010, n° 08-42758). Dans une décision ultérieure, la Cour de cassation s'est opposée à ce que cette « quantification préalable » prévale sur « le décompte produit par le salarié pour étayer sa demande » (24 septembre 2014, n° 13-10367). Dans l'ordre administratif, le Conseil d'État a annulé un décret adopté par le ministère du Travail qui aurait rendu impossibles les contentieux cités précédemment, parce qu'il aurait modifié, au détriment du salarié, la charge de la preuve, en postulant que la « quantification horaire préalable des tâches à accomplir » fournit « une présomption de durée du travail effectif » (décision du 28 mars 2012, n° 343072). Le court-métrage documentaire de Nina FAURE (2015) raconte cet épisode pendant lequel le ministère du Travail a tenté de rendre licite cette dérogation au droit du travail. Toutes ces décisions (et le décret annulé) concernent le seul secteur de la distribution directe d'imprimés publicitaires non adressés, auquel participe La Poste par l'intermédiaire de sa filiale Mediapost. Mais la connexion avec le travail des facteurs est forte, d'un point de vue pratique puisque nombre d'entre eux doivent distribuer des prospectus publicitaires en même temps que le courrier, mais aussi logique puisqu'ils sont également concernés par la quantification préalable du temps que leurs tâches sont supposées requérir.

6. Très souvent, les femmes de chambre des hôtels se voient attribuer un nombre de chambres à nettoyer et remettre en ordre. Le nombre d'heures rémunérées ne découle pas d'un décompte de la durée effective passée à préparer les chambres, mais d'une simple division ayant pour numérateur le nombre de chambres attribué, et pour dénominateur le nombre théorique, fixé par l'employeur, de chambres à prendre en charge en une heure (PUECH, 2004 ; ASPLAN, 2012). De même, chez les distributeurs de prospectus, le nombre d'heures rémunérées résulte d'une division entre le nombre de prospectus embarqués par le salarié et le nombre théorique, fixé par l'employeur, de prospectus qu'il serait possible de distribuer en une heure (YON, 2012 ; BRYGO et CYRAN,

2016, p. 101-125). Dans un cas comme dans l'autre, rares sont les salariés qui tiennent le rythme théorique, et ils travaillent donc plus longtemps que ce pour quoi ils sont rémunérés. À cet égard, le cas des facteurs peut sembler particulier car la quantification préalable à laquelle ils sont soumis est plus sophistiquée, fabriquée par l'un des plus grands employeurs de France, par ailleurs adossé à la puissance d'État. Les facteurs eux-mêmes ont incarné un salariat populaire mais doté d'affiliations institutionnelles (nationalité française, stabilité relative de l'emploi), culturelles (exigence de la capacité de lecture et d'écriture) et informelles (ancrage local) plus solides – Marie CARTIER (2003) parle de « classes populaires honorables ». À l'origine, la quantification préalable n'est pas conçue à La Poste comme une forme illégale imposée par des employeurs profitant d'un désert syndical, ou même comme une dérogation au droit du travail qui demeurerait préférable à des usages antérieurs encore plus dégradés (YON, 2012), mais théorisée comme mode standard, normal, non polémique, de régulation du temps de travail et de sa rémunération.

7. C'est ce que suggère une décision de la Cour de cassation concernant la géolocalisation de distributeurs de prospectus par leur employeur Mediapost, filiale de La Poste (décision du 19 décembre 2018, n° 17-14631).

Notes du chapitre 25

1. LÉNINE (1917), p. 62.
2. TAYLOR (1911b), p. 142.
3. CANGUILHEM (1947), p. 135.
4. LÉNINE (1918). Robert LINHART (2010 [1976]) montre que Lénine découvre Taylor au début des années 1910 et écrit, en 1913 et 1914, deux articles critiques. Rejoignant une analyse largement partagée dans le syndicalisme d'avant guerre, Lénine voit dans le « système Taylor » un moyen de « pressurer l'ouvrier ». Mais cette critique n'est pas nécessairement contradictoire avec la recommandation, quelques années plus tard, d'adopter ce système. C'est que, en 1913 et 1914, Lénine ne nie pas la validité des fondements et l'efficacité de la rationalisation engagée par Taylor, mais la voit alors uniquement comme un auxiliaire du capitalisme. Dès lors que, en 1918, ses fins sont redéfinies (organiser le travail et augmenter son rendement pour remporter la guerre civile, pour répondre aux besoins des populations alors que la pénurie est terrible, pour libérer du temps au prolétariat qui doit désormais occuper les fonctions publiques), le *scientific management* devient un allié. Dans cette logique, ce ne serait pas Lénine qui se serait converti au modèle taylorien, mais le modèle taylorien qui aurait été converti aux besoins de la révolution.
5. Aux États-Unis, les syndicats ont vivement combattu la percée de l'organisation taylorienne du travail au début du XXe siècle, obtenant qu'une commission parlementaire y soit dédiée, puis une interdiction par le Congrès des méthodes tayloriennes dans tous les organismes publics entre 1912 et 1915. La Première Guerre mondiale non seulement met en sourdine ces préventions, mais conduit après le conflit à un compromis durable qui fait accepter à la principale confédération le déploiement d'un tel type de rationalisation (NELSON, 1983). En France, entre les deux guerres, un débat traverse les

organisations, principalement syndicales, du mouvement ouvrier (RIBEILL, 1983 ; MOUTET, 1997, p. 186-193 et 337-343). Dans les organisations rattachées au mouvement communiste (CGTU, Parti communiste), on se demande s'il convient d'attaquer la « rationalisation en régime capitaliste » (à laquelle on identifie souvent le taylorisme), ou seulement ses conséquences, étant entendu que la « rationalisation socialiste » est quant à elle nécessairement vertueuse. À la CGT, à la SFIO, on s'oppose peu à la rationalisation, même en régime capitaliste, l'objectif étant plutôt d'en mieux répartir les bénéfices. Dans ces deux courants, communiste et socialiste, on pose dans des termes divers la question du contrôle ouvrier, d'une intervention des travailleurs eux-mêmes dans la définition des temps, par la forme souterraine du freinage ou officielle de la négociation collective. La position des syndicats chrétiens de la CFTC demeure indécise, le débat s'évanouissant progressivement ; il laisse toutefois percer une critique de la rationalisation comme amoindrissement de l'ouvrier qui n'est peut-être pas sans lien avec l'activisme ultérieur de la CFDT sur la question. Seuls les milieux libertaires, héritiers du syndicalisme révolutionnaire, contestent aussi bien les conséquences du « système Taylor » que sa prétention scientifique (*cf.* par exemple POUGET [1914]). On retrouve le même type de clivage en Italie (TRENTIN, 2012).

6. LÉNINE (1917), p. 61.

Notes du chapitre 26

1. Quand on discute avec des facteurs, cette forme transactionnelle de départ est souvent évoquée, exemples à l'appui d'individus étant partis de cette manière. Mais dans les rapports sociaux annuels du groupe, l'expression « rupture conventionnelle » n'apparaît nulle part. Les départs sont bien recensés (environ 9 000 en 2018) et répartis par motif (par ordre d'importance quantitative : retraite, démissions, licenciement et révocation, décès, départ en cours de période d'essai), mais la rupture conventionnelle n'en fait pas partie. Lorsqu'on additionne les effectifs des différentes catégories, il n'y a aucun résidu qu'on pourrait rattacher à ce mode de départ. Soit les ruptures conventionnelles ne sont pas comptées, soit elles sont rattachées à une autre catégorie (démission ? licenciement ?) pour une raison inconnue. Les licenciements et démissions représentent environ un quart des départs recensés, et suivent une évolution comparable : diminution entre 2008 et le milieu des années 2010, puis augmentation.

2. *Cf.* notamment *Mediapart*, « La Poste aurait comptabilisé plus de 50 suicides en 2016 » (15 décembre 2016), et le reportage d'*Envoyé spécial* « La Poste sous tension » diffusé sur France 2 le 12 septembre 2019.

3. À l'échelle du groupe, l'absentéisme est légèrement supérieur à 5 % en 2008. Il est de 7 % dix ans plus tard. Au début comme à la fin de la période, l'absentéisme des postiers en CDI n'est inférieur que d'un demi-point à celui des fonctionnaires, alors que ces derniers sont globalement plus âgés. Source : *Rapports sociaux du groupe La Poste.*

4. À l'échelle du groupe La Poste, le nombre de jours d'arrêt liés à des accidents de travail ou de trajet augmente progressivement pour la catégorie « maîtrise et exécution »,

passant de 3 en 2008 à 3,7 en 2018. Source : *Rapports sociaux du groupe La Poste.*

5. Dans les rapports sociaux annuels de La Poste, le « nombre d'agents en situation d'inaptitude reclassés » est en baisse constante depuis 2008, en particulier parmi les effectifs de maîtrise et exécution. C'est contre-intuitif pour qui a une connaissance qualitative de centres de distribution. Les rapports ne disent rien des procédés par lesquels ce décompte est tenu. Le libellé de la catégorie précisant qu'il s'agit d'agents *reclassés*, il est envisageable qu'elle n'inclut pas ceux qui sont en attente de reclassement, ou qui sont maintenus dans un emploi de facteur tout en étant réservés à certaines tâches (par exemple les « préparateurs » de tournées).

6. Là encore, les rapports sociaux ne donnent que peu d'indications. Le « nombre de licenciements pour inaptitude physique » n'est renseigné qu'à partir de 2013. Il est alors de 304 pour les agents de maîtrise et d'exécution, tombe jusqu'à 141 en 2016, avant de remonter à 338 en 2018, atteignant son plus haut niveau. Selon les années, cela représente entre un quart et près de la moitié des licenciements. Il est probable que d'autres postiers reconnus comme inaptes partent par d'autres voies : retraite et préretraite (« temps partiel aménagé senior » dans le langage de La Poste, le temps partiel signifiant souvent le maintien d'un temps plein jusqu'au départ prématuré), démissions, et cette voie invisibilisée que constituent les ruptures conventionnelles (*cf.* note 1 ci-dessus). Par exemple, à Nanteuil, une intérimaire avait travaillé auparavant comme factrice pendant dix années, en CDI, avant d'obtenir la reconnaissance de la qualité de travailleuse handicapée (RQTH) puis une rupture conventionnelle avec La Poste. Le prolongement de son chômage l'avait contrainte à accepter cet emploi intérimaire : La Poste y gagnait une factrice confirmée sans avoir à assumer les obligations relatives à son statut RQTH.

7. En parlant de « quant-à-soi », j'emprunte à l'une des traductions possibles du concept d'*Eigensinn* introduit par l'historien allemand Alf Lüdtke (LÜDTKE, 2000 ; OESER, 2015). En France, on retient surtout de ce concept l'idée d'une résistance têtue, voire butée, reposant sur un « sens de soi », un sens de la « dignité personnelle », plus ou moins collectivement entretenu, mais partiellement irréductible aux discours et organisations politiques et syndicaux. Il me semble que dans les différentes illustrations qu'il donne de son concept, Lüdtke fait aussi la place à un repli individuel qui déçoit, partiellement ou temporairement, non seulement les attentes du patron mais aussi celles des pairs : « Le "sens de soi" reste, dans tous les cas, polysémique : il apparaît sous la forme d'une compensation par rapport à des peines subies, sous la forme d'une amorce de collégialité et de coopération, mais aussi bien sous la forme d'une rébellion ou d'une animosité, et notamment envers les inévitables collègues » (LÜDTKE, 2000, p. 86 ; voir aussi p. 145 et 158). C'est aussi cette défiance vis-à-vis des collègues que je veux mettre en relief ici. Reste à savoir si, parvenu à ce niveau de polysémie, le concept d'*Eigensinn* est encore utile pour décrire des situations variées.

8. J'emprunte l'expression « taylorisation de la sécurité », comme je l'avais déjà fait pour le secteur du bâtiment, à Pierre Trinquet (TRINQUET, 1996 ;

JOUNIN, 2006). En parlant de risques liés à la dissémination et à la gravité du virus, je fais référence à l'ensemble des données alors disponibles (durée de survie du virus sur différentes surfaces, nombre moyen de contaminations par individu infecté, taux de complications sévères et de mortalité). En parlant d'incertitude, que je distingue du risque en référence à CALLON *et al.* (2001, p. 41) – « on sait qu'on ne sait pas, mais c'est à peu près tout ce que l'on sait : il n'y a pas de meilleure définition de l'incertitude » –, je pense à l'ampleur inconnue de la contagion, faute d'estimation du nombre global de personnes infectées, notamment asymptomatiques. Enfin, le « droit de retrait » est défini par l'article L. 4131-1 du code du travail, qui dispose que « le travailleur alerte immédiatement l'employeur de toute situation de travail dont il a un motif raisonnable de penser qu'elle présente un danger grave et imminent pour sa vie ou sa santé ainsi que de toute défectuosité qu'il constate dans les systèmes de protection. Il peut se retirer d'une telle situation. » Si la ministre du Travail a, peu après le confinement, indiqué qu'elle ne trouvait pas justifiés les droits de retrait exercés dans différents secteurs, ni elle ni ses services n'ont autorité pour en juger. C'est au tribunal que se règle l'éventuel conflit d'interprétation entre les salariés et leurs employeurs, ce qui signifie qu'il faut s'en remettre à une décision incertaine (la situation étant inédite) qui interviendrait « après la bataille ».

9. Source syndicale.

Notes de la conclusion

1. Sur l'histoire indissociablement politique et technique de l'invention du mètre, *cf.* GUEDJ (2000). Le kilogramme est un dérivé du mètre en ce qu'il représente le poids d'un décimètre cube d'eau. Quant au franc, il vaut alors 5 grammes d'argent.

2. Il est sans doute un peu tard pour indiquer au lecteur que La Poste française n'est pas la seule à procéder ainsi. D'autres postes, dans d'autres pays, au tournant du siècle, ont également substitué au chronométrage des tournées une modélisation des durées. Le logiciel utilisé par La Poste le serait aussi par ses homologues allemande, belge, britannique, canadienne et suisse, d'après le site Internet de l'entreprise qui l'a conçu. En Belgique, son implantation a été l'objet, encore plus explicite qu'en France, d'importants conflits sociaux dès le tout début des années 2000 (VANDEWATTYNE *et al.*, 2017). Plus loin encore, le Brésil dispose de son propre système de modélisation, développé dès les années 1990 (EBCT, 2011 ; GOMES TEIXEIRA, 2013). Au contraire, les États-Unis conservent une place importante au chronométrage local (repoussant le recours à des standards uniformes en particulier pour la distribution en extérieur), dont les modalités sont encadrées par un formalisme conséquent et un contrôle reconnu à la principale organisation syndicale (NALC, 2018). La perspective franco-centrique adoptée ici escamote donc des tendances et des controverses plus globales. Mais une perspective comparatiste, pour être fructueuse, ne pourrait se limiter à recenser les pays où un logiciel d'automatisation de la représentation des durées des tournées est en usage. Il faudrait non seulement saisir les paramètres qu'un tel logiciel intègre – par exemple la poste belge prévoit un temps pour les

échanges avec les usagers, à la différence de la française – mais aussi le statut conféré à ses produits (aide à la décision ou prescription unilatérale ?) et les modes de mise au travail (notamment le rapport institué au temps et la segmentation de la main-d'œuvre). Par exemple, tandis que la poste brésilienne recourt au « fini parti », chaque titulaire étant responsable du sort de sa tournée, aux États-Unis le principe du paiement des dépassements horaires est acquis, mais la segmentation de la main-d'œuvre permet que des facteurs à temps partiel flexibles (*part-time flexible carriers*) assurent des morceaux des tournées surchargées (BARD *et al.*, 2002).

3. TAYLOR (1896), p. 92, et TAYLOR (1912), p. 212-225.

4. TAYLOR (1912), p. 213-214.

5. J'emprunte (et développe ci-dessous) la distinction entre « complexité » (« embrasser simultanément une multitude d'objets ») et « complication » (« quelque chose est compliqué quand il est fait d'une succession d'opérations simples ») à STRUM et LATOUR (1987, p. 790-791). Dans cette perspective, la réduction de la complexité passe par une complication accrue (de l'agencement des ressources matérielles et symboliques mobilisées pour appréhender et apprivoiser la complexité).

6. Ma propre démarche dérive ainsi de trois sources d'influence. D'abord, les réflexions portant directement sur la démocratie au travail, qui revisitent l'histoire du taylorisme et de ses avatars, ainsi que des réponses, divergences et impasses du mouvement ouvrier. Le paysage éditorial français s'est enrichi ces dernières années de la traduction de l'ouvrage de Bruno TRENTIN (2012), puis des contributions de Thomas COUTROT (2018) et Alexis CUKIER (2018). Ensuite, il y a l'apport décisif de la psychologie et de la psychodynamique du travail. Dans des termes différents, parfois concurrents, mais qui me semblent compatibles sinon convergents, Yves Clot a insisté sur la nécessité et les bienfaits de la « dispute de métier » (CLOT, 2010, p. 176), la régulation des pratiques par la controverse, qui suppose de reconnaître l'hétérogénéité du collectif de travail, tandis que Christophe Dejours parle quant à lui d'« activité déontique », qui suppose la « confrontation d'arguments tant techniques qu'éthiques, c'est-à-dire une confrontation d'arguments hybrides qu'on appelle "opinions" » (DEJOURS, 2013 [2009], t. 2, p. 35-36). Dans les deux cas, il ne s'agit pas seulement de discuter, mais de délibérer, ce qui est autrement plus subversif vis-à-vis du pouvoir patronal, puisqu'il s'agit de décider à l'issue de la discussion. Cette perspective, nourrie d'exemples parlants et de concepts stimulants, se confronte toutefois assez peu à la question de l'échelle du « collectif de travail » où devrait se construire la délibération, ou plutôt des échelles et des règles de préséance et de subsidiarité qui se jouent entre elles (ce qu'explore en revanche COUTROT [2018]). Poser la question de l'échelle, ce n'est pas seulement régler sur un mode juridique la question des compétences respectives reconnues aux différents niveaux de délibération, c'est aussi regarder par quelles technologies, par quelles machines, par quels emboîtements et réseaux ces différents niveaux sont reliés, et comment ces liaisons sont durcies par les investissements matériels ou de forme qui les font tenir. C'est pourquoi, enfin, la sociologie des

sciences et des techniques est d'une aide précieuse, parce qu'elle explore les manières de rendre possible une « démocratie technique » (CALLON *et al.*, 2001). Cependant, elle n'inclut presque jamais le travail dépendant comme espace où une telle « démocratie technique » devrait se déployer. Font exception les recherches sur les maladies professionnelles (et les mobilisations qu'elles suscitent), notamment les cancers, qui décrivent l'affrontement entre l'expertise des industriels et une « épidémiologie populaire » difficile à mettre en œuvre et crédibiliser (JOUZEL, 2012 ; HENRY, 2017 ; MARICHALAR, 2017). Mais on est alors très loin des batailles sur l'organisation du travail, puisque dans ces mobilisations il s'agit le plus souvent de reconstituer après coup ce à quoi les salariés ont été exposés, plutôt que de mettre en débat, au présent, la manière dont on produit.

7. Pour imaginer la forme que peuvent prendre ces délibérations démocratiques, je renvoie à CALLON *et al.* (2001) sur les modalités d'échange entre « profanes » et scientifiques, à FRIOT (2012, p. 136-140) sur la définition à différentes échelles des orientations de l'investissement et de la production, et à CUKIER (2018) pour l'articulation des attentes des producteurs et des usagers de la production.

Table

MIXTE
Papier issu de sources responsables
FSC® C003309
www.fsc.org

L'éditeur de cet ouvrage s'engage dans une démarche de certification FSC® qui contribue à la préservation des forêts pour les générations futures.

CPI
FIRMIN-DIDOT
27650 Mesnil-sur-l'Estrée

Composition Facompo, Lisieux.
Achevé d'imprimer par CPI Firmin Didot
à Mesnil-sur-l'Estrée en janvier 2021.
Dépôt légal : février 2021
Numéro d'imprimeur : 162271
Imprimé en France